U0638105

感谢国家哲学社会科学规划办重点课题经费的赞助

·马克思主义研究文库·

当代中国马克思主义经济哲学探索

张　雄丨著

光明日报出版社

图书在版编目（CIP）数据

当代中国马克思主义经济哲学探索 / 张雄著 . -- 北京：光明日报出版社，2022.8

ISBN 978 - 7 - 5194 - 6570 - 4

Ⅰ.①当⋯ Ⅱ.①张⋯ Ⅲ.①马克思主义政治经济学—研究 Ⅳ.①F0-0

中国版本图书馆 CIP 数据核字（2022）第 142541 号

当代中国马克思主义经济哲学探索
DANGDAI ZHONGGUO MAKESI ZHUYI JINGJI ZHEXUE TANSUO

著　　者：张　雄

责任编辑：宋　悦　　　　　　　责任校对：张月月

封面设计：中联华文　　　　　　责任印制：曹　净

出版发行：光明日报出版社

地　　址：北京市西城区永安路 106 号，100050

电　　话：010 - 63169890（咨询），010 - 63131930（邮购）

传　　真：010 - 63131930

网　　址：http://book.gmw.cn

E - mail：gmrbcbs@gmw.cn

法律顾问：北京市兰台律师事务所龚柳方律师

印　　刷：三河市华东印刷有限公司

装　　订：三河市华东印刷有限公司

本书如有破损、缺页、装订错误，请与本社联系调换，电话：010-63131930

开　　本：170mm×240mm

字　　数：261 千字　　　　　　印　　张：15

版　　次：2022 年 8 月第 1 版　　印　　次：2022 年 8 月第 1 次印刷

书　　号：ISBN 978 - 7 - 5194 - 6570 - 4

定　　价：95.00 元

版权所有　　翻印必究

序

　　思考时代问题，探索学术真理，需要契合时代精神、关注现实生活。马克思主义哲学的生命力恰恰在于它植根于人类实践活动，回应包括经济生活在内的重要现实问题。我们欣喜地发现，近年来在星空灿烂的中国马克思主义哲学领域，经济哲学研究的发展引人注目。一批见解不俗、才华横溢的学者活跃在学界的前沿，一批思想深刻、学理精深的学术成果纷纷面世。其中，具有代表性的学者的代表性著作，就是摆在读者面前的张雄教授的新作《当代中国马克思主义经济哲学探索》。

　　经济哲学是哲学的重要分支。在作者看来，经济哲学是对经济世界进行理性追问的学科。如果进一步将经济哲学研究的视域置于当代中国马克思主义哲学范围内，就是要运用马克思政治经济学批判的原理和方法，阐释当代中国道路、解答当代中国问题、呈现当代中国精神，从而为马克思主义哲学的创新与中国式现代化新道路提供有力的智慧支撑。

　　经济哲学在国内哲学学科发展中取得重要发展，与以张雄教授等为代表的一批学者的孜孜不倦的辛勤耕耘和宝贵探索密不可分。张雄教授从事经济哲学教学和研究近40年，为国内经济哲学研究自20世纪90年代开始不断呈现出欣欣向荣的局面做出了独特的重要贡献。尤其是他率领的上海财经大学经济哲学研究团队，不但陆续推出了一系列思想深邃、理论原创性高的优秀作品，而且培养了一批经济哲学人才，其中不少中青年学者已成为中国马克思主义哲学界的中坚骨干或新生力量。《当代中国马克思主义经济哲学探索》，是张雄教授学术耕创数十年积淀的厚重的理论成果，它既清晰地显现了作者在经济哲学领域不断求索的艰辛历程，又完整地勾勒出改革开放以来中国经济哲学研究完整的谱系图景，它不愧为当代中国伟大实践在哲学观念中的历史相册的缩影。全书回答了马克思主义经济哲学的基本概念，诠释了与之相关的重要范畴，从中国马克思主义哲学创新的高度构建了较为完整的经济哲学研究的方法论体系，阐明经济哲学与政治哲学、文化哲学等部门哲学之间的关系，为我们理解中国现代化道路提供了崭新的理论视角和方法论依据。

从批判的视角建构出自己的理论，是本书最重要的学术特色。尤其是在遵循马克思提供的方法论依据的基础上，能够开创性地反思中国问题，思考中国未来，凝练中国概念，提出了富有启示性的观点。

其一，较为完整地概括了经济哲学和马克思主义经济哲学的基本问题，提出了中国经济哲学研究的重点领域。作者认为，经济哲学重点研究人的经济行为发生的意识原理、心理事件、文化习俗以及理性与非理性互动原理。作为"政治经济学批判"的马克思主义经济哲学，是以政治经济学作为反思对象的哲学批判范式，其优势在于，对经济所关涉的思想维度、政治维度以及历史价值维度给予高度重视，由单一的经济学分析框架直接转入系统分析的哲学社会科学的优势学术资源中。作者把当代中国马克思主义政治经济学范畴的内涵定义为中国共产党人追求全球经济正义、实现社会主义强国富民的经济学说，指出当代中国共产党人开创的"人民财富论"，标志着马克思主义政治经济学发展进入了新时代。

其二，重新反思一系列重要的经济范畴。对经济范畴的反思是政治经济学批判的核心组成部分，也是张雄教授数十年来研究的重要领域。从 20 世纪 90 年代开始，随着社会主义市场经济的不断发育，张雄教授较早地在国内对货币范畴进行了哲学反思。在市场经济运行机制下，货币化生存世界直接影响和关联着人的世界观、人生观和价值观，它使得一种纯粹数量的价值不断压倒品质的价值，进而导致追求生活意义的平等化、量化和客观化。当代中国人需要一种成熟的、健康的、适时的货币社会观、价值观和文化观。除了懂得怎样用钱、怎样理钱、怎样对待钱外，还要深刻地认知货币与人性、货币与自由、货币与人类交往、货币与社会进步的关系。从货币范畴开始，张雄教授带领经济哲学团队对资本、财富、金融化和经济正义等核心问题进行了深入的研究，力求揭示现代性发育的核心程式。

其三，对社会主义市场精神等新的范畴进行了创造性的建构。改革开放 40 多年来，社会主义市场经济有了自己的故事、自己的逻辑。应当清醒地认识到，未来的市场竞争伴随着数字化、智能化和虚拟化的深度推进，精神对物质的反作用史无前例，配置市场的精神资源更显紧迫和重要。德国社会学家马克斯·韦伯指出，任何一项事业背后，必须存在着一种无形的精神力量。市场精神，对 21 世纪中国人来说，已不仅是一种感觉和体验，而是一个需要积极思考的认识对象。社会主义市场精神也有三个观察点：一个是追求全球经济正义的原则；二是追求历史进步的尺度；三是追求经济利益最优化实现的目标，即经济发展与社会发展、人的全面发展相平衡。

其四，积极地阐释中国新型现代化道路模式。在阐释学领域做出"中国表达"，使得中国学术话语体系构建有所突破、有所创新，应着重探讨阐释的本质、界限及其确定性问题，关键在于将特殊性阐释扎根于国情、国脉、国土大地之中，通过"中国阐释学"的阐释，扩展阐释学的理论视阈与学术维度，丰富"阐释学"的内涵，与西方阐释学展开交流与对话，从制度自信、文化自信、理论自信中探索中国阐释学的规律。

全书除了上述重要的理论成果之外，还值得一提的是，作者在学术研究中始终表达着忧国忧民的人文情怀。在当下学术界正在探讨如何构建中国特色社会主义政治经济学、如何推进中国特色社会主义现代化建设的时候，本书的面世无疑十分及时，它为理解和解决新时代中国经济社会发展中不断出现的一系列重大问题提供了有益的思想启迪。

当然，回应时代问题，解答时代之谜，哲学研究永远在路上。在思想中寻求经济学、政治学和哲学之间的内在联系，在现实中寻求解答经济与社会发展的诸多问题，这些课题可能永远都没有"结项"的终点。相信这部专著的内容，有助于加深大家对上述问题的思考和理解。我们期待张雄教授在经济哲学等研究领域取得更辉煌的成就！

是为序。

郝立新①
2021 年 8 月于中国人民大学

---

① 郝立新，中国马克思主义哲学史学会会长，中国人民大学明德书院院长、教授，教育部长江学者特聘教授。

目 录
CONTENTS

第一章　何谓经济哲学

改革开放近 40 年来，我国哲学学科发展出现了各种跨学科研究的良好态势，经济哲学以它鲜明的学术个性，引起了学术界的普遍关注。事实上，经济哲学的在场，表达了一种文化自觉与自信：从欲望的显现，到对象化劳动；由"稀缺性"的发现，到为"稀缺性"组织的生产与交换，再到追求效率的市场制度的推出，每一步迈进，都伴随着哲学意识的觉醒。而对经济哲学研究走向的思考，则离不开马克思主义理论的指引。

第一节　经济哲学范畴解析的三个维度

经济哲学之所以备受学界关注，这与它有着良好的学科优势相关。毋庸置疑，人类的经济活动，难以摆脱认识的表象、肤浅、主观性和任性等痼疾，它极易导致市场失灵、经济行为受挫等不良后果。而经济哲学有着从经济规律出发的特殊思考，整体性、系统性、复杂性、交互性、历史感、矛盾观等是它的学科分析方法的优势。具体而言，经济哲学有着超越财富之上又能够给财富运动带来积极效益的哲学智慧，有着创造财富的术与道的辩证认知，有着从纯粹实证方法走向人文精神的进步路标。

何谓经济哲学？经济哲学思想的早期萌芽，可追溯到古希腊有经济头脑的哲人意识中。但真正完整、准确的多向度视阈的表述是近代以后的事。

一、行走在商道与哲思之间

经济哲学思想源远流长，经济思想何时开始，经济哲学则何时出现。远溯前古典经济学时代（前 800—1776），在古希腊、罗马以及欧洲中世纪教会的经济思想中，人们发现，对早期经济思想的解析，离不开哲学家的一般态度和觉解。被称为"第一位具有分析头脑的经济学家"亚里士多德，同时也是一位古希腊哲学泰斗。他较早提出货币有两种对立的形式和趋势的观点：一方面，货币的作用在取得所需的货物以满足需要之后就终结了；另一方面，货币又在引导人们趋向无限度的积累欲望，导致市场一系列伦理问题的发生。

在古典经济思想及其批判时期（1776 年—19 世纪 90 年代），经济哲学主要融入古典哲学与古典政治经济学之间的思想交流中。有经济学家曾对这一时期经济哲学思想做过考察，认为两种来源值得重视：一是近代哲学家洛克、休谟的思想；二是笛卡儿和卢梭的思想。前者在亚当·斯密的著作中，"个人主义首次形成了完整的体系"，后者影响了"19 世纪的古典经济学家"的思维方法。学界公认，康德、黑格尔、马克思对现代经济哲学的贡献是巨大的。

在新古典经济思想及其批判时期（19 世纪 90 年代—20 世纪 30 年代），经济哲学主要融入经济学方法论的争辩中。经济学家从方法论的角度对科学哲学做了精深的研究，提出了经济学的本体论和价值论问题。波普的证伪思想向经济学家确立了经济学范式革命的理念：大胆而有区别的预言；反驳预言的认真努力；以及根据抛弃假说的可能原因进行严格的反证。应当说，科学哲学对西方经济学传统堡垒的瓦解，有着重要的方法论意义。

二、经济哲学：三个维度的解析

何谓经济哲学？经济学家通常把它理解为经济学的哲学问题研究，而从哲学视域看，经济哲学是对经济世界进行理性追问的学科。重点研究人的经济行为发生的意识原理、心理事件、文化习俗以及理性与非理性互动原理。具体而言，它的理论包括三个方面：本体论追问——欲望、利益、需要的经济原在性原理；关于经济世界是"自然的计划"，还是"历史的计划"的追问——市场自然法则与人的自由自觉活动辩证关系原理；关于进步观念的追问——财富的增长是否意味着文明的提升和人的全面发展等原理。

经济哲学研究的方法与经济学有着根本区别，经济学偏重于技术分析的方法，注重计量、图表、模型以及数据运算的实证分析方法；而经济哲学是一门跨学科学问，擅长从经济、政治、哲学等向度，运用知识论反思、逻辑的思辨、存在论追问等方法论来追问经济理论与实践的正当性和合理性。可见，经济哲学以它特有的思想追问形式，赋予经济世界一种特殊逻辑与思辨：它可以使货币化空间不再是仅靠价格制动的物欲流转的平面世界，而是一个全方位、多向度、充满着变异性的精神与物质相互贯通的立体世界；不再是一个单靠达尔文进化论的规则所能加以定义的丛林世界，而是一个被不断接受历史化诠释、公理的批判、理性质疑的生存世界。

其一，作为"政治经济学批判"的马克思主义经济哲学思想研究。主要内容有：马克思主义经济哲学思想史和经典著作研究；当代中国马克思主义政治经济学哲学基础研究。在马克思那里，经济哲学被诠释为"政治经济学批判"（《资本论》副题）。伊林·费彻尔指出："马克思的目的始终是'政治经济学批判'，这既意味着对资本主义生产方式进行批判，又意味着对它在资产阶级国民经济学说中的理论反映进行批判。"[1] 政治经济学批判是以政治经济学作为反思对象的哲学批判程式，"批判"的含义有三：一是经济学的价值观考问。经济学原在性价值预设是什么？经济学是以财富为目的，还是以人为目的？经济学应以个人主义的经济学至上，还是以经世济民的经济学至上？政治经济学是人民的经济学，还是少数富有阶级的经济学？二是历史哲学的审查。不驻足于经济事件发生的历史图像的技术描述，而是对特定的经济事件、结构和环境进行必要的"过去—现在—未来"的历史哲学考问，这样，任何经济学范畴在宏大历史规律的追问下，都会消解概念自身的凝固性和绝对性。三是追求辩证逻辑的上升运动。对经济体的分析，将"完整的表象蒸发为抽象的规定"，即通过对资本主义社会混沌表象的穿透，力求将最发达的和最多样性的历史的生产组织背后的社会关系本质加以揭示，进而形成科学地解释资本主义社会内部结构、生产关系、基本阶级构成、经济危机等范畴体系。显然，政治经济学批判的学科优势在于：对经济所关涉的思想维度、政治维度以及历史价值维度给予高度重视，由单一的经济学分析框架，直接转入系统分析的哲学社会科学的优势学术资源中。

其二，作为"经济学方法论"的经济哲学。该方向研究侧重于理论经济学方法论与研究范式等问题，因此，经济哲学又被称为经济学方法论。丹尼尔·豪斯曼在《经济学的哲学》一书中指出："有关经济学方法论的问题——包括经济学的目标、确立经济学命题的方法、经济学的概念以及这些概念与自然科学概念的关系等——都是哲学问题。"[2] 学界认为，经济学方法论内容繁杂，争议

---

[1] 费彻尔. 马克思与马克思主义：从经济学批判到世界观 [M]. 赵玉兰，译. 北京：北京师范大学出版社，2009：51.

[2] 豪斯曼. 经济学的哲学 [M]. 丁建峰，译. 上海：上海人民出版社，2007：第二版前言 1.

较大的是对实证经济学、规范经济学和经济学艺术三种根本方法的价值取舍。实证经济学是形式化的、抽象的，关心的是支配经济活动的力量；规范经济学是道德维度的，关心的是应当是什么的问题；经济学艺术关注政策问题。从辩证哲学的角度判断，三者都不能缺少。那种只承认实证经济学、拒斥经济学的道德和政策功能的观点是极端片面的。

20 世纪上半叶，西方主流经济学曾走过一段对西方科学哲学由"盲目崇拜"转入"全面清算"的历史过程。有些经济学家错误地认为：与哲学家讨论方法论问题，经济学是"迷途的羔羊"。尽管如此，经济学方法论的研究，从 19 世纪下半叶的辩论高峰期到今天，浪潮不断迭起，思想不断出新：约翰·斯图亚特·穆勒的"政治经济学的定义及其方法"、米尔顿·弗里德曼的"实证经济学方法论"、雅各布·马沙克的"论经济学的工具"、马克·布劳格的"经济学史中的范式和研究纲领"等。值得提出的是，随着现代西方存在论哲学的追问，西方经济学传统的理论预设也受到质疑，经济人教条暴露出三大矛盾问题：信息完备与信息深度残缺的矛盾；利己与利他、人性中的私向化与社会化的对立与冲突；经济理性与非理性的知行背离。这些关涉工具主义批判、抽象前提的批判、实证主义批判、人本主义批判、行为主义批判、逻辑符号主义批判的提出，充分彰显了哲学牵引经济学范式革命的张力。

其三，作为"经济学人学"的经济哲学。经济学家马歇尔说过，"经济学是一门研究财富的学问，同时是一门研究人的学问"[1]。尽管经济学研究有着不以人的意志为转移的经济运行和发展的客观规律，但经济过程又是人们的现实实践过程，人的市场行为、精神因素、伦理道德、社会关系的发展状况不能不反过来影响现实的经济进程。哲学的人本主义价值观乃是分析一切经济行为与动机的深刻根据。西斯蒙第指出，财富不应当作为目的而推进，它只能是手段，而"人"才是目的。新政治经济学的研究要"寻求人类的最大利益……包含提高道德品质与获得幸福"[2]。古典学派只关心资本，不关心人，实际上，政治经济学的研究对象，是汇集全体人民的意志，人人分享物质财富。经济学倘若丢弃了以人为本，该理论就会带来实际灾难。

---

① 马歇尔. 经济学原理. 上卷 [M]. 朱志泰，译. 北京：商务印书馆，1981：11.
② 西斯蒙第. 政治经济学研究：第 1 卷 [M]. 胡尧步，李直，李玉民，译. 北京：商务印书馆，2009：6.

经济学人学最核心的问题是"经济正义"问题。如果一种状态既是平等的，而又具有帕累托效率，那它就被描述为"经济正义"。哲学家休谟一语破的地告诫我们，正义这一德性完全从其对人类的交往和社会状态的必须用途而派生出其实存，这乃是一个真理。在经济全球化的背景下，人类的生存秉性与经济交往行为已发生深刻变化，更需要呼唤一种新的经济正义精神。事实上，正义范畴不是空洞虚幻的指认，它受特定的制度环境和文化价值观制约，其语义系统由历史背景和相关事件主体所定义。以资本逻辑为轴心的市场经济直接或间接地决定了经济正义的话语权。经济正义的本质必然关涉资本逻辑的"理性狡计"。它在两个方面干扰着经济正义的实现：一是深层次地追求利益私向化的秉性；二是弱肉强食、强者必霸的权力扩张性。

三、面向未来的经济哲学发展：以马克思主义理论指引经济哲学研究

对经济哲学研究走向的思考，离不开马克思主义理论的指引。今天我们在何种意义上来纪念《资本论》第一卷出版这一重要事件，就变得极具价值与意义。

首先，从 21 世纪人类历史发展的生存境遇来反思第一卷出版的意义。150 年前《资本论》第一卷出版，150 年后的今天，世界在现代性的挤压下，已经碎片化了。今天人类所应对的现代性生存世界，其存在的澄明仍然没有超出马克思的逻辑预设和思想批判的框架。现代性的本质，不是亚当·斯密所揭示的工业分工加市场交换等于丰裕社会的逻辑程式，也不是近代法国启蒙运动所定义的"自由、平等与博爱"的价值内涵，而是深刻的现代文明与地球灾难相兼容的"二律背反"，人类得到的和失去的都令人惊叹。从异化、物化到幻化，有多少《资本论》的思想理念至今被证明为熠熠生辉的真理。其学术价值和历史意义，正在于它深刻地揭示并回答了历史进化的第二大形态——"人对物的依赖"的现代性社会特征、规律及本质。从卢梭的历史化的异化，到康德的四对二律背反，再到黑格尔的国家与市民社会的矛盾思辨，马克思做了辩证的批判与借鉴，在《资本论》中，马克思给出了精准的答案：现代性最深刻的本质是精神与资本的对立和冲突。在货币化生存世界里，资本不断地生产着劳资关系的对立、贫穷与富有的两极分化以及商品拜物教、货币拜物教、资本拜物教。因此，人类本身和商品一样，都成了被交换、被通约、被搏杀的对象。精神被物质所统摄。殊不知，就现代性本质的批判而言，《资本论》深刻地揭示了资本的内在否定性中的五种对立关系：劳资关系

的对立、资本的私向化与社会化的对立、资本的技术向度与人本向度的对立、资本的主体间性的内在竞争与对立、资本追求剩余的秉性与文明发展的极限的对立等。并且从货币史、交换史和工业史考察的角度，深刻地揭示了现代性社会工业文明发展的历史必然性和经济危机周期性爆发的规律。因此，《资本论》所关涉的问题，不是历史的思辨问题，而是形而上学主体性哲学与形而下主体性资本的政治经济学双向批判问题。

150年后的今天，有多少马克思《资本论》的思想理念受到挑战？21世纪金融化资本主义体系的发展，已导致全球资本的收益率远远高于社会财富的增长率，远远高于劳动报酬的增长率。资本收益率为什么能如此偏离全球经济正义的轨道而狂奔？为什么能如此脱离劳动价值论的科学规制而任性？鲁道夫·希法亭早在著作《金融资本——资本主义最新发展的研究》中就得出重要结论："金融资本，在它的完成形态上，意味着经济的或政治的权力在资本寡头手上达到完成的最高阶段。它完成了资本巨头的独裁统治。同时，它使一国民族资本支配者的独裁统治同其他国家的资本主义利益越来越不相容，使国内的资本统治同受金融资本剥削的并起来斗争的人民群众的利益越来越不相容。"① 这说明，全球金融资本主义体系发展的脱域性极易导致社会财富的两极分化，权利与资本的交易必然带来国家与市民社会的对立，资本收益率高倍增长与社会贫富差距日益拉大的矛盾乃是金融化世界最深刻、最普遍的社会存在本体论问题。在全球资本高度私有化和高倍收益率的背后，深藏着马克思对现代性社会所批判的资本逻辑的问题，金融资本实质上是特定的社会关系、生产关系和财产关系的反映，资本与劳动的对立，证明了相关制度的反人权性和不平等性。全球金融资本，它的私向化程度愈严重，其自身的内在否定性愈充分，金融资本与人民大众的对抗性矛盾愈尖锐。现代金融化资本主义体系仍然归属现代性发展的高级形态，现代性二律背反的本质深藏其中：欲望与理性的对立、形式与内容的对立、私向化与社会化的对立等。唯有深刻反思，才能触及现代性与金融化资本主义本质的关联性。它证明了主观精神与精神的客体化沉沦之间的冲突十分严重；更深刻地证明了那种靠马基雅维利的"利益驱动论"、斯密的"社会即市场、人人皆商人"、达尔文的"弱肉强食、适者生存"的历史进化模式以及价值观，延续至今，

---

① 希法亭. 金融资本——资本主义最新发展的研究［M］. 福民，译. 北京：商务印书馆，1994：429-430.

虽给人类带来过进步，但同时又使人类遭受着深重的灾难，给世界文明的整体主义精神带来了巨大的摧毁。世界期待着新的价值观的整合，期待着具有正能量的世界进步意义的精神引导，期待着具有整体主义的精神对碎片化地球的整合。

原文：《从历史走向未来的经济哲学》，原载《光明日报》2017 年 8 月 28 日，第 15 版；《新华文摘》2017 年第 22 期全文转载。

第二节 西方近、现代经济哲学发展史追溯

世纪之交的中国，正在经历着一场全面而深刻的历史性变革。经济哲学在新世纪又将如何进一步发展，这是国内哲学界和经济学界较为关注的问题。笔者以为，随着人类步入智能化和数字化生存时代，全球经济的发展将更加呈现多元、振荡、非均衡、信息非对称的趋势；随着我国市场经济体制进一步深入推进，社会发展对经济哲学的要求将更趋强烈，迈向新世纪的经济哲学会出现长足的发展。在 21 世纪到来之际，回眸西方近、现代经济哲学历史发展的历程，有着十分重要的意义。

著名经济史学家博纳（J. Bonar）指出："只有当哲学不仅趋向外部自然，而且趋向人，不仅趋向人，而且趋向社会时，经济理念才会在与哲学的关联中出现。"① 西方近代经济哲学发展有着深远的学术渊源，当 16—17 世纪科学革命发生后，欧洲启蒙哲学孕育着两种精神：一是自然主义精神，一是人本主义精神。两者体现了哲学对现实自然、人和社会的理性关怀，以及对社会实践领域不断批判的本质。正因为如此，当时社会存在的一切问题似乎首先都要被视为哲学问题来对待，而经济问题不过是哲学研究的一个适当课题。不少哲学家对西欧早期资本主义原始积累时期所引发的诸多经济社会问题给予积极的探索和解答，其间充满着不少有价值的经济哲学思想。如对"自然法"和"市民社

---

① B. J, Philosophy and political economy in some of their historical relations［M］. Swan Sonnen - schein And Co. Led，1909：21.

会"的解析，哲学家霍布斯从"个人主义"人性哲学出发，研究并提出了"私利驱动个人可作为经济分析的起点单位"这一重要经济哲学思想；洛克在推进政治哲学理念中，提出了一种适应新经济条件的哲学，即社会自愿结合乃是管理组织的责任形式，其基础是经过勤劳与理智而取得的财产，这种财产有权获得国家所能提供的保障。再如，休谟从哲学的人性论的推论中，提出了"私利和积累欲望是任何时代经济活动推动力"等见解。应当说，欧洲17、18世纪经济哲学的发展，似乎没有超出社会哲学思想体系范围。

自亚当·斯密建立古典经济理论体系后，经济哲学的主要平台开始由哲学走向经济学。在一些经济学著作中，经济哲学理论的出现体现了经济学家在构建理论研究范式及其抽象前提方面，对哲学世界观和方法论的自觉运用和钟爱。从斯密开始到20世纪末，经济哲学的历史发展大致经历了五个阶段。当然，这种划分主要依据特定时期研究方法及理论的主导特征，或影响比较大的特征，但不是唯一特征。

第一阶段（18世纪中叶至19世纪初）：经济哲学主要融入在道德哲学与古典经济学之间的交流中。其研究的特点主要是给那些热心搭建经济科学大厦的经济学家如下提示：古典经济学逻辑系列内含着诸如选择、合理性、效用、福利、正义、仁爱、义务和权力等观念，为此，经济学家应当自觉运用道德哲学来表示人的经济行为和人的思想与感情的特性。经济学绝不可能是一门完全"纯粹"的科学，而不掺杂人的价值标准。对经济问题进行考察的道德尺度，往往同所提出的问题甚至同所使用的分析方法不可分割地纠缠在一起。主要代表人物有斯密和密勒，前者提出经济个人主义与道德自利原则的结合；后者主张经济共同体精神与道德利他主义原则的结合。斯密早期是以哲学家的身份来研究经济学的，有关这一点国内经济学界似乎重视不够。以笔者之浅见，斯密的《道德情操论》乃是《国富论》最好的哲学注脚。他以毕生精力发展了他的道德哲学观念，并且在他完成了《国富论》后又回到道德哲学上去了。在《道德情操论》中，他指出人的兴趣、人的特点、人的认识过程，必须有一个在很大程度上由内在的或体质上的诸因素决定的结构，人性并非全是可塑的那种东西。他说："毫无疑问，每个人生来首先和主要关心自己。"[1]他把改善自身生活条件看作"人生的伟大目标"。在《国富论》

---

[1] 斯密.道德情操论［M］.蒋自强，钦北愚，朱钟棣，等译.北京：商务印书馆，1997：101-102.

中这种思想被转述为自利行为动机的名言："我们每天所需要的食料和饮料，不是出自屠户、酿酒家或烙面师的恩惠，而是出于他们自利的打算。"① 斯密还断言，建立在个人自由和自我利益基础之上的自发经济制度，或多或少有助于自我调节，有助于个人和社会的进步。与斯密同时代的经济学家密勒，依照黑格尔道德哲学和法哲学的观念"提出了和亚当·斯密截然不同的经济哲学"理念②，他以强调利他主义和宗教，来反对他所称作斯密的利己主义和唯物主义。他在《国家艺术的要素》《货币新理论的探索》两本著作中指出，斯密过分地把英国经验普遍化了，他把交换的实践不合法地提高到自然的原则的地位。这就使斯密从个人的自私自利观点出发来看社会。实际上，社会即体现人类共同体精神的国家，它不单是公民生活中成千上万的有用的和供人作乐的发明之一，而且还是那种公民生活本身的总体，没有它，便失去个人存在的基础。在他看来，国家必须被看作一个有机体单位，作为其基本细胞的个人不可能设想是在国家总体之外的存在物。

第二阶段（19世纪初至70年代）：经济哲学主要融入在历史哲学与政治经济学之间的交流中。其研究的主要特点是，一批历史哲学家对政治经济学范畴和原理进行解构与批判，他们从政治经济学问题域外的问题研究着手，通过历史尺度、价值尺度和政治尺度的导入，为政治经济学分析的图式提供社会综合要素系统的理论根据。它不仅表现在关于财富、家庭、社会和国家基础的理论方面，而且还表现在与对存在和财富追求相联系的情感、愿望和意志等心理方面，更表现在关涉经济发展规律的逻辑序列和历史编目方面。主要代表有：康德、费希特、黑格尔和马克思。黑格尔从历史哲学和政治哲学出发，把政治经济学的市民社会范畴和经济观念纳入他的权利哲学、国家哲学之中，并把政治经济规律视为世界精神的运动，把政治经济学作为一种偏颇的真理整合在他的世界历史逻辑序列中。尽管如此，政治经济学从黑格尔历史哲学那里获得了诸多的思想理念：如财产与所有权、理性与欲望、国家与契约、劳动与分工、私人利益与社会利益等矛盾关系的原理。可以说，黑格尔提供了观察经济世界极为重要的历史哲学视野。马克思的《资本论》问世，意味着经济哲学第一次实现了哲学与经济学两大学科的有机结合。尽管马克思最初也是以哲学家的身份

---

① 斯密.国民财富的性质和原因的研究（上）[M].郭大力，王亚南，译.北京：商务印书馆，1972：14.

② 惠特克.经济思想流派[M].徐宗士，译.上海：上海人民出版社，1974：264.

研究经济学的，但是，与斯密不同的是，他把哲学与经济学的理论和方法能够统一在同一部著作中，如列宁所说，"在《资本论》中，唯物主义的逻辑、辩证法和认识论，都应用于同一门科学。"① 马克思的经济哲学思想最为显著的特点是：它从历史哲学的角度，将斯密的世俗时间和黑格尔的精神时间综合在一种资本的逻辑活动（《资本论》）与历史展开（《共产党宣言》）的双重过程之中，并以一种辩证的逻辑把革命的观念纳入历史时间的洪流，从而得出一种指向未来的历史哲学结论。

第三阶段（19 世纪下半叶）：经济哲学主要融入在经济学方法论与哲学方法论之间的交流中。其研究的主要特点是，哲学为古典经济学理论建构的抽象前提及其范式的批判考察，提供矛盾论据和逻辑工具，并直接为政治经济学范畴、原理的解构提供历史分析的方法和逻辑分析的方法。主要代表有：德国新历史学派领袖施穆勒和边际经济学重要人物门格尔。应当说，自凯尔恩斯在 1875 年出版《政治经济学的特点和逻辑方法》一书后，经济学的哲学方法论越来越引起人们的重视。尤其是 1883 年经济学家门格尔出版了《对社会科学特别是政治经济学方法的研究》一书，成为西方经济学说史上方法论之争的焦点事件。历史学派认为正统派经济学的抽象模型法是对自然科学研究方法的机械模仿，这种方法对社会科学是不适用的。社会科学应采用历史主义方法论。施穆勒直接强调，历史主义方法提倡在经济学领域内应特别倚重归纳法。门格尔从维护边际分析和建造抽象演绎模型的哲学方法出发，对以施穆勒为代表的历史主义分析方法进行了攻击。他认为，经济学若把历史主义方法摆在不恰当的地位，必将使理论经济学的研究越来越陷于衰落的境地。经济学家如果只借助于单纯经验的归纳，而不注重科学演绎的方法来寻求经济规律，如同数学家仅仅靠实地测量物体来校正几何学原理那样荒谬。两个学派方法论之争的哲学意义在于：它使经济学家们认识到，在经济学领域内，理论和历史、演绎和归纳、抽象模型的建造和统计资料的收集等两类方法，并不是互相排斥的，而是辩证统一的关系。

第四阶段（20 世纪上半叶）：经济哲学主要融入在经济学与科学哲学之间的密切交流中，其性质仍然是方法论讨论的延续。如经济学家布劳格所言，20 世纪经济学所运用的科学哲学，实际上正是我们所理解的现代"经济学方法论"。此时期经济哲学研究的主要特点是，一些经济学家从方法论的角度对科学

---

① 列宁全集. 第 55 卷 [M]. 北京：人民出版社，2017：290.

哲学作了精深的研究，提出了经济学的本体论和价值论问题，尤其是传统经济学抽象前提的批判和范式革命等问题。西方经济学家普遍认为，20世纪冲击经济学的第一次思想浪潮来自科学哲学。从20世纪30年代的早期逻辑实证主义，到20世纪50年代后期逻辑经验主义"公认的观点"的科学哲学思想，西方经济学受科学哲学影响的程度，连资深的经济学家都感到始料未及。波普提出，必须把方法论的个人主义解释为在"理性原则"的社会问题中的运用，或"零方法"在"事态逻辑"中的运用。它是一种把经济理论（边际效用理论）的方法一般化的企图。这种解释向传统的经济学提出了挑战：有必要排除所有不能简化为微观经济学命题的全部宏观经济学命题。波普的证伪思想还向经济学家确立了如下哲学理念：大胆而有区别的预言；反驳预言的认真努力；以及根据抛弃假说的可能原因进行严格的反证。应当说，科学哲学对现代西方经济学的影响尽管褒贬不一，但它肯定还会延续到21世纪，对西方经济学传统堡垒的摧毁力万万不可低估。

第五阶段（20世纪下半叶）：经济哲学主要融入在经济学与现代伦理学之间的交流中。其研究的主要特点是，经济学借助于诸多现代伦理学范畴和原理，如选择、合理性、效用、福利、正义、仁爱、义务、权力等观念，提出了关于社会秩序，经济人，市场和政府的失败，个人利益的限制，制度、技术和道德价值，市场、国家及道德范围，事实上的平等与规范化的平等等重大学术理论问题。经济哲学的研究更多地体现在现代经济伦理学的理论建构和探讨中。早在1935年，美国著名的经济学家艾尔斯和奈特就分别围绕着市场原则与伦理道德原则展开了颇有影响的论战。除了在某些细节上两人存在着很大差异外，就市场与伦理的关系而言，他们都认为，经济学家不仅要关注市场"选择理论"，更要关注有关社会秩序、市场中人们相互作用的理论。20世纪50年代以后，随着世界范围新技术革命的兴起，一些发达国家追求经济增长极大化目标的欲望日趋强烈，它客观上加剧了社会公共伦理和道德的丧失。如生态伦理的破坏、社会犯罪率的升高、高技术手段的经济犯罪、全球贫富分化的加剧等。另外，现代社会的经济、政治、文化等活动已达到了相当高的组织化、体系化、结构化的程度，需要有一系列法律上、伦理上甚至是制度上的措施才能维护社会的有序性。经济学家与哲学家共同讨论现代经济伦理问题，经济伦理学也应运而生。诺贝尔经济学奖得主阿马蒂亚·森被公认为"集经济学和哲学手段于一身，从道德范畴去讨论重要的经济问题"的经济学家。经济学家沃尔什指出，当代经济伦理问题的讨论，使得长久以来对任何道德概念进入经济学而设置的反锁着的大门被打开了。现代经济学必将从伦理学中吸收大量的营养而被彻底地解救出来。

原文：《西方近、现代经济哲学发展的历史与现状》，原载《哲学动态》2003 年 2 期。

第三节　当代中国马克思主义经济哲学发展脉络

积极推进国内经济哲学的研究，是我国进入改革开放以来马克思主义哲学理论研究深度发展的内在诉求，无论是回到经典文本，还是关注当代西方马克思主义的批判意识，无论是扎根于当下中国改革开放深层矛盾的问题意识研究，还是积极探索具有时代化、大众化、中国化的马克思主义政治经济学研究范式，都刻不容缓地呼唤着国内哲学界加快推进经济哲学研究步伐，它既有利于探索哲学自身发展的创新之路，又有利于为经济学及其相关学科发展提供有价值的理论工具，更有利于为当下中国改革开放提供必要的智力支撑。

一、国内经济哲学研究的三个历史发展过程

中华人民共和国成立初期至 1976 年，我国经济哲学没有获得独立系统的学科发展，除了少数极个别经济学家在《哲学研究》杂志上发文，呼吁经济学家要自觉学习哲学方法论外，学术界对经济哲学发展几乎没有任何进展。总的来说，从改革开放初期到现在，国内经济哲学发展大致经历了三个历史过程：现代经济哲学学术发展萌芽时期、范畴和体系讨论时期、重大现实问题深度追问时期。

（一）现代经济哲学学术发展萌芽时期

早在 20 世纪 80 年代，随着史无前例的共和国改革开放大幕拉起，改革的浪潮一浪高过一浪，改革实践对哲学的挑战，促使马克思主义哲学理论工作者积极投身改革哲学的思考。这一时期经济哲学的研究特点是主要从各种体制改革实践层面上来思考经济哲学问题，从而使"形而上"、高不可攀的哲学重新返

回到鲜活的、热火朝天的社会主义经济体制改革实践当中。经济哲学的发展既反映了时代的呼声，又迎合了经济社会发展的需要。在体制改革实践面前，学术界尤其是哲学界走出了一批学者，变大学书本、黑板上的哲学原理为实践的、改革的哲学思考。

这一时期主要著作有："齐平和杨洛撰写的《经济体制改革的哲学思考》（1985）、陈章亮主编的《社会主义经济哲学概论》（1987）、张博树撰写的《经济行为与人———经济改革的哲学思考》（1988）、黄卓炎等撰写的《经济哲学》（1989）。值得一提的是张博树的著作，相对于其他几本经济哲学著作而言，它是一本个人思考、沉思的著作，是一本关于个人对经济哲学的理解的论著，而且该书第一次从人学的角度深入地论述了经济行为人的行为规则和特点等问题。这一时期经济哲学的研究特点是，主要从改革实践层面上来思考、回答经济哲学问题。"[1]

（二）范畴和体系讨论时期

20世纪90年代初—90年代后期。中国经济哲学研究出现了新的形势和特点，表现在以下三个方面。

首先，社会主义市场经济的提出和建构，为学术界提出了许多新问题、新挑战。

其次，国内一些重要刊物相继发表经济哲学系列文章，引起学术界的浓厚兴趣。如1999年《中国社会科学》邀请部分专家学者以经济哲学笔谈的方式就有关问题刊发了系列文章。此前，《哲学动态》《光明日报》《学术月刊》也分别发表了重要访谈或笔谈文章，作者一般都是国内著名的哲学和经济学两大领域的知名专家，他们从学理层面和分析技术路线角度提出了建立、发展和深化经济哲学研究应遵循的基本原则和方法，它标志着国内经济哲学的发展达到了一个崭新的高度。

最后，20世纪90年代相继出版了一大批经济哲学方面的论著。主要著作有："冯景源主编的《新视野［资本论］哲学新探》（1990）、杜则吉、曹唯源撰写的《经济哲学的困惑》（1991）、史仲文撰写的《猛醒的中国——关于中国经济的哲学》（1992）、刘修水撰写的《经济哲学》（1992）、王进主编的《现代经济哲学》（1993）、李晓西撰写的《经济怪圈之谜——对经济改革的哲学分析》（1993）、陈湘舸撰写的《毛泽东经济哲学思想与经济思想》（1993）、张雄

---

① 王蕴．国内经济哲学研究现状及其发展趋势［J］．重庆社会科学，2004（Z1）：64.

撰写的《市场经济中的非理性世界》（1995）、林德宏主编的《经济哲学研究》（1996）、丘挺和张先闲主编的《市场经济的哲学研究》（1996）等。"①

（三）重大现实问题深度追问时期

从 2000 年至今，以重大现实问题、特别是以经济问题的现实逻辑（货币—资本—金融—财富）解读为特征的现代经济哲学学科逐渐形成。

主要学术专著有："张雄、陈章亮主编的《经济哲学：经济理念与市场智慧》（2000）、黄家谣撰写的《经济哲学导论》（2000）、綦正芳撰写的《现代经济哲学研究》（2001）、黄建新撰写的《人的经济哲学研究》（2001）、董德刚撰写的《邓小平经济哲学思想》（2001）、刁隆信主编的《现代经济哲学研究》（2001）、蔡灿津撰写的《经济哲学导论》（2001）、张雄撰写的《经济哲学：从历史哲学向经济哲学的跨越》（2002）、唐正东撰写的《斯密到马克思———经济哲学方法的历史性诠释》（2002）、吴德勤撰写的《经济哲学：历史与现实》（2002）等。"②"经济哲学研究出现了新的趋势。从注重经济哲学体系的构造和什么是经济哲学概念的分析与讨论，向经济哲学的重大个案问题研究过渡。如，近一个时期学术界比较关注的货币哲学的讨论。2003 年 8 月《哲学动态》刊登了货币哲学一组文章，成为国内经济哲学研究领域新的学术增长点。不少学者感到，经济哲学除了要对学科体系和方法研究外，应当注重对重大个案问题的研究，这样有助于对传统理论研究框架的突破，有助于寻找理论与实践相结合的连接点。"③

二、积极推进当代中国马克思主义经济哲学发展的六次全国重要学术会议

积极推进当代中国经济哲学的发展，需要中国特色社会主义理论话语体系建构，需要哲学界关注重大现实问题。从经济哲学研究深入中国马克思主义经济哲学深层领域，是国内经济哲学研究学者走向理论自觉的又一高度。经济哲学研究学者虽然关注经济理论与哲学勾连的问题域，也有必要从形而下上升到形而上的追问，但是，关注当下中国大地上行走的思想及理论的建构更为重要、更为现实。因此，国内经济哲学研究的当务之急应当注重"中国马克思主义经济哲学"的建构，探讨马克思政治经济学批判精神的当代延续。

---

① 王蕴. 国内经济哲学研究现状及其发展趋势［J］. 重庆社会科学，2004（Z1）：65.
② 王蕴. 国内经济哲学研究现状及其发展趋势［J］. 重庆社会科学，2004（Z1）：66.
③ 王蕴. 国内经济哲学研究现状及其发展趋势［J］. 重庆社会科学，2004（Z1）：66.

自 1998 年至今，在自觉推进当代中国马克思主义经济哲学的发展和研究方面，全国召开了各种类型的学术研讨会，现就在上海召开的六次重要学术会议做出讨论。

（一）1998 年 5 月 26—29 日，在上海蓝天宾馆召开的"'经济哲学：哲学与经济学的联盟'全国经济哲学高级研讨会"

会议由《中国社会科学》杂志社、上海市哲学学会、上海市经济学学会、空军政治学院等单位联合主办。著名经济学家于光远、蒋学模出席会议，来自中国社会科学院、中共中央党校、中国人民大学、复旦大学、南京大学、上海交通大学、南开大学、武汉大学和上海财经大学等著名高校和科研机构的近 80 位哲学、经济学专家学者荟萃一堂，对我国经济哲学研究做了一次比较全面的总结和深刻反思。

本次会议对四个方面的问题进行了深入探讨。1. 现代经济哲学兴起的学术背景。现代经济哲学的兴起主要是由"两个危机"即"经济学危机"和"哲学危机"所促成。社会主义政治经济学的研究，要以马克思主义为指导，加强学科互渗，取长补短，让各自学科研究进入学科交叉研究的新平台。2. 经济哲学的学科定位。经济哲学以经济实践和理论中的基本问题为对象，并上升到哲学追问。中国经济学很需要经济哲学为其正名，会上不少学者对经济哲学范畴的理解提出了不同见解，如作为哲学的经济哲学、作为经济学的经济哲学、作为经济现象学的经济哲学、作为边缘学科的"经济哲学"和作为启蒙哲学的"经济哲学"等。3. 经济哲学研究的技术路线。有两个基本向度：一个是从哲学的特殊视角出发，对经济学进行研究；另一个是从经济学的特殊视角出发研究哲学。第二个向度应是经济哲学研究的根本向度。4. 经济伦理相关问题研究。

这次会议对于促进哲学和经济学两大学科的完善和发展，意义和作用不可低估。会后，《中国社会科学》《哲学动态》《毛泽东邓小平理论研究》和《经济学动态》等权威报刊发表了相关论文并做了详尽报道。

（二）2003 年 12 月 24—26 日，在上海财经大学召开的"全国货币哲学高级研讨会"

在党的十六届三中全会全面推出社会主义市场经济制度改革与创新的关键时期，在我国市场经济不断完善和货币功能愈加凸显的背景下，由《中国社会科学》杂志社和上海财经大学人文学院联合主办了全国货币哲学高级研讨会。民进中央副主席、全国政协常委、著名社会学家邓伟志出席会议；经济学著名学者茅于轼、盛洪、汪丁丁、李韦森、张军、石磊、马涛、程恩富等，哲学著名学者俞吾金、陈学明、孙承叔、段忠桥、赵修义、鲁品越等出席了会议。来自北京大学、中国人民大学、复旦大学、华东师范大学、武汉大学和上海财经大学等著名高校和科研机构的70余位专家学者参加了会议。本次会议的一个显著特点是哲学、经济学和社会学三大领域专家学者共同聚焦货币问题，对货币哲学做了一次比较全面的总结和深刻反思。

本次会议研究了七大问题：（1）研究货币哲学的理论与实践意义。开展货币哲学讨论意义有二：一是它有助于当代中国人，在市场经济条件下，培育健康的货币心理；二是展开货币哲学讨论是国内经济哲学研究走向深入的需要。（2）货币哲学研究的学科归类及其合理合法性讨论。货币哲学研究成为可能是因为经济学价值判断内含着哲学的分析。（3）关于马克思货币哲学研究思想的解读。从社会关系的角度来揭示货币存在的社会本质仍然是科学真理。（4）关于西美尔货币哲学思想的评价。（5）关于货币力量的深层本体论的解析。（6）关于对现代性的批判，理应包含对货币的哲学批判。（7）关于新货币革命中的伦理与技术问题。

会议结束后，《中国社会科学》《哲学研究》《哲学动态》和《人民日报》等权威报刊发表了相关论文并做了详尽报道。

（三）2006年5月27日，在上海财经大学召开的"全国资本哲学高级研讨会"

随着我国社会主义市场经济的蓬勃发展，货币力量逐渐转化为资本力量，现代市场资本体系愈加成熟，客观上要求学界对与资本相关的重大理论和实践问题做出回答。上海财经大学经济哲学团队和中国社会科学院哲学研究所《哲学研究》编辑部共同发起主办了这次会议。来自《中国社会科学》杂志社、《哲学研究》杂志社、北京大学、中共中央党校、中国人民大学、复旦大学、南京大学、东南大学和上海财经大学等30多所著名高校和科研单位的近百名专家学者参加了会议。

这次会议着重对五个问题进行了探讨。（1）资本范畴的当代诠释。资本范畴有三个基本维度：物的维度、社会关系的维度、精神生活的维度。（2）主体性资本与主体性哲学的双向追问。二者的关联表现为：主体性哲学的启蒙与发展离不开主体性资本的发育和生成；主体性哲学只有通过主体性资本的证明，才能被指认为是现存的、可感的、可量度的和可通约的。（3）资本与现代性的勾连问题。资本扩张过程推进的生活世界货币化，是资本带给人类社会的最根本的变化，其充满矛盾的过程是现代性生成过程的深层主线。（4）资本与中国现代化历史进程。资本是人类社会发展不可逾越的一个阶段，资本不是资本主义的特有现象，社会主义也可以有资本，并可以运用资本为社会主义现代化建设服务。（5）《资本论》的当代意义。《资本论》留下深刻的启示是：搞哲学的不能陶醉于哲学理性批判，应当关注现实社会的经济运动，关注并批判吸取同时代经济学家的研究成果，只有将哲学批判与经济学批判相联系，才能揭开"历史之谜"的谜底。

会议结束后，《哲学研究》《哲学动态》等国内权威期刊发表了相关论文并做了全面详细的报道。

（四）2009 年 11 月 21 日，在上海财经大学召开的"'金融危机的伦理反思'全国高级研讨会"

2008 年，美国次贷危机引发的金融危机对全球经济产生了深远的影响。金融危机不仅是金融领域的危机，也是政治、经济、社会、文化以及伦理的危机。在此背景下，于 2009 年 11 月 21 日，上海财经大学人文学院与上海伦理学会共同主办了"金融危机的伦理反思"全国学术研讨会。中国逻辑学会副会长、上海财经大学党委书记马钦荣教授；中国伦理学会副会长王小锡教授；上海市伦理学会会长朱贻庭教授到会并致辞。来自复旦大学、中山大学、上海社会科学院哲学所和上海财经大学等十几所高校的 80 余位专家学者参加了会议。

本次会议对如下问题进行了深入交流：（1）国际金融危机所引发的种种认识幻象，是否意味着技术的忏悔遮蔽着道德的查审；（2）为什么最具有现代金融监管技术和体系的华尔街，却因监管不力引发重大危机；（3）对当代金融危机的伦理反思的深度解读，必然要追究到政治制度与经济制度的深层本体论问题。这场危机不但是金融经济领域的危机，更是一场深刻的观念危机，对于金融危机背后折射出来的新自由主义理论范式的危机，美国政府以制造泡沫来追求 GDP 增长的行政伦理危机，以及当下盛行的享乐主义消费观念，企业以利润最大化为目标的非道德经营理念，学者们都进行了哲学层面的批判和反思。

本次会议结束后，《中国社会科学》《哲学动态》《伦理学研究》《道德与文明》《解放日报》和《文汇报》等权威报刊发表了相关论文并做了详尽报道。

（五）2010 年 6 月 26—27 日，在上海财经大学召开的"全国财富哲学高级研讨会"

会议由中国社会科学院哲学所、《哲学研究》杂志社、上海财经大学人文学院、上海财经大学现代经济哲学研究中心联合主办。中国社会科学院时任副院长李慎明研究员做了主题报告，来自中国社会科学院、中国人民大学、中共中央党校、复旦大学、中山大学、武汉大学、华东师范大学和上海财经大学等著名高校和科研机构的 80 余位专家学者参加了会议。与会专家学者从哲学、经济学、政治学、社会学等不同视角，对财富范畴进行了广泛交流和深入探讨。

这次会议着重对五个问题进行了探讨：（1）财富范畴的寓意及其社会本质。财富范畴是历史的、流变的，是人性欲望与社会权力的产物，也是量度人类实践行为属性和社会内在矛盾的重要尺度。（2）马克思的财富观及其当代意义。学者讨论最为激烈的是财富分配的社会公平公正问题。（3）虚拟经济与虚拟财富的哲学解读。在当代资本市场的发展与财富创造的关系上，我们应当高度警惕过分虚拟化给社会带来的负面效应。（4）对国际金融危机发生的深层原因进行透析。运用马克思主义理论资源剖析金融危机与财富的深刻本质联系。（5）改革开放 30 多年中国人财富观的嬗变。

本次会议结束后，《中国社会科学》《哲学动态》和《哲学研究》等权威报刊发表了相关论文并做了详尽报道。

（六）2021 年 4 月 17—18 日，在上海法莱德大酒店召开的"'21 世纪资本范畴的哲学思考'暨首届全国经济哲学 30 人圆桌论坛"学术研讨会

会议由中国社会科学院哲学研究所和全国经济哲学研究会共同主办。来自全国 20 余所重点高校、科研单位和著名企业的 60 余名专家学者和企业家集聚一堂，并就"中国马克思主义经济哲学"建构、21 世纪全球化资本的新特征、中国特色社会主义资本范畴的本质和资本的内在否定性等重大问题进行了充分交流、全面反思和深刻追问。

在会上，中国社会科学院哲学所党委书记、研究员王立胜倡导，中国特色社会主义理论话语体系建构，需要哲学界关注重大现实问题，把学术研究的视野聚焦在中国特色社会主义理论与实践的问题上。目前很多矛盾和问题单靠经济学理论是解决不了的，因为现代经济学所有概念和体系都是西方的。这个问题我认为就是应该哲学出手，哲学出手的名义就是经济哲学，经济哲学的方向就是马克思主义。为此，我们提议国内经济哲学研究的当务之急应当注重"中国马克思主义经济哲学"的建构，探讨马克思政治经济学批判精神的当代延续。

20 世纪 90 年代以来，随着经济全球化和反全球化思潮的出现，激活了国内

外学界对资本范畴的重新思考，如法国学者皮凯蒂、美国学者哈维以及意大利学者奈格里。理解 21 世纪资本范畴的逻辑起点是什么？有学者认为，西方主流经济学家通常把资本范畴诠释为促进生产力发展的"生产预付金"，哲学家黑格尔赋予"资本永恒"的符咒。但随着马克思《资本论》的问世，使人类对资本的认知从幻象走向真理。还有学者提出，马克思资本范畴的主要内涵有四个方面：作为预付金的资本；作为生产要素的资本；作为生产关系的资本；作为权力象征的资本。

关于当代中国特色社会主义资本范畴的思考，是这次会议最具有亮点的原创性研讨内容，中国社会科学院副研究员周丹提出了社会主义公有资本概念。他认为在社会主义与市场经济的双重语境中，生产资料公有制必然会产生公有资本。广义的公有资本包括：国有化的土地、公有化的资本一般、非土地类的公有资产。狭义的公有资本就是指公有化的资本一般。以社会主义市场经济和公有资本为基本标识的中国现代化，从生产关系这一中介入手，驾驭传统的资本逻辑，既激活"资本的文明面"，又克服资本的生产性矛盾，为人类社会走出现代性困境，实现人的解放，提供了可行性方案。武汉大学何萍教授指出，社会主义市场经济需要什么样的资本。当前马克思主义哲学研究要将以前期望通过资本化的断裂发生革命的研究方式转变为在自觉把握世界历史进程、认知全球资本变化规律的基础上，探索社会主义的经济规律和资本运行规律。

会议结束后，《中国社会科学》《哲学研究》《光明日报》和《文汇报》等权威报刊发表了相关论文并做了详尽报道。

三、当代国内经济哲学重点关注的三个领域

（一）马克思主义经济哲学及其当代意义研究

该方向注重马克思的经济哲学思想资源的发掘及其当代意义的阐释，不仅关涉马克思创立实践唯物主义哲学的本真逻辑与路向，而且关涉马克思主义哲学与经济学互渗的原理体系，特别是极具理论与实践批判张力的问题域：如国家与市民社会关系的批判、人的异化与人的全面发展、经济规律与历史进化规律、唯物史观与政治经济学批判等。注重运用哲学的思辨方法和批判形式，对当下国际金融危机，尤其是我国市场经济面临的重大现实问题进行深度反思。如货币哲学、资本哲学、财富哲学、生态哲学、人的物化、异化和幻化的精神现象学反思等。

这方面的问题集中体现在：社会主义对资本力量如何驾驭与导控、社会主义基本经济制度的伟大创新等；中国经济改革的哲学在场性：新"政治经济学批判"的研究。肇始于 2007 年的全球金融危机，为何整个经济界未能预见？毋庸置疑，经济学家过于依赖理想化、专门化的模型，以至于看不到宏大的图景，无法对正在发展的危机做出预警。

近几年金融危机爆发带来各种经济学解释的难题，这证明了一点：经济学的发展需要跨学科、跨专业的学术互动。因此，金融危机的发生，也鞭策着经济学迈入更为广阔的领域。马克思的政治经济学批判具有独树一帜的价值贡献。《资本论》副标题是"政治经济学批判"，它原本不是一个单纯对当代经济生活范畴的批判，而是一个与人类的生存进化，与国民财富相关联的经济解放运动，承载着对经济现代性的诊断和批判。"追求经济的政治与哲学的实现"，这是经济哲学学术团队最重要的目标。今天的中国更加要求我们追求经济的政治与哲学的实现，要重新确立《资本论》所唤醒的新政治经济学价值和追求。"新"主要表现在对社会科学的发展和重新定位。当前为加快推进哲学社会科学发展，需要将哲学、经济学、政治学三大学科联合起来，产生巨大的凝聚力。中国的改革进入深水区，利益多元化，诉求多样化，引起诸多深层次矛盾，经济社会发展各种不确定性超常规地涌现，用什么样的思想观念，来导入如此重大的历史变革实践；用什么样的哲学社会科学，来支撑如此重大的市场制度创新；用什么样的中国学术、中国文化精神，来提升整个国家经济社会发展的平台，这些都需要哲学、经济学和政治学联合与互动，需要中国特色的新政治经济学的批判精神。未来 15 至 20 年，全球经济竞争的格局中，中国经济实力、企业精神、国际影响力的实质性提升，任重道远，未来的市场竞争伴随着信息化、智能化、虚拟化的深度推进，精神对物质的反作用史无前例，配置精神资源，比配置物质资源更为紧要，尤其决策思维、战略思维、思辨政治和理性的判断水平、文化创新和精神资源开发的自由度等等，都将起着非常重要的作用。

（二）"伦理道德与经济社会发展"研究

一是运用马克思主义哲学理论与方法，专门探讨经济价值论问题。例如，经济过程中的事实判断与价值判断的耦合问题，对经济过程及其后果进行社会评价论研究，对经济行为的目的与手段进行矛盾关系的透视。二是深入市场经济实践活动领域，重点探讨经济价值取向与伦理失范、制度伦理与政府行为、经济效率与社会公平、经济发展与社会协调发展、企业诚信与社会责任、个人的经济自由与道德自律、社会主义市场经济的价值取向和道德规范、社会转型期的伦理冲突和道德重建等问题。三是互联网金融的伦理探究。互联网金融是传统金融行业与互联网精神相结合的新兴领域。目前，对互联网金融的界定不尽一致。从伦理角度看，互联网金融的出现具有一定的伦理意义。互联网"开放、平等、协作、分享"的精神对传统金融业态的渗透，对金融模式的变迁产生了积极的影响。通过互联网、移动互联网等工具，使得传统金融业务具备透明度更强、参与度更高、协作性更好、中间成本更低、操作上更便捷等一系列特征。

但同时也产生了一些伦理问题。主要表现为三个方面：第一，互联网金融的安全性问题。由于网上交易存在较大的不确定性风险且由于监管机制和担保机制不健全，存在许多安全隐患。第二，互联网金融的信任危机问题。互联网金融由于以网络为交易平台，容易产生欺骗行为，加之有的人利用平台交易机制设计的漏洞，人为进行骗贷活动。此外，由于交易数据、信用审核的权限都放在平台手里，出资人不能有效审核这些信息，也无从判断真假，就处于非常不利的地位，容易使 P2P 走入歧途。第三，互联网金融的监管问题。目前互联网金融中的监管问题十分突出。例如，市场上讨论最多的互联网金融模式，即 P2P 模式和阿里模式。由于曾经进入门槛较低，监管缺失，P2P 发展一段时间后，处于无序和乱象之中，目前国家已在出手整治。可见严格监管的重要性。

（三）大数据时代的经济哲学研究

本研究从唯物史观和经济哲学相结合的角度，揭示出大数据时代给货币化生存世界中人的生存状态带来的新的巨大变革。

一是数字化对生活世界的渗透以及控制如何体现工具理性与人本主义的内在一致性。人的行为信息的数据化与社会化，形成了现实社会与现实的人之外的一个"数据镜像世界"。这个世界可以最大限度地扩张，每个人都可以充分利用网络以扩张自身的影响。在扩大某些人与机构对社会的影响作用的同时，也使广大民众被这种数据网络力量所支配，全社会的个人成为"透明与半透明"的个体。由此带来双重的社会功能：一方面能满足政府相关部门案件侦办、社会调查等合法使用的特殊需要，满足代表人民利益的积极力量整合社会力量、治理社会秩序、促进社会发展的正向需要；另一方面也可能造成对人们隐私的侵犯，产生威胁和支配相关现实的人的行为。因此，重建生活世界工具理性与人本理性的统一显得尤为重要。

二是数字中心主义的逻各斯与资本中心主义的逻各斯的关联性思考,大数据神话的哲学解构。大数据衍生出来的镜像世界会把那些具有某一方面的共同的价值观念的人无形地组织起来,形成一个无形的"影子组织",该组织具有临时性、松散性、自愿性,形成一个专题性的社会舆论汇聚空间。数字逻辑与资本逻辑一旦被某些企业、组织和个人贯通,就会以"影子组织"的形式支配与利用社会。斯诺登事件凸显出应对这种局势的迫切性。

三是数字化抽象的世界观,深层次地显示了当下人类生存境域的焦虑及恐惧。对大数据时代人类数字化与形式化生存方式缺憾的批判尤为重要。基础性社会存在(生产力与生产关系系统)通过镜像化而纵向地扩张为"数据镜像世界"之后,又通过全球性通信体系而将实现社会存在的更加深入的社会化与全球化。全球的社会存在决定全球各个民族、各个国家与各个个体的社会意识,产生了极其复杂的全球性社会意识形态,以及各个国家内部各种社会意识形态的紧密相关,由此带来对个人处于全面被监控状态的焦虑和恐惧。

原文:《积极推进国内经济哲学的研究》,原载《社会科学报》第 1671 期,第 3 版;部分内容节选自《中国经济哲学年鉴(2019)》,社会科学文献出版社 2020 年版,第 497—506 页。

第四节　"数字劳动"范畴的经济哲学思考

随着 21 世纪计算机、互联网及社交媒体时代的到来,数字经济已成为全球产业竞争的制高点,是现代城市经济发展的重要引擎。上海,这座国际化大都市,在数字经济的装点下,正在加速推进长三角数字经济产业集群的协同创新。人们不难发现,构成数字经济发展的基本动力源——数字劳动,已给上海先进生产力发展增添了无穷的魅力:在浦东张江,科学家们通过数字劳动正在从事具有重大突破性和前瞻性的科研项目研究;在虹桥高科技开发区,一大批青年才俊正在通过数字劳动,将大批实验室产品转化为市场产品;在杨浦区一排排写字楼里,集聚着人数众多的白领工人,为培育独角兽企业付出了艰辛的数字劳动;在上海各大医院,医生们正在通过数字劳动,给远程病人做精准智能化的器官移植手术;在临港新城,数字劳动已成为大量科创青年智联智造的主要劳动形式。凡此种种,数字劳动已在上海遍地开花、繁星闪烁。但从生产关系视阈分析,数字劳动范畴的认知,关涉到全球领域的劳动与人的权力保障、劳动与经济正义、劳动与人的精神解放等重大问题思考,它构成了诊断当代人类生存境遇的一个视点。

翻开人类文明发展的生产力史册,从原始荒蛮时代的自然力劳动、铁骑时代自觉制作生产工具的劳动、蒸汽机时代机械力牵引的劳动,到电力时代的自动机劳动,再到智能化时代的数字劳动,随着生产工具不断更新,人类对劳动范畴的认知,愈来愈丰富,愈来愈深刻,愈来愈趋于自觉。

早在古希腊罗马时期,亚里士多德就提出了两个重要范畴:"制作活动"与"实践行动",这是早期人类对生产概念和实践概念的最初表达。制作活动是人类实践行动的主要内涵,也是人类为自身需要而进行的自觉生产活动的特征之一,制作就是质料与形式的结合,实践行动是对制作活动的意义抽象,可以认为,这两个概念的思考,代表了人类对劳动范畴最初抽象:它是主体行为对象化活动。应当说,亚里士多德的思考,对我们今天关于数字劳动范畴理解,有着实质性的启发。劳动是形式对质料的创造与改变;是生产实践活动的创造性显现。

笔者以为,劳动有善恶之分,物质与精神类别之异。精神劳动赋予了物质劳动更深的意义:看不见的劳动,比看得见的劳动更能创造财富,更显人的生命之流的冲力。此理念对反思当代数字劳动范畴的思考,有着重要的启迪作用。数字劳动是我们难以用感觉经验来把握的,无颜色、无尺寸、无重量、无味觉是它特有的存在形式。麻省理工学院著名学者、被誉为当代"数字教父"、数字时代的三大思想家之一的尼古拉斯·尼葛洛庞帝,在《数字化生存》一书中,将"比特"理解为数字信息存在(being)的最小单位,正如人体内的 DNA 一样,是数字化生存(being digital)的存在状态。"比特"没有颜色、尺寸和重量,但正是这种以"比特"为基因的数字劳动,正在改变着人类整个生存世界。

近代英国古典政治经济学对劳动范畴的诠释,往往偏重于生产力的视角。经济学家们普遍认为,劳动应当在社会分工、商品交换、私有财产和阶级关系的框架中加以定义。威廉配第首次提出劳动是衡量一切商品价值的源泉理念。大卫李嘉图进一步提出了用劳动时间确定价值的著名命题。马克思称他为劳动价值论学派的领袖。德国哲学家黑格尔描述了一个以财产为基础的市民社会的工作,在这种社会中,农民、公民和公务员有着不同形式的工作,其结构形式是承认等级和劳动分工的。他还提出了主奴辩证法,认为劳动是奴隶"对物予以加工改造"，是对物发生否定的关系；主人则通过劳动中介作用间接地与物发生关系，就成为对物的纯粹否定，换言之，主人就享受了物。黑格尔通过思辨表达，揭示了阶级社会雇佣劳动的本质——占有他人劳动。上述观点，有三处对我们查审当代数字劳动范畴有着经典原理和方法论支撑：一是从生产力进步角度，来理解数字劳动的伟大意义；二是衡量数字劳动的价值尺度仍然是劳动量的大小。三是在阶级社会里，劳动异化深刻表现为"主奴"关系的对立。

马克思的劳动价值论和剩余价值论，通过五对劳动范畴辩证原理展开：人的劳动与动物本能活动、私人劳动与社会劳动、抽象劳动与具体矛盾、简单劳动与复杂劳动、必要劳动和社会必要劳动等，深刻揭示了劳动范畴的现代性本质：（1）世俗化社会，由资本所带来的特定阶级关系、社会关系、生产关系决定的劳动者人格的商品化，此商品具有创造新的剩余价值的价值。在当代资本主义制度下，数字劳动仍然遮蔽了一个事实：不是资本家养活工人，而是工人养活资本家。（2）私有制与雇佣劳动使劳动成为个人资本动力学实现的工具。正如哈贝马斯指出的，当今世界资本的私有化趋势愈演愈烈。（3）异化劳动的扬弃是劳动主体与劳动成果的一致性。今天，社会主义中国倡导数字经济和数字劳动，本质上正是为了扬弃异化劳动，真正实现人的自由自觉的劳动、和谐幸福的劳动。追求劳动主体与劳动成果的一致性是它的唯一宗旨。

应当看到，21世纪人类劳动形式呈现异质多样趋势，劳动的本质也经历三次重大变化：单纯的对象化劳动、雇佣关系宰制下的异化劳动、社会主义共享劳动。值得一提的是，智能化生产力的发展，仍然未消除劳动的异化现象：劳动者与劳动成果相分离的问题，虽然在社会主义中国已获得制度上根本解决，但在晚期资本主义社会里，劳动异化现象仍然惊心动魄，令人忧患。

英国教授福克斯撰写的新作《数字资本与马克思》，（《人民出版社》，2020年11月版）引起了中国学者的广泛兴趣与思考。这部著作不仅提出了当代马克思主义政治经济学批判问题，而且提出了历史唯物主义劳动范畴如何创新发展问题。此书运用大量的实证分析和上市公司的企业伦理案例，结合马克思的劳动价值论、剩余价值论的原理分析，揭示了21世纪人类劳动范畴发生的新变化、新形式，为我们了解当代资本主义"市民社会"的劳动与资本逻辑，思考劳动经济学、劳动社会学、劳动伦理学等理论问题，提供了重要的分析工具。书中提出了两个观点特别值得重视。第一，研究21世纪的资本范畴，应当首先回到解剖21世纪劳动范畴的基点上。劳动范畴是理解资本范畴的重要前提，劳动与资本有着实存的内生关系。笔者以为，劳动是资本的血液，没有劳动，资本不复存在；资本是劳动的货币形式，没有资本，劳动只是"自然法"存在的生命证明。第二，晚期资本主义信息通信技术时代，数字劳动所呈现的"休闲时间与无偿劳动""数字劳动力商品与生产剩余""资本逻辑与劳动者精神解放""人的自由与电子监控""岗位劳动与国际分工"等矛盾焦灼点，给了我们如下启示：时代变了，马克思的劳动价值论和剩余价值论的确遇到新的难解问题。例如，在资本主义社会，数字劳动往往遮蔽了更为残酷剥削的事实，使劳动者难以维护自身的合法权利；再如，劳动主体异化程度加重，却带来了无产阶级革命意识的麻痹。第三，数字劳动的社会必要劳动时间更难以确认等。这些难点问题的经典解释，使理论话语难以解答。作者试图求解问题，像法国学者皮凯蒂那样为当代资本论而建树，对当代劳动论有所思考。因此，此书被称为"创建了系统的马克思主义数字劳动批判理论"的力作，也被称为当代"数字版的《资本论》"。

在笔者看来，广义数字劳动主要指一切具有"比特"基因属性的产品制作及营销过程中的人力行为。通常而言，数字劳动是通过平台生存的，主要是电子商务平台和社交媒体平台。狭义数字劳动，主要指硬件制作及装配、软件设计及生产等过程。数字劳动有四个强有力的特质：抽象性、虚拟性、精准控制和全球化。数字劳动的始基是信息 DNA，以光速在全球传输没有重量的比特，比特无色、无尺寸、无重量因而具有抽象性和虚拟性；数字劳动离不开大数据分析及计算，流量和痕迹是精准控制与管理数字生存世界的根据。数字劳动是全球信息网络技术产业链的国际分工结果，往往一件数字劳动的品牌产品制造，是多国参与生产分工的集合体。因而它具有全球化特质。

毋庸置疑，时代变迁，数字劳动范畴的外延发生了三个方面的变化：一是，肌体劳动的作用弱化，智能化脑力劳动成为主导形式。二是"原子劳动"（参阅尼葛洛庞帝著《数字化生存》）逐渐被比特劳动所替代。三是各种形式、固定空间的具象劳动，被以比特信息为原理的抽象劳动所替代。但理解数字劳动范畴的本质内涵，应当与马克思判断一致，劳动是人类自由自觉的创造性活动。

数字劳动为我们提出了四个方面值得探讨的理论问题：社会必要劳动时间如何确定？数字劳动的剥削属性如何判断？数字劳动与资本逻辑如何关联？数字劳动对工业文明体制下的泰勒制工时定额理论提出了哪些挑战？泰勒将劳动效率的测定，严格限定在固定时间与固定空间中。然而，数字劳动效率的测定，无偿劳动时间被潜移默化地拉长，高频率地"加班"偷偷占据了劳动者休闲生活时间；驿站式劳动空间加之便捷的个人笔记本电脑，劳动者可以在旅游风景区、家庭休闲地、高铁、飞机、咖吧等场所，灵活多样地延续着劳动内容。项目制代替了传统的计件制，劳动对象的"原子"质料被"比特"基因所替代。

数字劳动为当代中国特色社会主义数字经济发展，提供了重大机遇。有四个方面值得深入思考。其一，对数字劳动的主体定位，要牢牢把握"人民至上"原则。其二，建立合理规范的数字劳动规则。允许各种劳动形式的多样化存在，但必须坚持落实和贯彻经济正义的原则，力求做到数字劳动过程中的环境正义、过程正义、分配正义和权利正义。其三，强化"以人为本"的劳动者理念，积极改善数字劳动条件和生态环境，创造有利于数字劳动者身心健康、有利于劳动者创造创新的劳动氛围。其四，倡导大数据时代的经济哲学研究。应当从唯物史观和经济哲学相结合的角度，揭示出大数据时代人的生存境遇、遭遇和未来前景的哲学本质。马克思主义哲学研究视野下的数字劳动，应当是体现工具理性与人本主义精神追求内在一致性的数字劳动。

原文：《"数字劳动"的经济哲学思考》，原载《文汇报》理论版 2021 年 12 月 19 日。

第二章　马克思的经济哲学思想精准表达：政治经济学批判

第一节　政治经济学批判：追求经济的"政治和哲学实现"

政治经济学是关于社会财富的学问，政治经济学批判是以政治经济学作为反思对象的哲学批判程序，它既是思辨的政治经济学，也是一种更为深刻的社会存在论追问，其要义是追求经济的"政治与哲学的实现"。马克思曾把"政治经济学"表述为关于"市民社会的解剖学"，而把"政治经济学批判"直接作为《资本论》的副题。政治经济学批判之所以具有强大的思想穿透力和实践变革力，其独特优势在于：政治经济学批判始终坚持哲学、政治学与经济学互动的传统，对经济所关涉的思想维度、政治维度以及历史价值维度的偏重，使得单一的经济学分析视角，直接转入综合系统分析的哲学社会科学的优势学术资源中，从而使思想家、理论家、政治家在考量物质生产力发展和社会财富运动的同时，对追求历史进步和人类解放亦给予高度关注。

政治经济学是关于社会财富的学问。[①] 政治经济学批判从 19 世纪发展至今已有 200 余年的历史，它与古典政治经济学有着深厚的"家族谱系关系"。可以断言，17、18 世纪古典政治经济学的诞生与发展，主要与资本主义工业革命高

[①] 萨伊. 政治经济学概论——财富的生产、分配和消费 [M]. 陈福生，陈振骅，译. 北京：商务印书馆，2009：12.

涨期相呼应，其巅峰成果是英国古典政治经济学的集大成。而 19 世纪政治经济学批判是在政治经济学发展进入自我反思阶段应运而生，主要与资本主义现代性矛盾的尖锐化相呼应，其巅峰成果是马克思的《资本论》问世。20 世纪 50 年代兴起的西方马克思主义"政治经济学批判"，主要与战后发达资本主义国家向后工业社会转型相呼应，突出成果是 20 世纪下半叶西方马克思主义政治经济学批判思想群的出现。

我们旨在从经济哲学的角度，分析较为熟悉的叙事，由此在感性及表象的事实的基础上，再次翻转为新的反思对象，通过对一种"在场形而上学"的文本解构，使马克思政治经济学批判原在思想的预设得到显现，为当下中国改革实践的理论创新提供必要的思想明证和价值导向，为当下中国哲学社会科学进一步获得全面深化改革的话语支撑，提供学科交叉的重要思路。

一、古典政治经济学的起源及其启示

古典政治经济学的诞生，标志着人类从古代社会单纯的感性需要及其满足方式，过渡到有思想地认知人类"需要体系"并自觉组织生产与交换形式，这是人类文明的一大进步。

"econom"一词源于希腊语，"eco"的意思是"家务"，"nom"的意思是"规则"，"economics"的传统含义是"家政管理"。根据文献记载①，在古代社会，公共财富往往被少数人掌管，立法者习惯于把这部分财富视为掌管者自身的个人利益，人身依附关系决定了古代社会立法根本不可能关注到普遍的经济利益。法学家们十分注意给财产维护带来的种种困难，特别关注如何使财产永远保存在家庭中的方法，而哲学家们只是关注财富会给人类幸福带来何种恶果，并热衷于帮助政府制定妨碍财富增长的各种法律。最早的"经济学"概念出现在色诺芬的《经济学》一书中，他把经济学定义为改善家庭的艺术，显然与我们今天所讨论的政治经济学无关。亚里士多德在《论共和国》第一部中，以多章篇幅论述政治经济学问题，他把这门科学命名为"理财学"，并给财富下了经典定义：财富是属于家庭和国家的经过加工的丰富的物资。但在《论经济学》著作中，他对财富管理的理解只是更偏重在感性的直观罗列上，如大量非法税

---

① 伊特韦尔，等. 新帕尔格雷夫经济学大辞典：第 1—4 卷［M］. 陈岱孙，等译. 北京：经济科学出版社，1996；西斯蒙第. 政治经济学新原理［M］. 何钦，译. 北京：商务印书馆，1964.

收事件的真实记录，但没有任何分析与评价，政治经济学似乎还处在萌芽状态。

到了近代社会，人类形成社会团体以后，用公共财产来满足公共需要，管理由自身的财产所产生的共同利益成为必要。因此，如何征收和管理属于公共所有的国民收入，就成为政治家们的一门重要科学知识，于是最早的财政范畴、政治经济学范畴应运而生。首先是 16 世纪查理五世的大臣们用积极的国家财政管理行动，框定了政治经济学发生认识论原理：关注国家财产增值，以公共利益作为行政方针。西斯蒙第称他们是实现政治经济学第一次革命的功臣。其次是 17 世纪亨利四世时期的法国，随着国家机构的发展和公共行政管理范围的扩大，"政治经济学"一词被法国学者蒙克莱蒂安首先提出，其含义指：管理、控制和自然法则。随后，英国的威廉·配第开始使用"政治经济学"一词，似乎更强调"政治"二字，并用"政治解剖"一词来描述他对爱尔兰经济的分析。同时他为了更精确地反映国家的政治经济状况，比较国家间的相对优势而使用了"政治算术"一词。17 世纪欧洲很不自由，各国财政管理实行严格保密制度，使得最初的政治经济学家们被限定在职业或行业内部，既不能公开发表见解，也不能相互交换信息。18 世纪是西欧资产阶级革命和资本主义制度确立的革命时代，尤其是该世纪初的法国思想启蒙运动和世纪末的法国政治大革命，推动了社会转型与国家管理活动中作为哲学和政治学体现的政治经济学确立。18 世纪政治经济学的出现，集中回应了 17、18 世纪最具决定性的问题——社会转型和社会调节问题。它的核心理念是利益需要比利益感觉更重要，经济乃是社会的坚实基础，唯有它才能考虑和实现社会的协调性。率先从科学的经济学组织的角度，表达政治经济学的学科寓意乃是 18 世纪重农学派的贡献。魁奈概括了对财富的性质和再生产与分配的讨论，并在《经济表》中赋予政治经济学的学科含义，被米拉波表述为政治经济学"似乎由关于农业和公共管理与财富性质和取得财富的方法的论文构成"①。到了 18 世纪 70 年代，政治经济学几乎专指与国家资源相联系的财富的生产与分配。英国经济学家詹姆斯·斯图亚特第一个把"政治经济学"用于书名中，并把它解释为关于"如何保证所有的居民得到维持生存的必需资金，消除可能引起生活不稳定的各种因素，提供满足社会需求的一切必需品以及居民就业"②的知识。学界公认，亚当·斯密是近

---

① 伊特韦尔，等. 新帕尔格雷夫经济学大辞典：第 3 卷［M］. 陈岱孙，等译. 北京：经济科学出版社，1996：969.

② 伊特韦尔，等. 新帕尔格雷夫经济学大辞典：第 3 卷［M］. 陈岱孙，等译. 北京：经济科学出版社，1996：969.

代西方政治经济学最具影响力的创始人，他在《国富论》一书中把政治经济学定义为"政治家或立法家的一门科学"，并提出双重目标："给人民提供充足的收入或生计……给国家或社会提供充分的收入，使公务得以进行"①。此外，斯密还将政治经济学直接表述为：一门研究国民财富性质和原因的学问。② 应当说，斯密对政治经济学创立所做的贡献是巨大的：其一，他从哲学的宏大思想中构建了系统而又科学的政治经济学庞大体系，贯通了往后西方经济学的整个传统；其二，他为西方经济学开创了融经济学、政治学、伦理学、社会学为一体的学科交叉研究的方法论传统，事实上已构成后来经济学理论研究方法拨乱反正的真理界碑；其三，他标定了政治经济学研究的双重价值目标：为国家造福，为人民理财。尽管表述存在一定的抽象性和虚假性，但比起今天的西方经济学过于偏重工具理性的倾向，似乎要清醒得多。

17—18世纪古典政治经济学的生成，给了我们如下重要启示：（1）政治经济学的诞生，是人类思想史上一个重大事件。它由人类集体无意识的欲望驱动时代，转向具有自我意识的欲望驱动时代，琼·罗宾逊指出："政治经济理论的发展是17世纪科学革命以后理性认识中自我意识不断发展中的一个要素。"③ 从古代社会单纯的感性需要及其满足方式，过渡到有思想地认知人类"需要体系"并自觉组织生产与交换形式，这是人类文明的一大进步。（2）英国古典政治经济学在一定程度上揭示了人性中私向化与社会化、利己与利他的矛盾，并上升到规律与学说的领域，使近代人类有了激活人的欲望发展的理性工具。正因为这一点，黑格尔对政治经济学的诞生做了较高评价："这是在现代世界基础上所产生的若干门科学的一门。它的发展是很有趣的，可以从中见到思想（见斯密，塞伊，李嘉图）是怎样从最初摆在它面前的无数个别事实中，找出事物简单的原理，即找出在事物中发生作用并调节着事物的理智。"④ （3）政治经济学起源与西方现代性发育和发展相伴随，它是现代性打造世俗化社会的观念形态。现代性生成从两个方面提出了政治经济学的诉求。首先，从神性的人向俗性的人转变，它需要解读"世俗化"的宏大叙事。其次，现代性的经济共同体

① 亚当·斯密. 国富论（下）[M]. 郭大力，王亚南，译. 北京：商务印书馆，2014：3.
② 伊特韦尔，等. 新帕尔格雷夫经济学大辞典：第3卷 [M]. 陈岱孙，等译. 北京：经济科学出版社，1996：969.
③ 罗宾逊，伊特韦尔. 现代经济学导论 [M]. 陈彪如，译. 北京：商务印书馆，2009：3.
④ 黑格尔. 法哲学原理 [M]. 范扬，张企泰，译. 北京：商务印书馆，2009：232-233.

构建——市民社会，它承载着历史特殊性与普遍性的辩证运动，而政治经济学能够提供"受到普遍性限制的特殊性是衡量一切特殊性是否促进它的福利的唯一尺度"①。斯密似乎是第一个而且远远早于黑格尔在经济上理解市民社会的人，只不过在他看来，市民社会是近一个世纪以来整个英国哲学界已经彻底解决的问题，因此国家可以使市民社会从一种法律、政治含义过渡到一种经济含义。在斯密的《国富论》中，历史特殊性与普遍性的辩证运动更多地体现在：追求每个个人主观特殊性的满足必须与"别人的需要"发生交换关系，唯有这样才能实现市民社会中的普遍性。黑格尔认为，市民社会里"主观的利己心转化为对其他一切人的需要得到满足是有帮助的东西，即通过普遍物而转化为特殊物的中介。这是一种辩证运动"②。被打开的市民社会，"一切癖性、一切禀赋、一切有关出生和幸运的偶然性都自由地活跃着；又在这基地上一切激情的巨浪，汹涌澎湃，它们仅仅受到向它们放射光芒的理性的节制"③。显然，古代的自然本性不能指导人类的自然进化，而反映经济共同体的市民社会有着相对的指导意义。（4）经济学的问世从一开始就与哲学相关联。政治经济学虽然研究经济现象，但并不局限于此，而是努力集中在阐述一种从自然状态的任性的特殊性，上升到从家政管理进入国家公共行政和事务管理、从人的单纯生活需要和私欲上升到具有一定道德情操观念的个人财富动力学。说它是政治哲学，是因为它彻底颠覆了"朕即国家"模式治理国家的理念。政治经济学本质上既是一门科学，又是一种治理术。作为一门科学，政治经济学是"需要和理智的国家"的知识体系④，在这个体系与制度的基础上，个人的生活和福利以及他的权利的定在，与众人的生活、福利和权利交织在一起。（5）政治经济学诞生于资产阶级上升期，其理论观点有一定的革命性和先进性，但阶级属性毕竟带有资产阶级经济意识形态的烙印，理论的乌托邦和价值观的虚伪性不容忽视。斯密曾入木三分地说，国家的职能允许富人安安静静地睡在他们的床上。所以，英国古典政治经济学说与资本主义早期发展的历史事实之间的距离是可想而知的。马克思在《1857—1858年经济学手稿》中指出："17世纪经济学家无形中是这样接受国民财富这个概念的，即认为财富的创造仅仅是为了国家，而国家的实力是与这种财富成比例的——这种观念在18世纪的经济学家中还部分地保

---

① 黑格尔.法哲学原理［M］.范扬，张企泰，译.北京：商务印书馆，2009：225.
② 黑格尔.法哲学原理［M］.范扬，张企泰，译.北京：商务印书馆，2009：239.
③ 黑格尔.法哲学原理［M］.范扬，张企泰，译.北京：商务印书馆，2009：225.
④ 黑格尔.法哲学原理［M］.范扬，张企泰，译.北京：商务印书馆，2009：225.

留着。这是一种还不自觉的伪善形式，通过这种形式，财富本身和财富的生产被宣布为现代国家的目的，而现代国家被看成只是生产财富的手段。"① 马克思所说的伪善形式，实际上揭示了资产阶级政治经济学从诞生那天起，就以抽象的国家概念隐蔽了它与资产阶级利益和属性捆绑在一起的实质。

二、政治经济学批判时代的到来

政治经济学的自我革命，就是从追求自然和谐的个人经济学，转向与思辨哲学、"高等政治"相融合的政治经济学批判。

19 世纪政治经济学发展的最鲜明的理论特征是：注重反思，追求自我批判，倡导学术创新。最敏感的话题是：政治经济学是走向"自然和谐的个人经济学"，还是通过批判转身走向与思辨哲学、"高等政治"相融合的政治经济学批判。这种批判重点是通过对传统的英国古典政治经济学范畴及体系的批判，进而追问经济学原在性价值预设。实质是对西方现代性发展所导致的资本危机、生态危机的第一次理论反思与检讨。其哲学诉求旨在按照人类当下经济活动实践特征，甄别传统的理论学说，剔除陈旧教条与原理。整个学术反思过程就是创建意义的过程，真正的意义应当是真实而不容置疑的，同时也是追求可以服从的新规则。

应当说，19 世纪政治经济学之所以走向"我思故我在"的反思形态，这里有三个历史背景事件值得提及：一是 19 世纪初西方资本主义发展处于重大社会转型期。资本主义生产方式已逐渐完成由工场手工业向机器大工业过渡，无产阶级与资产阶级的劳资关系对立愈来愈尖锐化。尤其是 1825 年爆发的经济危机，使资本主义制度的内在矛盾日益显露出来。二是现代性发展进入了凸显"二律背反"阶段。如果说，16—18 世纪西方现代性发育、社会革命和社会结构重组较明显的优势、机器生产力神奇的效率，使人们沉浸在"财富倍增效应"的遐想中，那么，由 19 世纪"近代的"对旧实践、旧学说的脱离和反抗所引起的社会体内部的分裂十分深刻、极为广泛。近代启蒙观念被 19 世纪工业化意志和主体性资本的"理性狡计"逐步证伪，一切存在似乎都被"囿于矛盾性陷阱"之中：理性的崇拜及其缺憾；自然的开发及其失衡；主体的高扬及其"他者"的遭遇；人的解放及其异化等。工业以至于整个财富领域对政治领域关系，更是现代性主要问题之一。三是随着自由放任的市场制度深入推进，尤其是

---

① 马克思恩格斯文集：第 8 卷 [M]．北京：人民出版社，2009：32．

"工业化消极后果"的大量涌现，古典政治经济学原理开始受到普遍质疑，有来自政治经济学阵营内部的学者的批判，也有来自一批德国古典哲学思想者的追问。

19世纪政治经济学批判有两位先驱人物值得提及——李斯特和西斯蒙第。

李斯特倡导的政治经济学批判的理论预设：经济分析是从现状出发，还是从乌托邦式的遐想出发？

李斯特是德国政治经济学历史学派的先驱者，也是19世纪较早从事政治经济学批判的经济学家。他在对传统理论反思与批判的动力来自德国正在兴起的政治新制度的种种方略的大讨论中，深深感到在强势的英法国家经济理论和工业实践压力下，德国如何做到既合理利用英法的经验模式，又必须走出自身经济发展的创新路径，显然，没有以英国《国富论》的辩证否定为基础，就难以创建自己的政治经济学的国民体系。李斯特的批判，重点揭示了传统政治经济学理论预设的三个重大缺陷，"第一是无边无际的世界主义，它不承认国家原则，也不考虑如何满足国家利益。第二是死板的唯物主义，它处处只是顾到事物的单纯交换价值，没有考虑到国家的精神和政治利益，眼前和长远的利益以及国家的生产力。第三是支离破碎的狭隘的本位主义和个人主义，对于社会劳动的本质和特征以及力量联合在更大关系中的作用一概不顾，只是把人类想象成处于没有分裂为各个国家的情况下与社会（全人类）进行着自由交换，只是在这种情况下来考虑自然而然发展起来的私人事业。"① 这三个缺陷关涉到两个历史认识论问题。第一，是认识论前提的真伪问题：经济分析是从现状出发，还是从乌托邦式的遐想出发？李斯特在1841年出版的《政治经济学的国民体系》一书的自序中谈道，"我对于一般流行的政治经济学理论的真实性曾有所怀疑，对于在我看来的错误以及发生这类错误的根本原因拟加以探讨"②。"斯密的理论中乌托邦成分多于错误，因为这些理论仅仅属于一种与现实状况毫无关系的对世界和社会的设想。"③ 第二，是个人主义的经济学至上，还是世界范围的国民经济学至上？它关涉到民族历史的发展与世界历史进程的关系。在他看来，斯密的"天赋自由权"和商业自由的原则是一种世界主义教条，它错误地

---

① 李斯特. 政治经济学的国民体系 [M]. 陈万煦，译. 北京：商务印书馆，2009：171.

② 弗里德里希·李斯特. 政治经济学的国民体系 [M]. 陈万煦，译. 北京：商务印书馆，2009：4.

③ 罗桑瓦隆. 乌托邦资本主义：市场观念史 [M]. 杨祖功，译. 北京：社会科学文献出版社，2004：256.

将英国的情况推广到世界各地。在《美国政治经济学大纲》中，他将斯密的个人和人类经济与"国家经济"做了比较研究，指出了斯密的另一重大错误：强调个人欲望满足的经济增进，会导致整个人类的需要及生活的舒适。李斯特认为，通向人类经济的发展道路并不靠抽象的个人劳作，它应当是国民的经济，即它适合于现实情况和条件的大尺度经济。

政治经济学应当拥有世界历史眼光。李斯特明确提出："必须以'世界主义或世界范围的经济学'来代替'政治的'或国家的经济学。"① 李斯特的政治经济学批判，着重在"国家"概念上进行反思。他把斯密《国富论》中的国家寓意，解释为全人类中所有的国家，从哲学意义上，他将古典经济学研究较为狭隘的时空观，放大为具有世界历史进程中的"国家观"，从而在理论上率先打开了政治经济学批判的国际视野。

李斯特的政治经济学批判给了我们如下启示：首先，国家经济的发展与世界经济的发展密切关联。政治经济学是这样一种科学：它正确地了解各国的当前利益和特有环境，它所教导的是怎样推动各国上升到较发达的工业发展阶段，怎样同其他同样发展的国家结成联盟，从而使实行自由贸易成为可能，并从中获得利益。其次，注重生产力的世界性的发展趋势。不能以单纯的世界主义原则为依据，来衡量不同国家的情况，而仅仅由于政治上的理由，忽视生产力的世界性发展趋势。

西斯蒙第的政治经济学批判导入：政治经济学是以财富为目的，还是以人为目的？

西斯蒙第是法国 19 世纪政治经济学批判最具思想个性的理论家。马克思指出："如果说在李嘉图那里，政治经济学无情地作出了自己的最后结论并以此结束，那么，西斯蒙第则表现了政治经济学对自身的怀疑，从而对这个结束作了补充。"② 西斯蒙第的批判意识形成有如下背景："工业化消极后果"深层次地暴露了古典政治经济学的种种谬误。③ 迅速发展的资本主义生产方式，由于自身制度所拥有的"资本支配一切""只关心物的进步，不关心人类的进步"的属性，导致社会两极分化加剧，导致生产与消费背离，导致劳资关系极端对立，这些深刻的社会矛盾自然都会在 19 世纪政治经济学批判意识中得到反映。被认

---

① 李斯特. 政治经济学的国民体系 [M]. 陈万煦，译. 北京：商务印书馆，2009：120.

② 马克思恩格斯全集：第 31 卷 [M]. 北京：人民出版社，1998：455.

③ 罗桑瓦隆. 乌托邦资本主义：市场观念史 [M]. 杨祖功，译. 北京：社会科学文献出版社，2004：256.

为与传统政治经济学彻底决裂的西斯蒙第，深深感到古典政治经济学构筑了一个与现实世界极为不符的学说体系，为此他在颇具影响的批判性著作《政治经济学新原理》《政治经济学研究》中，专门针对古典理论预设的两个严重错误进行了批判：其一，政治经济学研究对象的预设，存在着本末倒置的错误。西斯蒙第指出，财富不应当作为目的而推进，它只能是手段，而"人"才是目的。新政治经济学的研究要"寻求人类的最大利益……包含提高道德品质与获得幸福。"① 古典学派只关心资本，不关心人，"当亚当·斯密发现并向全世界揭示政治经济学的真正原理时，资本同所需要的生产活动，还是那么不相称，因此，他认为一个国家最想做到的事情就是积累资本，而最有利可图的活动就是使资本更快地周转。"② "这就使我们把人遗忘了，而财富正是属于人而且为人所享受的。"③ 实际上，"政体学的研究对象，是汇集全体人民的意志，而政治经济学的研究对象是人人分享物质财富"④。经济学倘若丢弃了以人为本，该理论就会带来实际灾难。"英国的例子格外令人注目，因为它是一个自由的、文明的、管理得很好的国家，它的一切灾难的产生只是由于它遵循了错误的经济方针。"⑤ 其二，政治经济学理论预设存在着"忽视穷人的地位，丢弃穷人的利益"的根本错误。政治经济学的政治学目的是什么？他明确指出："政治学的目的是，或者应当是为组成社会的人类谋求幸福。它寻求使人类得到符合他们本性的最大福利的手段；同时，它也要寻求尽可能使更多的人共享这种福利的方法。"⑥ 在现实社会中，他呼吁要对古典政治经济学进行价值寓意的根本"颠覆"，一切祸根都来自政治经济学越来越把这门科学变为单纯追求财富增长的学科，越来越脱离其他门类的知识，越来越失去传统的道德哲学之根本。政治经济学应当重返道德的"伊甸园"，并要回到一种政治观念上来：政府应当保护弱者对付强者，保护那些无力自我保护的人，成为所有人的经常性、稳定性的代表。西斯蒙第推出的新政治经济学原理基本预设是：经济学的科学性不可以变

---

① 西斯蒙第. 政治经济学研究：第 1 卷 [M]. 胡尧步，李直，李玉民，译. 北京：商务印书馆，2009：6.

② 西斯蒙第. 政治经济学研究：第 1 卷 [M]. 胡尧步，李直，李玉民，译. 北京：商务印书馆，2009：41.

③ 西斯蒙第. 政治经济学新原理 [M]. 何钦，译. 北京：商务印书馆，2009：44.

④ 西斯蒙第. 政治经济学研究：第 1 卷 [M]. 胡尧步，李直，李玉民，译. 北京：商务印书馆，2009：6.

⑤ 西斯蒙第. 政治经济学新原理 [M]. 何钦，译. 北京：商务印书馆，2009：5.

⑥ 西斯蒙第. 政治经济学新原理 [M]. 何钦，译. 北京：商务印书馆，2009：15.

异为少数人利益的投机性，市场自由放任原则离不开政府的必要调控。方法论上注重抽象的斯密将科学变成自然和谐论，其错误实质在于将"科学"与"现实实践"相分离。而实际的当下实践，存在着多数人与少数人财富的悬差和对立。因此，新政治经济学应当捍卫"政治学目的"，把自己变成保障社会福利的政治经济学。

西斯蒙第的政治经济学批判给了我们如此启示：他的批判是经济思想史上对工业化后果的第一次社会批判。① 尽管他的著作中掺杂着诸多属于庸俗经济学的观点和思想，但是，我们从反思的政治经济学批判中可以获得一些有益的思想。（1）他对政治经济学见"物"不见人的批判，对后来马克思的政治经济学批判的价值观形成有一定的影响作用。（2）他对经济学应当坚持"政治学的双重目的"的观点，较为准确地揭示了资本主义工业化后果所暴露的制度弊端，与 18 世纪以来西方政治经济学越来越背离科学性发展的实质相对应的事实。（3）他对社会两极分化中劳苦大众的政治与经济地位的悲惨状况的揭示和社会批判，特别是对政府相应功能与对策的考量，在一定程度上显示了政治经济学所担当的社会责任意识。（4）他是第一个和经济自由主义传统决裂的经济学家。他认为，经济自由主义给社会带来了灾难，私人利益的无节制发展必然会损害公共利益。他要求依靠国家政策来调节社会经济生活，以代替经济自由主义。我们不可因为他的分析较为浅显而责备这位远离我们近 200 年的经济学家。

三、马克思政治经济学批判的精神遗产

马克思是 19 世纪政治经济学批判最具影响的人物，他在政治经济学批判领域做出了巨大贡献，从根本上改变了 20 世纪世界历史的进程。

如果说，李斯特的政治经济学批判使得经济学思考空间，由传统的民族地域意识转向"世界政治经济关系中的国家意识"，西斯蒙第的政治经济学批判使对资本主义祝福的政治经济学变为忧患意识的政治经济学，那么，马克思的政治经济学批判，既敲响了资本主义必然灭亡的丧钟，又带来了 20 世纪人类历史出现资本主义与社会主义并存的时代。正如罗森塔尔指出的，"'资本论'的巨大意义也就在此：它彻底摧毁了资本主义制度万古永恒的陈腐观念，并以绝对

---

① 罗桑瓦隆. 乌托邦资本主义：市场观念史［M］. 杨祖功，译. 北京：社会科学文献出版社，2004：256.

的准确性预言了人类发展的必然进程"① 在这里，政治经济学批判之所以是追求经济的"政治实现"的，是因为马克思透过以货币财富为制度轴的现代性政治幻象，深刻地揭示了"现代"资本主义制度本质，旨在拒绝一切剥削和限制人类全面自由发展的社会，从资本主义生产关系批判上升为资本主义政治制度批判，最终宣布了一个新政治制度诞生的必然性，这深刻地反映了马克思对西方现代性的批判，大大超越了他那个时代所有批判家的思想智力。政治经济学批判之所以是追求经济的"哲学实现"的，是因为马克思运用唯物史观的分析方法，通过对国家与市民社会关系的解剖，由对政治异化的批判上升到对劳动异化的批判，进而对私有制展开全面批判，把长期被资产阶级经济学家所遮蔽的社会存在论本质加以澄清，用历史的普遍性去提升历史特殊性的存在意义和价值，在关注和求解现代人生命被物化、异化和幻化的深层原因的同时，去揭示当代云谲波诡的货币化生活世界背后的深层本质，旨在矫正人类世俗化历史发展的方向，从而实现历史进步的规律与趋势。

马克思的政治经济学批判，是一种历史理论，一种哲学辩证法，更是导引先进的无产阶级革命与建设的行动法宝。

首先，马克思的政治经济学批判是一种历史理论。这是因为它具有如下重要特征：一是马克思的政治经济学批判是追溯观念发生的谱系关系的批判，注重从范畴史批判过渡到对历史偏斜运动背后的自由本质的澄清。对现代性批判必然关涉到前现代，正是在历史的隧道中，马克思发现了前现代和现代性的根本区别，有助于揭示现代性的本质。从最早的《博士论文》注重原子的偏斜运动（追求自由的偏好）开始，到《资本论》对资本运动引发的物化与异化本质的揭示和批判，最后到晚期《人类学笔记》对历史偏斜运动的社会存在论的深刻追问，马克思一生所从事的政治经济学批判，为后人提供了十分重要的历史哲学最具解释力的原理与方法论，集中体现在：政治经济学批判所指向的历史理论，有着唯物史观历史哲学的深度，它不是用一种经济学去批判另一种经济学，而是用现代最好的历史理论来说明社会经济现象。它把对特定时代经济结构产生及运行的分析，放在大尺度的历史规律的空间中去查审，更侧重思想维度、制度维度、历史演化维度的追问。因此，在历史宏大规律的追问下，任何经济学范畴都会消解概念自身的凝固性、绝对性和永恒性，都会显现其流变性

---

① 罗森塔尔. 马克思"资本论"中的辩证法问题［M］. 冯维静，译. 北京：生活·读书·新知三联书店，1957：13.

和过程性，都会汇聚到更高的历史整体性。所以，"资本永恒""私有制不朽"等资本主义教条符咒都将被证伪。只有当经济价值的公式符合世界历史进化的公式，它的理论逻辑才有可能做出对实践的科学解释与指导。马克思不是从经济学回到经济学，而是从哲学的批判进入经济学批判，然后回溯到历史大尺度审视，这样，经济现象必然成为局部问题，经济只不过是历史的质料，经济特有的某种范式或迟或早都会被历史所扬弃。二是马克思的政治经济学批判不驻足于经济事件发生的原在性历史图像的描述，而是对特定的经济事件、结构和环境进行必要的哲学思辨，通过历史与逻辑的上升运动，进而揭示事件内在的矛盾本质，经济分析的单元被转变为具有"过去—现在—未来"历史时空坐标指向的属人的进化论意义的批判。如马克思对"劳动"范畴的分析，若仅仅作为简单的经济学范畴去理解，劳动不过是人所具有的能够被使用于一切的素质，可是在政治经济学批判的框架中，劳动范畴的内涵绝非如此浅显，马克思指出："比较简单的范畴，虽然在历史上可以在比较具体的范畴之前存在，但是，它在深度和广度上的充分发展恰恰只能属于一个复杂的社会形式"，换言之，劳动范畴"在历史上只有在最发达的社会状态下才表现出它的充分的力量"①。所以，"劳动这个例子令人信服地表明，哪怕是最抽象的范畴，虽然正是由于它们的抽象而适用于一切时代，但是就这个抽象的规定性本身来说，同样是历史条件的产物，而且只有对于这些条件并在这些条件之内才具有充分的适用性"②。对劳动范畴的政治经济学批判，使马克思从一般意义上的劳动——劳动作为一种人类活动的普遍素质，过渡到对劳动的一种历史哲学思辨——在资本主义社会，对象化劳动既是反映一种不平等的经济关系和社会关系的社会组织形式，更是由于劳动力商品存有形式必将导致现代性"二律背反"发生的深刻根据。从资本的观点看来，劳动"表现为资本本身的再生产。实质上这是劳动本身的不断再生产"③。资产阶级国民经济学家恐怕难以理解如此深刻的结论。

其次，马克思政治经济学批判是一种崭新的哲学辩证法。它有两个方面重要特征：其一，深刻地展现着唯物辩证法"生成"范畴的哲理。在《资本论》中，求"真"就是对资本主义发展的经济规律的揭示，对资本主义存在的历史过程性实质的揭示。"真"的内在根据关联着"过程"范畴的批判，政治经济

① 马克思恩格斯文集：第 8 卷 ［M］. 北京：人民出版社，2009：27.
② 马克思恩格斯文集：第 8 卷 ［M］. 北京：人民出版社，2009：29.
③ 马克思恩格斯全集：第 31 卷 ［M］. 北京：人民出版社，1998：142.

学批判所理解的"过程"，不是一般的"既成"，而是"生成"。"生成"是历史辩证法的重要范畴，从生成中可以找到社会存在发生认识论原理，找到经济范畴演进的谱系关系，找到经济规律生长的条件与根据，找到不断挫败乃至成功的历史否定主义美学原理，找到哲学存在论最深刻、最有意义的向生存转变的内在规定性。马克思通常在三种情况下使用辩证的"生成"范畴：一是指具有历史进化意义的实践生长点的绵延与集聚；二是指充满着历史内在否定性的精神自觉反思的逻辑运动；三是指由人类感性的、实践的、工业的、对象化劳动所驱动的人与自然进化关系的哲学考量。马克思在《资本论》中，正是运用辩证的"生成"范畴对资本主义总体性特征予以考察和揭示，生成意味着过程与目的性的勾连，资本的生产过程与资本占有剩余的目的环环相扣；生成贯通着资本的生命周期律，资本主义由于资本的内在否定性所构成的矛盾运动，它的发展贯穿着繁荣、危机直至衰亡的铁律；生成乃是辩证逻辑的上升运动，在《1857—1858年经济学手稿》中，马克思从感性的商品交换中抽象出货币范畴，并由此向资本范畴生成，得出了最具震撼力的政治经济学批判原理："使货币变成资本的交换，不可能是货币同［普通］商品的交换，而只能是货币同它的概念上特定的对立物，即同那种与它本身处于概念上特定的对立之中的商品进行的交换——这种商品就是劳动。""货币作为可能性上的资本，它可以交换的使用价值，只能是生成、生产和增殖交换价值本身的那种使用价值。而这种使用价值只能是劳动。"① 这段原理讲述的不是货币和资本本身，而是一种去蔽的资本哲学，从这里出发，一种被颠倒的国民经济学教条（"只有劳动是生产的，而资本不是生产的"）被彻底解构了——资本，它本质上不是一种简单的"生产预付金"，而是对一种特殊的使用价值（劳动）的占有；是劳动力这个特殊商品生产了资本，而不是资本公平地交换了劳动力商品本身。从形式上看，资本是物质实体，而从本质上看，资本是被异化了的生产关系的反映。由此推论，资本主义社会存在着严重的劳动与资本的对立。生成还反映在观念的自觉反思领域，对资本主义经济规律认识包含着曲折、退步乃至前进的生成过程。马克思在《资本论》中详细查审了对于剩余价值起源的看法的历史认识图式，并对之加以批判，实际上揭示了资本主义政治经济学发展的认识逻辑问题。例如，马克思认为，经济思想史是从关于现象的外部方面和外部形式的知识到关于它们的内在本质的知识的运动，其间认识的过程极为复杂和曲折。生成还体现在发

---

① 马克思恩格斯全集：第31卷［M］．北京：人民出版社，1998：396-397.

展过程充满着矛盾运动的属性。马克思在《资本论》中指出："一种历史生产形式的矛盾的发展，是这种形式瓦解和新形式形成的唯一的历史道路。"① 在马克思看来，发展是矛盾运动的结果，矛盾是推动事物发展的动力。通过剩余价值学说的提出，马克思深刻解剖了与资本主义生产关系相联结的商品、价值、劳动、货币、资本等内在矛盾运动的规律，正是有了这些关于矛盾规律的学说，政治经济学批判才会走向科学。其二，马克思的政治经济学批判，十分注重"从最简单上升到复杂这个抽象思维的"② 逻辑辩证法。在《1857—1858年经济学手稿》中，马克思对此有专门的论述："在第一条道路上，完整的表象蒸发为抽象的规定；在第二条道路上，抽象的规定在思维行程中导致具体的再现。"③ 这里有三层意思：（1）揭示资本世界的深层本质，我们不应当从感性的杂多出发，如从人口或商品价格出发，这种感性的罗列必然会把我们引入"关于整体的一个混沌的表象"④ 中，应当从"完整的表象蒸发为抽象的规定"开始，只有从分析中找出有决定意义的抽象的一般关系，政治经济学批判才会由此及彼，由表及里，去粗取精，去伪存真。（2）从抽象上升到具体的方法，只是思维用来掌握具体、把它当作一个精神上的具体再现出来的方式，但绝不是具体本身产生的过程。事实上它是把直观和表象加工成概念这一过程的产物。（3）具体之所以是具体，因为它是许多规定的综合，因而是多样性的统一。毋庸置疑，马克思的政治经济学批判旨在通过对资本主义社会混沌表象的穿透，对最发达的和最多样性的历史的生产组织背后社会关系本质的揭示，对国民经济学家们把经济范畴按它们在历史上起决定作用的先后次序来排列的错误教条的批判，以形成科学地解释资本主义社会内部结构、生产关系、基本阶级构成、经济危机等范畴体系，从而系统地回答了现代性历史遭遇的深层社会存在论问题，回答了货币化生存世界的资本座架问题，以便正确地阐明人类历史是从何处来，应往何处去的真理。所有这些，如果没有独特的"从最简单上升到复杂这个抽象思维的"逻辑辩证法，我们无法获得人类历史进化图式中"人体解剖与猴体解剖"的钥匙。

最后，马克思政治经济学批判是指导无产阶级革命与建设实践活动的先进学说。马克思在《资本论》第1卷第二版跋中指出："德国社会特殊的历史发

---

① 马克思恩格斯文集：第5卷［M］.北京：人民出版社，2009：562.
② 马克思恩格斯文集：第8卷［M］.北京：人民出版社，2009：26.
③ 马克思恩格斯文集：第8卷［M］.北京：人民出版社，2009：25.
④ 马克思恩格斯文集：第8卷［M］.北京：人民出版社，2009：24.

展，排除了'资产阶级'经济学在德国取得任何独创的成就的可能性，但是没有排除对它进行批判的可能性。就这种批判代表一个阶级而论，它能代表的只是这样一个阶级，这个阶级的历史使命是推翻资本主义生产方式和最后消灭阶级。这个阶级就是无产阶级。"① 马克思学说包含着两种判断：作为对人类历史发展客观规律揭示的事实判断；作为面对历史规律我们应当如何行动的价值判断。政治经济学批判乃是追求"政治与哲学"的实现。早在 1843 年马克思就明确指出："德国人的解放就是人的解放。这个解放的头脑是哲学，它的心脏是无产阶级。"② 马克思是肩负着无产阶级伟大使命的共产主义理论家和革命领袖，其政治经济学批判有着鲜明的科学性与阶级性相统一的特质。例如，他深刻揭示了资本主义生产关系中价值范畴的本质："活劳动同对象化劳动的交换，即社会劳动确立为资本和雇佣劳动这二者对立的形式，是价值关系和以价值为基础的生产的最后发展。"③ 显然，私有制、贪欲与劳动、资本分离之间的本质联系，构成了劳动者的价值与劳动者的贬值之间的异化劳动属性。因此，对资本的批判，就是对阶级的批判；对政治经济学的批判，就是对资产阶级意识形态的批判；对劳动范畴的批判，就是对无产阶级异化本质的批判。通过批判，马克思把非科学的、被颠倒的资产阶级经济学价值理论的核心命题进行了再颠倒：不是资本家养活工人，而是工人养活资本家。从而在资本的社会化层面上使价值规律带来的神力被破解了，生产劳动范畴被革命阶级所替代，生产过程的矛盾变成了作为无产阶级社会个体的基础和建构过程的生产流通及其矛盾，变成了不可调和的对抗性阶级矛盾，由此马克思导出了实现全人类解放的无产阶级革命运动的动力论。

在学术界，有关马克思的唯物史观与他的政治经济学批判是何种关系的讨论，是近几年较为前沿的学术问题。享有盛誉的马克思学家伊林·费彻尔指出："马克思的目的始终是'政治经济学批判'，这既意味着对资本主义生产方式批判，又意味着对它在资产阶级国民经济学说中的理论反映进行批判。"④ 实际上，从马克思的学术思想发展的轴心原理来说，费彻尔的观点是正确的。从马克思到马克思主义，单从哲学范式革命的图式中寻求动因是失败的，应当从现

---

① 马克思恩格斯文集：第 5 卷 [M] . 北京：人民出版社，2009：18.
② 马克思恩格斯文集：第 1 卷 [M] . 北京：人民出版社，2009：18.
③ 马克思恩格斯文集：第 8 卷 [M] . 北京：人民出版社，2009：195.
④ 费彻尔 . 马克思与马克思主义：从经济学批判到世界观 [M] . 赵玉兰，译 . 北京：北京师范大学出版社，2009：51.

实的物质利益、经济关系及资本与精神的对立矛盾中寻求答案。"政治经济学批判"既不是单纯的经济学，也不是单纯的哲学，而是哲学和政治学在经济学中的实现，在这里它显现了经济学研究的质料因、形式因、动力因和目的因的上升运动，智慧地将斯密的世俗时间与黑格尔的精神时间综合在一种代表无产阶级先进意识的历史哲学的思想体系中；它不属于工具论上的技术问题，而属于关涉解剖"市民社会"与提升历史进步的重大历史哲学问题。因此，马克思的政治经济学批判本质上与唯物史观是一回事。没有唯物史观，政治经济学批判就会误入庸俗经济学的窠臼。唯物史观只有在鲜活的政治经济学批判的理论与实践中，才能回答"为什么资产阶级革命没有达到它所宣布的理想目标，为什么在现代基于分工的、被市场机制所统治的社会中，个人尽管有法律上的自由，却仍然陷入到对独立于他们、妨碍他们（每个个人）发展自己人性的种种规律性的依赖之中。"显然，"马克思的核心认识在于，这种新的依赖性并不是个人或者个别社会群体的险恶用心所造成的结果，而是特定的经济结构不可避免的后果"①。政治经济学批判的对象正是这种"特定的经济结构"。毫无疑问，马克思的著作中一以贯之的根本问题就是：通过不断唤醒的政治经济学批判，来获得不断成熟的无产阶级世界观。

　　因此，诠释马克思早期思想两度转变的动因，如若我们仅从唯心主义与唯物主义的流变坐标出发，忽视现代性背景下的深厚而又复杂的政治与经济的关系，忽视哲学的批判与现实经济关系、政治关系批判在当时西欧尤其是德国的精神诉求方面的重要性，我们很难得出客观准确的答案。从政治经济学批判这一维度，回溯马克思早期世界观的两次重大转变，我们似乎更接近马克思学说中的轴心原理。马克思对黑格尔哲学的实质性批判，最关键点是从黑格尔的市民社会与国家的思辨程式中发现了通向唯物史观的政治经济分析的重要维度。马克思曾把政治经济学表述为关于市民社会的解剖学，他为什么在黑格尔诸多重要的历史哲学命题中如此看重"市民社会与国家"这个命题？这与青年时代的马克思告别自我意识哲学的青年黑格尔派后，坚持注重行动、注重现实批判的实践哲学原则相一致。青年马克思为现代性发育而激动，为批判现代性而成熟。马克思对费尔巴哈哲学的实质性批判，最关键点是，通过对李斯特的《政治经济学的国民体系》一书的批判，获得了生产关系（经济制度）一定要适应

----

① 费彻尔.马克思与马克思主义：从经济学批判到世界观［M］.赵玉兰，译.北京：北京师范大学出版社，2009：35-36.

生产力发展的历史规律的启示，从而以现实的生产关系（经济关系）来定义"个人"及人的本质关系，以此批判费尔巴哈的抽象人性论和抽象自然主义哲学，从而为创立唯物史观的历史前提——"个人"概念理解的方法，实现了根本性变革。总之，马克思的学术思想转变，经历了《黑格尔法哲学批判》《〈黑格尔法哲学批判〉导言》《1844 年经济学哲学手稿》《德意志意识形态》《政治经济学批判大纲》《资本论》等系统发展的全过程。

马克思的政治经济学批判有着独树一帜的价值贡献，《资本论》的副题——政治经济学批判，它的在场性原本不是单纯的对当下经济生活的范畴批判，而是一个与人类的生存境况、与国民财富相关联的经济解放运动，它承载着对政治经济学现代性诊断与批判的"揭秘性事件"①，追求着经济的"政治与哲学的实现"。《资本论》之所以被直接表述为政治经济学批判，是因为它从头至尾都贯通着对资本主义生产关系的揭示，对资产阶级市民社会的解剖，对古典政治经济学关于资本主义"货币—资本—财富"的生产、流通、交换和分配原理体系的批判。其"政治"含义有着鲜明的内涵：一方面，它提出了基于社会矛盾的政治的经济周期的理论；另一方面，它把资本的批判自觉上升为一种政治哲学的批判，国家首先是一种机构，其功能是维持和保护经济的统治和剥削；以资本为轴心的社会制度，贯通着政治与经济、权力与资本、虚假公证与无偿剥夺、阶级对立与虚假意识形态等政治预设的内在否定性。正因为有了百余年的解读历程和历史事件的证明，《资本论》的精神遗产才有可能被我们所深知。

《资本论》的理论最重要的意义在于，它掌握了解释资本主义"利润"这把钥匙。"资本"的概念是研究资本主义经济中生产与分配规律的中心工具。在经济思想史上，对资本的解读可分为三个主要类别：一类来源于自亚当·斯密到李嘉图这些古典经济学家的剩余学说，另一类则来源于早期边际主义经济学家的供需学说，还有一类来自马克思《资本论》的剩余价值学说。在《资本论》研究的学术视野中，有五种解构方法值得关注：一是辩证唯物主义的方法论解构，二是以布巴维克为代表的马克思主义经济学的方法论解构，三是以罗默为代表的理性选择马克思主义的方法论解构，四是以卡弗为代表的日常语言分析的方法论解构②，五是以费彻尔为代表的政治经济学批判的方法论解构。

---

① 库尔珀. 纯粹现代性批判——黑格尔、海德格尔及其以后 [M]. 臧佩洪，译. 北京：商务印书馆，2004：235.

② 卡弗. 政治性写作：后现代视野中的马克思形象 [M]. 张秀琴，译. 北京：北京师范大学出版社，2009：25-28.

笔者以为，后一种解构更有特色，更具有深刻性。实际上，《资本论》留给后人的精神财富，最有价值的是马克思的思考方式，这甚至比他思考的结果更重要。这种最具原创性的思考方式集中体现在他的政治经济学批判中。该批判所内含的"存在之链"，与我们现实的创造历史活动的精神批判工具紧密关联。所谓"存在之链"，意指不断被思想追问的货币化生存世界的逻辑根据。它不是表象的质料或其他任何形式的物性化存在本身，而是始终保持着具有普遍性特质的自在自为的真理。概括地说，至少有两个方面的内容值得提及。（1）关于资本与精神关系的批判。马克思在《资本论》第1卷第一版序言中深刻指出："在政治经济学领域内，自由的科学研究遇到的敌人，不只是它在一切其他领域内遇到的敌人。政治经济学所研究的材料的特殊性质，把人们心中最激烈、最卑鄙、最恶劣的感情，把代表私人利益的复仇女神召唤到战场上来反对自由的科学研究。"① 古典政治经济学最大的弊端，是对"物质化""物品化"和"货币化"的执着追求，从而弱化了经济学域外的人本意义。而马克思的政治经济学批判，正是从人的精神世界来反思这种极端物象化的弊端学说。有两点很关键：第一，资本与精神的关系，实际上反映的是劳动者与其劳动对象的异化关系。通过劳动，人与对象世界的关系不但没有趋近和谐，反而愈来愈紧张和对立，作为"利益"的资本不断伤害着作为人与人之间关系和谐的"精神"。如西美尔所说，"经济价值作为主观价值的客观化，对于直接享有［生活］的主体和对象之间的距离化有影响"② 。马克思在《1857—1858年经济学手稿》中指出，资本主义生产过程就是"劳动本身的力量变成对工人来说的异己力量的必然过程"③ 。生产力离不开工人活劳动的使用，通过这一使用它又成为与劳动力相脱离的资本的生产力，于是，工人的活劳动"变成失去实体的、完全贫穷的劳动能力而同与劳动相异化的、不属于劳动而属于他人的这种实在相对立；劳动不是把它本身的现实性变成自为的存在，而是把它变成单纯为他的存在，因而也是变成单纯的他在，或同自身相对立的他物的存在"④ 。马克思在《巴黎手稿》中深刻指出："他在自己的劳动中不是肯定自己，而是否定自己，不是感到幸福，而是感到不幸，不是自由地发挥自己的体力和智力，而是使自己的肉体受折磨、精

---

① 马克思恩格斯文集：第5卷［M］．北京：人民出版社，2009：10.
② 西美尔．货币哲学［M］．陈戎女，耿开君，文聘元，译．北京：华夏出版社，2002：9.
③ 马克思恩格斯全集：第30卷［M］．北京：人民出版社，1995：268.
④ 马克思恩格斯文集：第8卷［M］．北京：人民出版社，2009：102.

神遭摧残。"① （他指劳动者）这种劳苦大众的精神悲剧的产生根源在哪里？马克思认为，"我们现在必须弄清楚私有制、贪欲以及劳动、资本、地产三者的分离之间，交换和竞争之间、人的价值和人的贬值之间、垄断和竞争等等之间以及这全部异化和货币制度之间的本质联系"②。显然，资本与精神之间的深刻对立，其原因在于私有制。第二，只有从精神的高度分析资本，才能获得资本的真理，才能获得人类尊严和理性权威的确认。黑格尔曾在《耶拿现实哲学》一书中，对货币与精神进行分析："商人的劳动是纯粹的交换……交换是运动，是精神，是中介，是摆脱使用与需求、劳动与直接性的解放。这一运动……在这里就是物与活动；物分化为特殊的商品和抽象物、货币……于是，精神作为无私的内在性而在它的抽象中变成了对象。"③ 马克思借助于黑格尔的"精神——资本"的分析观念，有改造地将它运用在整个《资本论》的分析图式中。马克思对资本的精神解读，有着三方面的思想要义：一是资本并不来自观念的想象，它是现实人类实践活动的产物，是一种被现代性加以定义的特定生产关系和社会关系发展的结果，同时它又是关联世俗社会一切的精神关系；二是作为精神反思对象的资本，它是一个导致现代性矛盾发生的重要根据；三是资本实存着价值判断，积极与负面、自由与限制、向往与异化兼而有之。因此，资本只有通过不断地经受精神的积极批判，才能扬弃自身并不断融入历史进步的趋势中。

（2）关于货币财富与权力关系的批判。权力是迫使他人按照权力拥有者的意愿行事的能力。但在《资本论》中，马克思更多地关注在资本制度的宰制下由物权和人格权的交换所产生的实质性社会关系及社会制度异化现象。马克思在系统分析货币流通以及流通中货币的供给和需求规律的基础上，从历史哲学维度深刻地批判了货币财富与权力的互渗问题。货币与权力尽管是两个不同范畴，但失去经济关系背后的社会关系的透视，它们之间似乎没有实质性关联。正是政治经济学批判的特有思考方式，使得马克思从三个方面揭示了货币财富与权力互渗的机制。首先，在特定的社会关系制约下，货币权力的产生来自货币作为流通的代表，其控制力往往出现在幻象的荒谬形式中，它在固守中淡化了自身，同时又以符号的形式复活了自己，并且以图像所传递的权力攻击了事物，其造物的力量正在于运用符号来控制现实。这一切都离不开物与物交换关系的

---

① 马克思恩格斯文集：第 1 卷 [M] . 北京：人民出版社，2009：159.
② 马克思恩格斯文集：第 1 卷 [M] . 北京：人民出版社，2009：156.
③ 费彻尔 . 马克思与马克思主义：从经济学批判到世界观 [M] . 赵玉兰，译 . 北京：北京师范大学出版社，2009：18-19.

背后，受人与人社会关系运作的"狡计"。其次，作为一般财富的个体化，货币行使了对于社会、对于整个享乐和劳动等等世界的普遍支配权。货币实质上是以特有的价值通约形式兑换着现实的社会关系。最后，作为一种普遍权力，货币既被表现为"雇佣劳动和资本的真正普遍的实质"，同时也展示了使财富扩大到具有普遍性的秉性。显然，被货币化了的权力，拥有着通约一切存在的意志和冲动，在货币化生存世界里，货币如此的脱域性所导致的现代性内在悖论，再次证明了马克思政治经济学批判所具有的当下意义和价值：今天，在拥有货币财富的同时，千万不可忘却对货币财富本身的忧患与批判。① 货币的任性会导致人性的物化和异化，货币的任性会带来文明制度腐蚀与摧毁，货币的任性会引发人与自然、人与社会、人与人之间的对立和冲突。

四、结语

政治经济学批判在历史上的不断唤醒，有着重大的历史变迁根据，也有着人类在不同时期为自觉推进社会转型、矫正社会发展观念、守护人道内涵的实践诉求。进入 21 世纪以来，马克思政治经济学批判精神被再度唤醒，它直接导源于当代货币化生存世界发展的历史本质：信息化、数字化、网络化的互渗，创意和智能工具的叠加，神化般地向传统的财富创造原理提出了严峻挑战。人类精神世界在资本逻辑的压迫下，变得更加具有自虐性。"物化—异化—幻化"的生存格律，加速了精神与资本的冲突，深层次地提出了人类心智进化的精神现象学问题。从人的精神世界来反思被极端物象化、虚拟化的生活世界，它需要再度唤醒马克思的政治经济学批判精神。首先是如何对当代西方主流经济学理论研究范式的反思与批判。毋庸置疑，经济学理论随着资本对整个感性世界的渗透和座架，其理论触角已逐步伸延到整个哲学社会科学理论价值的核心层，影响并支配着当下人类的生存意识和精神信仰。2008 年爆发的国际金融危机，为何整个经济学界未能预见，也未能提出任何重要的预警？显然，西方经济学过于依赖理想化和专门化的计量模型，以至于看不到宏大的图景，无法对正在发展的危机做出预警。从深层次考察，西方主流经济学是否已经实质上丢弃了绵延百年的政治经济学批判传统——"关注国计民生、关注民族精神、关注与人类进步相关联的异化与祛魅"等问题。近几年，伴随着金融危机的爆发而带

---

① 曼德尔.权力与货币——马克思主义的官僚理论［M］.孟捷，李民骐，译.北京：中央编译出版社，2002：226-228.

来的各种经济学解释难题，证明了一点，那就是经济学研究的完善和深化，需要跨学科、跨专业的学术互动。金融危机的发生，促使同时也鞭挞着经济学研究迈入更为广阔的学科视域。笔者以为，马克思的政治经济学批判传统的当代唤醒，有助于西方经济学从较为狭隘的个人主义价值观的窠臼中走出来。随着当代人类生存世界的货币化、智能化以及异质化的深度发展，实践领域不断呈现出更为复杂性、不确定性和矛盾性的性状。它深刻地提出了科学研究的整体性和交叉性诉求，自然科学的重大发现和技术创新，离不开跨学科互动，人文社会科学的社会责任的担当，更离不开跨学科的联动，尤其是作为牵引学科——哲学、经济学和政治学的聚合，彰显了政治经济学批判的优势。

　　当代中国改革的深度推进与创新，呼唤着政治经济学批判精神。今天，在中国进一步确立《资本论》所唤醒的政治经济学批判的重要性主要表现在：一方面对社会科学的发展和重新定位，政治经济学批判的复活是这一过程的一部分。哲学、政治学与经济学互动的牵引，旨在寻求全面深化改革的话语权。另一方面中国的经济改革进入攻坚期和深水区，利益多元化、诉求多元化引起的诸多深层次矛盾凸显，更为复杂的问题被提出，经济社会发展的各种不确定性超常规显现，用什么样的思想观念来导入如此重大的历史变革实践？用什么样的哲学社会科学来支撑如此重大的市场制度创新？用什么样的中国学术、中国文化精神来提升整个国家经济社会发展的平台？这关涉的不是某一学科学理的运用，而是诉求着首先是哲学、经济学和政治学的联盟与互动，诉求着中国特色的新"政治经济学的批判"精神。在未来15到20年全球经济竞争的格局中，中国的经济实力、企业精神、国际影响力的实质性提升，依然任重道远。未来的市场竞争伴随着信息化、智能化和虚拟化的深度推进，精神对物质的反作用史无前例，配置精神资源比配置物质资源更紧要，尤其是决策智慧、战略思维、知变应变策变能力、思辨认知和理性判断水平、文化创新和精神资源开发的自觉度等哲学素养，都将起到十分重要的作用。联系当下中国道路、中国精神的反思与实践，马克思主义政治经济学批判的中国化推进势在必行、意义久远。

　　追求经济的"政治与哲学的实现"首先需要哲学与经济学双向互动。哲学的在场性体现在，追求市场的真理，扬弃事物的感性外在性，深入事物的内在本质。哲学的首要目标是获得存在或"实在"的知识，获得关于永恒的、内在的、必然的事物之知识。这种知识是如此首要和如此终极，能赋予任何形式的认识以思想性和真理性把握。哲学以特有的思想追问形式，能赋予经济世界一种特殊逻辑与思辨，可以使交换价值构成的市场空间，不再是一个简单依靠价格制动的物欲流转的平面世界，而是一个多向度、全方位、充满着多种不确定性的精神与物质相互贯通的立体世界；不再是一个单靠计量模型来精算或叠加的价值通约的物像世界，而是一个具有历史文化时空隧道，并充满着理性与非理性、制度选择与精神意向相互贯通的利益博弈的世界；不再是一个纯粹地靠自然法的尺度和达尔文进化论的规则所能加以定义的商品世界，而是一个被不断接受精神的启蒙、公理的批判、理性的怀疑、人性的追问的精神反思的货币化生存世界。同样，经济学以它特有的实证与精算的形式，赋予精神世界一种存在的原欲和物质动力。在彰显人性欲望、利益和需要的背景下，经济学赋予精神世界赖以存在的表象经验及感性根据。在物欲横流的"霍布斯丛林"中，在现代性工业文明构成的人与自然、人与人之间的对立中，在资本所定义的"他者世界"里，哲学的抽象空间被商品流转所充实、所经验、所证实，它已不是一个单靠逻辑演绎的思辨主体，而是一个离不开现实性和历史性相统一的真实可感的世俗世界；已不是一个完全虚幻的，凭借个人意志任意想象、任意创造的意向性世界，而是一个可通约、可精算、可生计、可积累的属人的感性生活世界；已不是一个黑格尔式的头足倒立的绝对精神的世界，而是一个马克思所表达的"从直接生活的物质生产出发阐述现实的生产过程，把同这种生产方式相联系的、它所产生的交往形式即各个不同阶段上的市民社会理解为整个历史的基础"① 的现实世界。"决不是国家制约和决定市民社会，而是市民社会制约和决定国家"②，只有解答了社会存在的奥秘，才能解答社会意识的奥秘，如果撇开人类物质生产的历史过程，用纯抽象的哲学范畴来解释一切存在的内涵，那就会把产生精神世界的真实性、深刻性和具体性的物质基础都抽象地否定掉了。在经济学的匡时下，哲学如果能够自觉吸纳经济分析的原理和学术精华，便可通向深刻的历史哲学观。当下国内哲学发展离不开对重大现实经济问题的穿透，更需要我们像马克思那样，自觉运用政治经济学批判形式，认真研读经济学学术经典，深刻回答当下因生产关系、财产关系、经济关系而出现的重大社会问题。

原文：《政治经济学批判：追求经济的"政治和哲学实现"》，原载《中国社会科学》2015 年第 1 期。

---

① 马克思恩格斯文集：第 1 卷 ［M］．北京：人民出版社，2009：544．
② 马克思恩格斯文集：第 4 卷 ［M］．北京：人民出版社，2009：232．

第二节　马克思政治经济学批判思想缘起及其发展逻辑

马克思的政治经济学批判是思辨的政治经济学，更是一种深刻的社会存在论追问，旨在追求无产阶级经济社会发展的"政治和哲学的实现"。对马克思政治经济学批判思想的梳理，是当前我国马克思主义哲学研究值得关注的领域。它关涉两个重要问题：一是如何从西方现代性学术背景视角，思考马克思唯物史观生成与现代性批判逻辑相互勾连问题，由此而提出更深层次的马克思政治经济学批判思想的缘起问题；二是关于马克思政治经济学批判思想史研究，主要求证唯物史观发展逻辑与政治经济学批判逻辑的相互一致性。本文重点分析苏格兰启蒙运动与西方现代性逻辑生成、英国古典政治经济学的学术影响以及19世纪反思批判时代的政治经济学批判思潮兴起等学术背景，深究马克思政治经济学批判思想缘起的根本原因。在此基础上，对马克思政治经济学批判思想史进行梳理，尝试从六个阶段、六个马克思政治经济学批判核心思想命题展开，其中关于市民社会决定国家、劳动与资本对立、观念论与实践论的对立等命题的诠释，值得关注。

马克思政治经济学批判与唯物史观的产生和发展，有着密不可分的内在联系。从马克思到马克思主义，单从唯心主义与唯物主义的思想追问出发，去求解青年马克思思想转变的动力因是远远不够的。忽视现代性背景下的深厚而又复杂的政治与经济关系的哲学批判，极易导致我们理解上的片面性和实践批判力的不足。事实上，政治经济学批判起源于19世纪上半叶，近代西方现代性发展模式首次受到西方学者的质疑和批判。人与自然、人与社会之间所发生的一系列矛盾逐渐激化，自然法演绎出的自然理性，带来了少数人的丰裕和安逸，多数人的贫困和仇恨。它客观上使得一批欧洲学者，开始对英国古典政治经济学教条加以普遍质疑：政治经济学是自然主义和谐论的个人财富动力学，还是走向与思辨哲学、"高等政治"相融合的政治经济学批判？19世纪西斯蒙第、李斯特和马克思分别给出了答案。唯有马克思政治经济学批判思想问世，标志着政治经济学批判走向科学。

一、青年马克思政治经济学批判思想缘起

（一）苏格兰启蒙运动与现代性逻辑预设

18世纪苏格兰启蒙运动率先讨论现代文明社会如何走向"世俗生活"，主要思考以什么样的政治经济学、社会哲学和伦理学建构当时正在孕育的现代文明思想体系，框定了西方现代性发育所关涉的三个逻辑命题的预设，而这些问题，事实上已成为后来包括马克思在内的学者们研究政治经济学批判的焦点问题。

一是如何定义现代文明社会的内涵？弗格森率先提出"市民社会"概念，并对未来社会逻辑提出构想。他描绘的"市民社会"概念，暗含如此寓意：首先，强调政治哲学意义上现代性文明社会的内涵之———"城邦居民""享有公民权利"等。其次，他感到，历史开始从神性社会转向世俗社会，理性的完善永远是历史过程的一部分，西方文明已从古希腊注重自由和民主精神的哲学想象阶段，发展到当下"资本主义"———一种新型经济生活的自由民主范式选择。最后，他侧重于现代文明社会物质生活整体抽象定义，因而对财产的确权、对公民自由、权利的保护等特别关注。

弗格森的想象与批判，被英国古典政治经济学家亚当·斯密称为一种新型商业社会。斯密本来是一位哲学家，他把有力而又广泛的探索，转向了对"完全自由"社会（自由签约主体的社会）的理解。在《国富论》中，斯密描述了这种社会的两种属性：一是增长趋势。通过劳动分工的细化，导致劳动生产率的提高。二是市场机制。在这种机制中，竞争起着关键性作用。根据商品需求变化来改变相应的商品生产，主要靠现代市场体系来维系。人的欲望是现代性发育的根本动力。因此，利益政治经济学被称为不可或缺的财富论工具。

二是未来文明社会治理，靠国家绝对权力至上，还是靠人的道德律概念以控制人类本能行动？这是哈奇森与霍布斯观点分歧的要害之处。在霍布斯看来，人性恶导致"一切人对一切人的战争"的丛林状态，最终形成国家绝对权力的强力控制。哈奇森提出了不同看法，他认为无懈可击的道德律概念是人类行为控制力量。① 两者的争论后来引出了现代性国家权力批判问题。弗格森的"市民社会"概念与霍布斯的"国家"概念，构成了近代以来西方现代性发育发展

---

① 赫尔曼.苏格兰：现代世界文明的起点［M］.启蒙编译所，译.上海：上海社会科学院出版社，2016：65.

的两根较为敏感的学术神经，也是政治经济学批判的经典命题来源。

三是未来文明社会靠什么达到人与人之间的平等与和谐？斯密既批判了他的导师哈奇森"否认自爱是有道德的本性"的错误观点，也批判了孟德维尔关于人的感情都是邪恶的观点。斯密坚持认为，怜悯或同情心深刻地影响着我们的行为，企图用怜悯或同情心来调解由现代性资本制度下交换、竞争而带来的不公平、不公正问题。

（二）近代英国古典政治经济学对"市民社会"的经济学诠释，预设了马克思政治经济学批判诸多原在性思想逻辑

17—18 世纪是英国古典政治经济学鼎盛发展时期。神性社会向俗性社会的转变，使人类开始有了关于欲望、分工、生产、交换的政治经济学思考。尤其是经济自由范畴的提出，使古希腊倡导的人本主义自由精神，获得了实体意义上的充盈和保障。牛顿力学的自然哲学启示经济学家有了市场运动受"看不见的手"牵引的哲学预设。但是，在这期间，一批主要来自英国的经济学家，以亚当·斯密的《国富论》为出发点，分析了资本主义经济共同体——"市民社会"的生产、分配以及商品和服务的交换问题。不可否认，英国古典政治经济学，它与西方现代性发育和发展相伴随，它是现代性打造世俗化社会的经济理论形态。现代性生成从两个方面提出了古典政治经济学的诉求。一是现代性发育需要坚实的经济基础，传统货币向资本转变，客观上需要关于现代资本运行的宏大叙事。二是现代性建立在以个人范畴为主体的社会，其经济共同体的构建——市民社会，承载着历史特殊性与普遍性的辩证运动，而古典政治经济学能够提供"受到普遍性限制的特殊性是衡量一切特殊性是否促进它的福利的唯一尺度"①。

英国古典经济学理论教条，为 19 世纪理论家提出的政治经济学批判命题奠定了三条思想逻辑预设前提：一是发现了历史特殊性的内在活力，认为个人、欲望、利益及需要，是历史发展的动力。这是英国古典政治经济学做出的重大贡献。但英国古典政治经济学没有将历史普遍性——利他主义精神、国家普遍主义精神、民族精神和历史理性精神贯彻到极致，过于强调历史的特殊性、个别性。在他们的理论文本中，人基本上是受欲望驱动而生产的动物，缺乏更高意义上的理性目标追求。这种唯生产力论思想，后来恰恰成为马克思政治经济学批判"劳动异化理论"的反思对象。二是关于国家理念的阐释。在英国古典

---

① 黑格尔．法哲学原理［M］．范扬，张企泰，译．北京：商务印书馆，2009：225．

政治经济学文本中，对于未来文明社会发展的动力，亚当·斯密认为，现代商业社会，以个人利益、欲望为动力，以自由交换和竞争为法则，通过"看不见的手"为牵引，人类社会也必然实现未来的丰裕社会。国家被赋予市场"守夜人"职能，此命题已成为古典政治经济学"实质"，更成为现代性西方主流经济学"核心"教条，是马克思政治经济学批判——关于资本主义经济规律思想的理论来源。三是分工、生产和交换，是新型商业社会运作的轴心。古典经济学家只看到劳动与资本的表层关系，无视生产关系历史分析向度，对劳动与资本的对立关系视而不见。这个十分重要的问题，成为马克思政治经济学批判"异化劳动"理论的根据。

（三）对马克思早期政治经济学批判思想产生影响的两位经济学家

19 世纪初是一个蕴含着社会历史巨大变化的时代：人与自然、人与社会危机事件频频发生，导致当时颇具影响力的英国古典政治经济学也受到深刻批判。一是自然主义和谐论的经济学在劳动与资本矛盾关系激烈对抗下，没有避免工人运动揭竿而起。二是以近代工业革命为背景的现代性发展模式，其弊端逐渐彰显，其经济理论形态——英国古典政治经济学也随之受到质疑。德国学者李斯特在《政治经济学的国民体系》中对英国古典经济学提出了两点批判：首先，他创立了国家经济学来反对英国古典政治经济学经济个人自由主义理论，强调政治经济学不应当成为私人经济谋取财富的工具，国家经济学应高于私人经济学。他说："难道在私人经济中认为值得做的，也就是在国家经济中所认为值得做的吗？难道关涉到民族和国家性质的问题，如关于后代需求的考虑，也是包括在个人性质之内的吗？我们只要想一想一个美国城市在开创时的情况；任何个人如果听任他自己去干，他就只会关心到他自己的需要。"① 其次，李斯特反对英国古典政治经济学方法论上的空谈和不切实际，认为德国现代性发展最现实的问题是生产力如何认知问题。这对在他之后青年马克思的历史唯物主义生产力理论具有一定的启发作用，成为马克思政治经济学批判的核心原理思想来源之一。

要重点研究马克思的生产力范畴与李斯特生产力范畴的联系与区别。李斯特生产力理论的特征表现为：注重现实的分析方法，反对古典政治经济学乌托邦式的空谈。李斯特注意到生产力问题的重要性，这是其对时代特征的直觉。另外，财富的价值与生产财富的能力，是根本不同的表述，应当看到生产力在

---

① 李斯特. 政治经济学的国民体系 [M]. 陈万煦，译. 北京：商务印书馆，2009：162.

全社会财富生产系统中的核心地位和作用。还有国家生产力要放在世界历史进程中去考察，而不是孤立的认知与理解。然而，李斯特只是从重农学派的观点来谈世界主义的生产力范畴，而没有从国际自由贸易的特点，以及亚当·斯密分工理论视角来分析一个国家具备生产力能力是多么的重要。这一点启发了马克思在创立历史唯物主义原理中，对生产力时空维度的关注。马克思把生产力范畴作为历史唯物主义体系建构的根本范畴、根本原理，分析社会存在基本问题的前提。与李斯特生产力理论相区别，马克思强调生产力范畴的历史内涵，以及从生产力与生产关系辩证原理中理解生产力范畴的本质。

19世纪法国政治经济学家西斯蒙第在《政治经济学研究》《政治经济学新原理》文中对英国古典政治经济学展开了三点批判，被马克思称为"在政治经济学上开辟了一个时代"①。首先，他认为，英国古典政治经济学是维护资本主义生产方式的旧教条，他提出的政治经济学新原理充分揭露了资本主义生产关系的矛盾："一方面刺激生产力和财富的自由发展，另一方面又限制着这种发展。他指出，在资本主义制度下存在着使用价值和交换价值间的矛盾，商品和货币间的矛盾，买和卖的矛盾，生产和消费的矛盾，资本和雇佣劳动的矛盾等等，随着生产力的发展，这些矛盾也将发展。"② 其次，他明确指出，政治经济学和政府行动的目的是人类的幸福，而不是物的积累，因而，政府应该阻止各种竞争。当然最重要的是，"应该注意生活资料的分配，但是，应该考虑全体人民的利益，而不仅是社会上某个阶级的利益"③。这里，他与斯密的核心教条相反，政府守夜与政府必要干预观点对垒，显示了霍布斯的国家权力作用意识。最后，他指出，英国古典政治经济学只把财富作为研究对象，而问题在于，财富要落在人民生活水平改善方面，所以他把新政治经济学原理理解为关于财富与人的关系原理，并作为他个人专著的副标题。

西斯蒙第明确批判了斯密的旧学说，指出："斯密只是考察财富，并认为拥有财富的人总是关心财富的增加的，只有让个人在社会上自由地进行利己主义活动，才能最大限度地增加财富，因此政府对经济生活应该听其自然。"④ 正是在这个问题上，西斯蒙第修正了斯密学说，认为"财富应该保证人们过幸福的

---

① 马克思恩格斯全集：第26卷（第Ⅲ册）[M].北京：人民出版社，1974：285.
② 西斯蒙第.政治经济学新原理[M].何钦，译.北京：商务印书馆，2009：前言3.
③ 西斯蒙第.政治经济学研究：第2卷[M].胡尧步，李直，李玉民，译.北京：商务印书馆，2009：26.
④ 西斯蒙第.政治经济学新原理[M].何钦，译.北京：商务印书馆，2009：前言7.

生活，因此政治经济学不应该只考察财富，而应该考察财富和人的关系，特别是人及其需要"①。这段话有两层意思：首先，财富是手段，人是目的。虽然西斯蒙第代表了小资产阶级利益，但是，这种经济哲学判断显示了较强的政治经济学批判锋芒。其次，他所强调的人，已不是一般人的概念，而是指人民内涵，包括穷人和富人，从而赋予政治经济学抽象的人民财富理论。它虽然没有马克思的精准、深刻，但也意义重大。

（四）关注德国现代性发育、发展之命运，成为青年马克思早期学术思想兴奋点之一

青年马克思告别自我意识哲学后，特别注重德国现实批判的逻辑。当时德国最大的现实问题，就是现代性发育问题，这直接关系到德国经济、政治、哲学三大核心问题的现代性批判。经济关涉到是保持封建生产方式还是推进发育现代生产方式，政治关涉到是维系封建专制制度统治还是推进自由民主化进程，哲学关涉到是观念论还是实践论的选择。它首先反映在国家和经济这两个最具活力的核心领域，市民社会是现代性关注的焦点。

现代性的所有创构，都聚焦于创造一种新的经济共同体以及与之相适应的政治哲学模式：展现自由个体性、倡导普遍的理性化制度，尤其是拥有以劳动、土地、所有制、资本为基础的现代市场体系，这是市民社会的本质。它正冲击当时普鲁士王朝封建割据的德国落后体系。一个世界已经死亡，一个世界尚无力诞生。青年马克思为德国现代性发育而激动，因批判西欧以英国工业革命为特征的现代性发展模式的抽象教条（古典政治经济学传统）而成熟。马克思创建唯物史观的关键环节，一是生产力与生产关系原理的发现与思考，这与19世纪上半叶古典政治经济学走向自我批判精神相关。李斯特生产力范畴思想的政治经济学批判和西斯蒙第对资本主义生产关系内在矛盾的政治经济学批判，不同程度地影响了青年马克思早期世界观的转变。从历史唯物主义诞生地——《德意志意识形态》可以看出，马克思对他们思想的继承、批判与超越。二是马克思通过对古典政治经济学体系与方法论的批判，获得了以现实的生产关系来定义唯物史观的历史前提即"个人"范畴的深刻内涵，并且以此批判费尔巴哈的抽象人性论和抽象人本主义哲学，从而实现了哲学世界观的根本性转变。

---

① 西斯蒙第.政治经济学新原理［M］.何钦，译.北京：商务印书馆，2011：前言7.

二、马克思政治经济学批判思想发展的六个阶段和六个核心命题

第一阶段受黑格尔晚年著作《法哲学原理》的启示，青年马克思在 1843 年 3 月中至 9 月底，撰写了第一部政治经济学批判著作《黑格尔法哲学批判》。在这部著作中，马克思政治经济学批判的核心命题是：不是国家决定市民社会，而是市民社会决定国家。

在《法哲学原理》中，黑格尔表述了德国古典哲学意义上的西方现代性运动的思考。在他看来，英国经济学和哲学的教条，反映了人类对现代性模式最初的认知，欲望驱动世界，是对历史特殊性的倚重，它导致财富涌流的市民社会效应，这是值得肯定的政治经济学体系。但是，市民社会趋向国家普遍精神的追求，似乎更重要、更符合伦理。因此，理性驱动世界，应是德国人对现代性发展所持有的理智态度。然而，青年马克思在《黑格尔法哲学批判》这部著作中，虽然受到黑格尔客观唯心主义哲学世界观影响，但他深刻揭示了黑格尔法哲学核心命题——市民社会与国家关系的本质，指出黑格尔把国家视为精神的主体，市民社会的财产关系由它而派生。在马克思看来，在现实世界里，利益决定国家，必须把颠倒的思维再颠倒过来，马克思为之提出了第一个政治经济学批判核心命题：市民社会决定国家，即后来提出的唯物史观经典原理：经济基础决定上层建筑的萌芽思想。马克思强调：（1）自由的本质，不是黑格尔意义上的空乏概念主体论，自由是具体的，具体的自由是特殊利益体系和普通利益体系的统一。（2）市民社会是国家的前提。国家是从市民社会中以无意识任意方式产生的。观念变成了主体，现实的关系被理解为观念的内在想象活动，这是对现实理解的错误颠倒；国家应从市民社会活动中产生；问题在于不是实体趋向概念，而是概念趋向实体。①青年马克思的批判逻辑遵循着"经济—政治—哲学"上升运动的方向，这种方向促使了青年马克思政治经济学批判思想的应运而生。马克思后来在《〈政治经济学批判〉序言》中回忆："我的研究得出这样一个结果：法的关系正像国家的形式一样，既不能从它们本身来理解，也不能从所谓人类精神的一般发展来理解，相反，它们根源于物质的生活关系，这种物质的生活关系的总和，黑格尔按照 18 世纪的英国人和法国人的先例，概括为'市民社会'，而

---

① 马克思恩格斯全集：第 3 卷［M］．北京：人民出版社，2002：7-16.

对市民社会的解剖应该到政治经济学中去寻求。"①

第二阶段是 1843 年 10 月中至 12 月中，马克思政治经济学批判的无产阶级立场的确立时期。这一时期马克思政治经济学批判的核心命题是：思想闪电必须击中人民园地。为唯物史观产生找到应有的价值坐标点。重要经典文献是马克思在此期间撰写的《〈黑格尔法哲学批判〉导言》（以下简称《导言》）。

从时间判断，此时马克思中断了对黑格尔法哲学原理的系统研究和批判。为什么要中断？原因似乎有三个：一是当时欧洲资本主义快速发展，带来了无产阶级与资产阶级矛盾尖锐化，阶级斗争的现实促使青年马克思深刻思考"市民社会特殊阶级的彻底解放"问题，追求理论活动要与无产阶级革命的解放事业联系起来。二是他不愿继续扎在黑格尔繁杂的法哲学体系中做没完没了的批判，他想走出自己新世界观意识形态方面的新道路。如马克思在《导言》中所言，"一个人，如果想在天国这一幻想的现实性中寻找超人，而找到的只是他自身的反映，他就再也不想在他正在寻找和应当寻找自己的真正现实性的地方，只去寻找他自身的映像，只去寻找非人了"②。三是马克思愈来愈感到德国人的解放，需要物质力量和精神力量的结合，即代表历史未来发展的先进阶级与关于实现全人类解放的哲学思想的结合。思想闪电要击中人民园地，精神才能彻底改造现实世界。显然，马克思已经鲜明地提出了政治经济学批判的阶级立场问题。在《导言》中，以下观点值得重视："哲学把无产阶级当作自己的物质武器，同样，无产阶级也把哲学当作自己的精神武器；思想的闪电一旦彻底击中这块素朴的人民园地，德国人就会解放成为人。"③ 这里有三层意思：一是德国革命应当是德国人民的革命，革命的最大现实性是对当下德国现实制度的否定。现实制度最大不合理性在于，它不断地生产出一无所有的无产阶级。二是如何看待无产阶级？马克思认为，无产阶级诞生于市民社会之中，是一个具有特殊历史地位的阶级，一方面与社会化先进生产力相联系；另一方面备受剥削和凌辱，尽管没有任何地位，但是有着必须"成为一切"的胸怀和革命意志。三是无产阶级与马克思政治经济学批判结合，人类的解放才有巨大的促进历史解放的物质力量。批判的武器代替不了武器的批判，物质力量只能用物质力量来摧毁。但是，理论一经掌握群众，也会变成物质力量。

---

① 马克思恩格斯全集：第 31 卷 ［M］．北京：人民出版社，1998：412．
② 马克思恩格斯全集：第 3 卷 ［M］．北京：人民出版社，2002：199．
③ 马克思恩格斯全集：第 3 卷 ［M］．北京：人民出版社，2002：214．

第三阶段是 1844 年马克思对异化劳动深度研究及批判时期。该时期马克思政治经济学批判的核心命题是"劳动与资本对立"的异化本质。这种批判为唯物史观的产生提供了理论分析的逻辑通道——关注市民社会，深究生产关系的本质。主要文献是《1844 年经济学哲学手稿》。

众所周知，异化范畴早在法国启蒙思想家卢梭的文献中就有所提及。从自然人到文明人的历史化发展过程，异化现象的发生，说明人类文明发展所付出的历史代价。后来，近代德国古典哲学文献中也有所提及，尤其是黑格尔哲学和费尔巴哈哲学中的异化思想，对青年马克思哲学世界观的转变起着重要作用。从宗教异化到政治异化再到劳动异化，说明马克思对异化哲学认知越来越趋于现实和事物本身。此时具有无产阶级世界观的青年马克思，带着"解剖市民社会应该到政治经济学中寻求"的思维向度，探寻现实经济关系异化的本质：资本与劳动的对立事实。主要观点有：（1）"资本、地租和劳动的分离对工人来说是致命的"①。（2）资本是积累起来的劳动。（3）劳动产品是固定在对象中的、物化为对象的劳动，是劳动的对象化。劳动的现实化就是劳动的对象化。在国民经济学以之为前提的那种状态下，劳动的这种现实化表现为劳动者的非现实化，对象化表现为对象的丧失和为对象所奴役，占有表现为异化、外化。可见，正是马克思特有的"经济—政治—哲学"的政治经济学批判方法运用，才使得他通过异化概念深刻揭示了资本主义经济、政治本质所反映出的非理性哲学异化问题。

第四阶段是 1845 年至 1846 年，建立在唯物史观基础上的马克思政治经济学批判理论走向成熟期。恩格斯在《卡尔·马克思〈政治经济学批判〉第一分册》书评中指出，马克思政治经济学批判"本质上是建立在唯物主义历史观的基础上的"②。唯物主义历史观是无产阶级政党的理论基础和科学世界观。这里有两个标志是重要的：其一，唯物史观的系统原理构建，使马克思政治经济学批判建立在人类社会历史发展规律基础上。从此，这种批判有了坚实的经济基础阐释原理、政治结构的批判原则、哲学意义上追求历史进步的共产主义目标。其二，政治经济学批判与意识形态批判相结合，使批判达到事实判断与价值判断、历史洞穿与现实分析、原理阐释与实践批判等相契合。马克思的意识形态批判，主要是追问旧意识形态存在的思想痼疾，让批判回到现代性本身，即工业及交换、交往的历史变革的本身。这一时期的主要文本有马克思、恩格斯共

---

① 马克思恩格斯全集：第 3 卷 [M]．北京：人民出版社，2002：223.
② 马克思恩格斯文集：第 2 卷 [M]．北京：人民出版社，2009：597.

同写作的《德意志意识形态》论著。这个时期马克思政治经济学批判主题应当是"观念论"与"实践论"的对立。旧意识形态"观念论"持有者，把德国的未来发展寄托在逻辑思辨的历史演绎中，所以他们从来没有为历史提供世俗基础；马克思、恩格斯持有实践唯物主义哲学世界观，把德国现实革命理解为深究现代性本质（从工业史、交换史、货币史、交往史等现代经济视阈入手），注重人改造人、消灭异化以及真正实现"真正的历史"。在这部著作中，马克思、恩格斯还提出若干政治经济学批判重要思想与理念。如对思辨哲学、直观哲学批判，"感性确定性"原理的诠释，关于"历史前提"的批判，关于生产、劳动、分工、交换、所有制等范畴批判，等等。这些都极大丰富了马克思政治经济学批判的理论内容和思想体系，也极大增强了政治经济学批判的实践穿透力。

第五阶段是 1857 年至 1859 年，马克思政治经济学批判的方法论中逻辑方法和历史方法相互关系原理阐发时期，其中的政治经济学批判核心原理是：从抽象上升到具体的辩证分析方法。

从抽象到具体辩证分析方法，是认识事物本质必备的研究方法和叙述方法。从抽象上升到具体是思维由抽象概念向更加具体的概念运动的认识规律。这里的"具体"不是感性的具体，而是理性的具体，是一个具有许多规定性和关系的丰富整体。在 1857 年 8 月底马克思撰写的《1857—1858 年经济学手稿》的导言中，马克思重点批判了古典政治经济学分析方法中的感性、片面性和肤浅。如分析"社会"范畴，从混沌的自然人出发，而不是从"生产关系的人"出发，这就会把社会理解为混沌的、杂多的经验具体，人的社会关系本质就抽象不出来。相反，从抽象到具体，就会认识社会的如此本质：社会与人、人与生产关系、生产关系与社会形态历史更替等思维中的具体规定性。这样就会明白："我们越往前追溯历史，个人，从而也是进行生产的个人，就越表现为不独立，从属于一个较大的整体。""人是最名副其实的政治动物，不仅是一种合群的动物，而且是只有在社会中才能独立的动物。"① 在 1859 年的《〈政治经济学批判〉序言》中，马克思正是根据他所创立的"从抽象到具体的辩证思维方法"提出了政治经济学批判的重要方法论命题："对市民社会的解剖应该到政治经济学中去寻求。"② 这表明从解剖资本主义生产关系出发，也就是从生产资料和生产关系、生产关系和交往关系、国家形式和意识形式同生产关系、交往关系的

---

① 马克思恩格斯文集：第 8 卷 [M]．北京：人民出版社，2009：6.
② 马克思恩格斯全集：第 31 卷 [M]．北京：人民出版社，1998：412.

关系等考察出发，对现代文明、现代社会进行"抽象—具体"分析和思考，不是从神本主义出发，也不是从个人英雄史观出发，而是从与市民社会密切相关的政治经济维度出发；历史唯物主义分析资本主义社会的本质，不在于观念论，而在于实践论，尤其是从人们的生产生活实践中，去搜寻资本主义本质规律的存在依据。

第六阶段是 1867 年至 1883 年，《资本论》问世及其进一步研究时期。马克思为写作《资本论》耗费了整整 40 年时间。为了研究方便和划分阶段的细致考虑，笔者尝试提出以《资本论》第一卷正式出版为标志性叙述时间点。在这部著作中，马克思将书名副题称为"政治经济学批判"，从而以毕生精力完成并告示了他对政治经济学批判的终身追求情怀和为无产阶级革命事业所贡献的科学学说。笔者以为，在《资本论》中，马克思政治经济学批判最重要的主题应当是资本与精神的对立关系问题，其旨在客观思考资本运动规律，尤其在价值判断上，澄清资本的历史积极作用和反人性的消极作用。重点思考资本给整个人类带来的异化遭遇、境遇，以及人类走向未来的精神解放的条件、趋势和道路。马克思从资本的内在否定性原理方面，深刻地揭示了现代性的历史过程性和无产阶级遭受精神伤害的原因，集中体现在以下五个对立的关系中：劳资关系的对立，资本的私有化与社会化的对立，资本的技术向度与人本向度的对立，资本的主体间性的内在竞争与对立，资本贪婪追求剩余秉性与文明发展限制的对立。对立导致资本与精神存在如下冲突：在以资本为轴心的社会，资本的剩余价值不停顿地生产和再生产，只会带来整个社会的两极分化，造成多数人不幸福、不自由；多数人的精神低迷、烦躁和消极；人成为追逐资本的手段，而不是自身存在的目的；人的生活成为资本逻辑机器中某一部分，一切听从资本的宰制，人在其中精神受到极大压抑；剥削属性的存在，使得劳动者永远没有主体感，永远被蒙蔽，永远受到心理上和精神上的伤害。然而，这种精神与资本激烈冲突的社会，必然将被另一种生存范式所替代——一切人的精神解放、自由和全面发展的共产主义社会。

原文：《马克思政治经济学批判思想缘起及其发展逻辑》，原载《哲学研究》2021 年第 6 期。

第三章　当代中国马克思主义政治经济学的哲学思考

第一节　构建当代中国马克思主义政治经济学的哲学思考

　　本节探索性地把当代中国马克思主义政治经济学范畴的内涵定义如下：它是中国共产党人追求全球经济正义、实现社会主义强国富民的经济学说。从亚当·斯密开创的"国富论"资产阶级政治经济学，到当代中国共产党人开创的"人民财富论"马克思主义政治经济学，政治经济学发展进入了新时代。马克思的唯物史观有着独特的政治经济学批判精神，它有助于政治经济学问题意识的显现、历史意识的时空检测以及对时代精神的追问，还有对政治经济学前提与方法的真与假、对与错的鉴别，有助于使政治经济学通过反思到达真理域。政治经济学批判精神为我们阐明：政治经济学本质上不是工程学，不以简单的技术数据来昭示市场的机运或风险预警，而是在揭示经济发展规律的基础上，更深层次地确保经世济民、治国理政的理性决策，更多的是思想的力量和数据的人本主义价值判断。

　　如何构建当代中国马克思主义政治经济学，已成为国内学界颇为关注的新视点。三种过热的学术状态令人担忧：一是对政治经济学学术传统未加反思，对当代中国马克思主义政治经济学概念的内涵未加查审，匆忙编教材，急于构体系；二是用"新瓶装旧酒"的方式阐发当代中国马克思主义政治经济学的思想原理及方法，简单照搬《资本论》的体系框架，集体无意识地复制传统政治经济学的公理和观点，把鲜活的政治经济学应对的改革实践的质料，生硬地塞进教条主义的分析框架中；三是仅仅用宣传的样式直接替代严谨的科学研究的理路。殊不知，以习近平同志为核心的党中央强调构建当代中国马克思主义政治经济学，有着极为深刻的思想内涵和价值指向，从内容到方法，从指导实践的逻辑到具有示范性制度创新的文本澄明，从问题研究的场域到学术批判的对象，都有着崭新的形态和价值坐标。笔者以为，广泛深入的大众化宣传固然不可少，但科学理性的经济学、政治学和哲学的跨学科研究更值得期待。

一、准确把握当代中国马克思主义政治经济学范畴的内涵

范畴是人的思维对客观事物本质的概括的反映，范畴的内涵是范畴所反映事物的本质属性的总和，它具有抽象性和深刻性。当前，在准确把握当代中国马克思主义政治经济学范畴内涵问题上，首先要划清两个界限。

其一，划清当代中国马克思主义政治经济学与西方传统的古典政治经济学的界限。古典政治经济学的产生，寓意着人类从单纯的感性需要及满足方式，过渡到有思想地认知"需要体系"并自觉组织生产与交换形式，这是人类文明的一大进步。16 世纪查理五世的大臣们用积极的国家财政管理行动，框定了政治经济学发生认识论原理：关注国家财产增值，以公共利益作为行政方针。亚当·斯密首次标定了政治经济学研究的双重价值目标：为国家造福，为人民理财。① 尽管表述有一定的抽象性和虚假性，但比起今天的西方主流经济学过于偏重实证研究的工具理性倾向，似乎要清醒得多。马克思在《1857—1858 年经济学手稿》中指出："17 世纪经济学家无形中是这样接受国民财富这个概念的，即认为财富的创造仅仅是为了国家，而国家的实力是与这种财富成比例的……这种观念在 18 世纪的经济学家中还部分地保留着。这是一种还不自觉的伪善形式，通过这种形式，财富本身和财富的生产被宣布为现代国家的目的，而现代国家被看成只是生产财富的手段。"② 马克思所说的伪善形式，实际上揭示了资产阶级政治经济学从它诞生那天起，就以抽象的国家概念，隐藏了它与资产阶级利益和属性捆绑在一起这一实质。而当代中国马克思主义政治经济学，追求经济学的国家意识和人民意识的知行统一。它是在社会主义公有制和人民当家做主的国家政治制度背景下，伴随着生动

---

① 张雄. 政治经济学批判：追求经济的"政治和哲学实现"［J］. 中国社会科学，2015
（1）：4-22.
② 马克思恩格斯全集：第 30 卷［M］. 北京：人民出版社，1995：49-50.

的社会主义市场经济制度创新的诉求过程产生与发展的，经济活动的实体属性与理论预设中的价值目标保持有机的统一：不断满足人民群众日益增长的物质和精神生活的客观需求，与揭示经济现象的本质、提高稀缺性资源的配置效率、增加社会物质财富和提高国民福祉目标的一致性。用哲学的话说，就是追求事实判断与价值判断的统一。

其二，划清当代中国马克思主义政治经济学与斯大林社会主义计划经济模式所衍生的政治经济学的界限。斯大林模式的政治经济学有两点弊端：一是简单照搬《资本论》的条条框框，具有比较浓厚的教条主义色彩，政治经济学中所表述的几大规律尽管有着特定时代的合理性，但本质上说，它不具有微观竞争的动力论原理、资源配置的效率量度以及货币流转的现代金融功能等，因此，斯大林模式的政治经济学只能是远离当代人的真实需求、缺乏反映世界历史进程的经济学。二是这种政治经济学是一部计划经济的政治经济学，而不是社会主义市场经济的政治经济学。它是彻头彻尾的计划经济的产物，没有真实反映社会主义经济发展的市场诉求的逻辑。最大的弊端是，过分强调计划性和指令性，把多样性、异质化的人的需求变成大一统的刚性计划，必然带来对人性的约束和压抑。而当代中国马克思主义政治经济学，既具有时代性、人民性和创新性，又体现了经济动力论、经济效率论和经济价值论三者的统一。毋庸置疑，改革开放之前的中国，尽管我们也深受斯大林模式的影响，但以毛泽东为首的老一辈无产阶级革命家，在追求中国风格、中国精神、中国道路的政治经济学思考方面，为我们留下了诸多重要文本、批注和文件，这些都有着十分重要的实践价值。例如，关于社会主义社会基本矛盾理论；关于统筹兼顾、注意综合平衡的思想；关于以农业为基础、以工业为主导、农轻重协调发展的理念等。"党的十一届三中全会以来，我们党把马克思主义政治经济学基本原理同改革开放新的实践结合起来，不断丰富和发展马克思主义政治经济学，形成了当代中国马克思主义政治经济学的许多重要理论成果。……这些理论成果，是适应当代中国国情和时代特点的政治经济学，不仅有力指导了我国经济发展实践，而且开拓了马克思主义政治经济学新境界。"[①] 这段论述，就当代中国马克思主义政治经济学发展和意义而言，有三个要义：一是改革开放的实践诉求；二是反映中国国情和时代特点；三是马克思主义政治经济学新境界。理解新境界，需

---

① 中共中央宣传部. 习近平总书记系列重要讲话读本 [M]. 北京：学习出版社，2016: 36.

要深刻把握当代中国马克思主义政治经济学的范畴内涵。党的十八大以来，以习近平同志为核心的党中央，立足中国改革开放的国情和世情，尤其是全面综合改革实践，深入研究世界经济和中国经济所面临的新情况、新问题，力求揭示新特点、新规律，力求实现把实践检验上升为系统化的经济学说，重点解决当代社会主义市场经济背景下强国富民的问题。对照习近平总书记重要讲话精神，我们可否把当代中国马克思主义政治经济学范畴的内涵定义为：它是中国共产党人追求全球经济正义、实现社会主义强国富民的经济学说。（1）追求全球经济正义，这是马克思政治经济学最具宽广的世界历史眼光和追求全人类解放的无产阶级革命的宏大目标。《资本论》的轴心原理之一就是实现全球经济正义。北京大学中国经济研究中心汪丁丁教授在《新政治经济学讲义》中把新政治经济学核心议题划为"正义"范畴①，笔者表示赞同。在当代，"经济正义"是一个被定义了的话语，谁拥有资本的实力，谁就对这个世界拥有解释和评价经济正义的话语权。当我们没有进入 WTO 的时候，对 WTO 有很多幻想，进入之后才发现有的东西应该进，有的东西不应该进，这是一个量度资本实力的话语权体系的空间。某些强力大国在其中为什么如此任性？因为它有华尔街这样一个强有力的世界金融体系和堡垒，这个堡垒把世界上几乎非常重要的资本实力都聚集在这里，把世界上一流的玩资本的大师们、专家们、工程师们都聚集在这里。资本的人格化或人格化的资本直接或间接地通过所谓的协议或条文充当了规则与法的解释者和仲裁者。当代中国马克思主义政治经济学不是狭隘的民粹主义学说，它应当在积极构建并参与人类利益共同体中，秉持全球经济正义的原则，在极度经济理性化和资本私有化的世界里，通过以先进的制度创新为示范，努力探索并践行一种超越以资本为轴心的国家制度的新制度形式，用政治理性的制度创新，不断影响并改变世界经济发展的人本主义价值坐标，矫正经济非正义倾向，变少数富人经济学为人民大众经济学。因此，当代中国马克思主义政治经济学理应包括追求全球经济正义原则的内容和原理。这里需要进一步澄明的思想观念是，一些西方经济学家容易把经济理性直接等同于经济正义。这是个认识幻象。在他们看来，资本在配置资源的过程中，只要遵守市场规则，追求最大化实现资本的收益率，这就是经济正义行为。应当看到，西方整个近代化过程，资本主义经济制度的发育，诉求着合理性、合法性的证明。从政治正义直接推出经济正义，又从经济正义来证明政治正义的合理性与合法

---

① 汪丁丁．新政治经济学讲义［M］．上海：上海人民出版社，2013：29.

性问题，这是不争的事实。但这是个现代性幻象，西方要寻找一个跟自由放任市场经济制度相呼应的政治制度和政治哲学教条，便运用虚假的正义教条及意识形态来澄明。实际上，经济正义与政治正义有着关联性，政治正义不解决，经济正义难以实现。经济正义不是在一个真空的世界里存有的，它的实践境遇直接受到政治制度的影响和干预。最大化实现每个人的公平公正的权利与少数利益集团最大化追求资本收益率，两者之间难以相通。私有制国家政治制度决定了相应市场规则的阶级属性，在"让富人更富"的市场规则里，广大人民群众有经济正义可言吗？今天，中国共产党人需要从政治正义和经济正义这两种关系中去寻找制度沟通的合理性及平衡点，用一种新型的政治正义原则来整合并调节经济正义的实现。这是当代中国马克思主义政治经济学最值得期待的制度创新点。（2）所谓社会主义"强国富民"的政治经济学，主要回答的是社会主义政治经济学的出发点和落脚点问题。社会主义核心价值观为什么要把国家"富强"概念放在 12 个核心概念的首位，主要是强调一个真理，即中华民族历史发展的经验教训告诉我们，国家的富强才是战胜内部的贫困和外部的挨打最可靠的保障。国家富强问题的解决，也是中国在国际上做出应有贡献的根本条件。中国共产党人在与资本主义相处中，如果不持有足够的资本实力，那么社会主义的一切政治都将变为空谈，社会主义的政权存在都会出现危机。这是百年世界历史发展给我们最深刻的启示。共产党并不惧怕资本的最大化，关键是要有一个代表广大人民群众根本利益的国家政治制度，合理的市场运行机制，合理的法制环境，合理的分配制度，让资本在阳光下最大化运行。这就是党的十八届三中全会《中共中央关于全面深化改革若干重大问题的决定》中最具有特殊意义的思想深度。当代资本主义经济学的出发点和落脚点是"让富人更富"的原则。如果说，资本主义政治与经济运转的轴心是"维护富人的资本利益"，那么，社会主义政治与经济运转的轴心则是"人民"。对于国家来说，一切财富都要转化为人民性的财富，国家所取得的财富都要与人民共享，这里所说的人民，包括纳税人在内的广大人民群众。这是当代中国马克思主义政治经济学与资本主义经济学最大的不同点。从西方亚当·斯密开创的"国富论"资产阶级政治经济学，到当代中国共产党人开创的"人民财富论"马克思主义政治经济学，它标志着政治经济学发展进入了新时代。

二、构建当代中国马克思主义政治经济学的哲学基础

任何政治经济学的构建都离不开哲学。哲学对政治经济学的支撑作用主要

反映在两个方面：一是为政治经济学提供必要的方法论。方法论是一般方法的更高抽象化，所有的科学门类的建构，都有着各自的哲学方法论。一般方法是方法论反思的对象，方法论深层次地决定了政治经济学的方法系统的总关系和总原则。它在本体论上回答着一般方法的存在论问题和本质问题。更有价值的方法论是唯物辩证法，它以彻底的唯物主义和彻底的辩证法相结合的优势，深刻地揭示经济运动中的变与不变、肯定与否定、现象与本质等矛盾关系的辩证规律。二是为政治经济学的构建和发展，提供哲学特有的批判精神。马克思的唯物史观，就其具有的经济哲学属性而言，有着独特的政治经济学批判精神。该批判精神有助于政治经济学问题意识的显现、历史意识的时空检测以及时代精神的追问，还有对政治经济学前提与方法的真与假、对与错的鉴别，以便使政治经济学通过反思到达真理域。政治经济学批判精神不断为我们阐明：政治经济学本质上不是工程学，不是以简单的技术数据来昭示市场的机运或风险预警，而是在揭示经济发展规律的基础上，更深层次地确保经世济民、治国理政的理性决策，更多是思想的力量和数据的人本主义价值判断。那种认为"经济学与价值无涉"的政治幼稚病，实质上缺乏对政治经济学批判精神的深刻认知。值得一提的是，政治经济学的发展若没有自我反思、自我批判精神，就会因循守旧，僵化臃肿，丧失经济匡时的实践功能。当年，英国亚当·斯密构建的政治经济学是在道德哲学基础上创立的，"经济人与道德人的统一"是该政治经济学的哲学内蕴。斯大林模式的政治经济学是在《联共（布）党史简明教程》第四章第二节"论辩证唯物主义和历史唯物主义"哲学基础上创立的，"原则定义质料"是该政治经济学的哲学内蕴。笔者以为，当代中国马克思主义政治经济学的哲学基础，应当是马克思的唯物史观政治经济学批判学说，"富强与正义"是该政治经济学的哲学内蕴。

毋庸置疑，唯物史观的《资本论》表达正是马克思的政治经济学批判学说。马克思把《资本论》直接表述为政治经济学批判，是因为《资本论》是在对资产阶级国民经济学深刻批判的基础上诞生的，它的政治经济学批判的内涵集中反映在：对资本主义生产关系的透视，注重从一般经验事实，上升到社会存在论、本质论和范畴论批判。如对私有制、雇佣劳动、资本的有机构成等重要领域的认知，全部上升到异化劳动、资本的内在否定性、剩余价值论和资本主义危机论等本质论批判，书中对资本主义生产关系的解剖，不是一般制度经济学的探究，而是深刻的唯物史观批判。因此，《资本论》不是一般的政治经济学著作，而是闪烁着唯物史观政治经济学批判思想火花的经济哲学著作。这里有三个问题值得思考。第一，唯物史观与政治经济学批判有何关联？第二，马克思的政治经济学与政治经济学批判的关系如何认知？第三，当代中国马克思主义政治经济学的哲学基础，为什么是唯物史观政治经济学批判学说？这是国内学术界尚未引起足够重视的理论视点，也是国内马克思主义哲学值得深入探讨的新领域。

首先，唯物史观的诞生与发展，伴随着政治经济学批判全过程，唯物史观的《资本论》表述应当是马克思政治经济学批判学说。这个结论，需要我们重新查审马克思早期思想转变的历史。伊林·费彻尔指出："马克思的目的始终是'政治经济学批判'，这既意味着对资本主义生产方式批判，又意味着对它在资产阶级国民经济学说中的理论反映进行批判。"① 费彻尔给了我们重要启示：了解马克思的马克思主义，离不开政治经济学批判视阈。在计划经济的背景下，我们不会认知这个思想命题的重要性，而在社会主义市场经济的背景下，我们愈来愈感到该命题对我们传统见识的颠覆意义。只有受过现代性货币、资本和金融体验的社会主义国家，才能真正深刻地感到马克思政治经济学批判对唯物史观的创立以及政治经济学革命有着多么实质性的影响。从马克思到马克思主义，单从唯心主义与唯物主义的思想追问出发，去求解青年马克思思想转变的动力因是远远不够的。忽视现代性背景下的深厚而又复杂的政治与经济关系的批判，极易导致我们理解上的片面性。青年马克思智慧地将斯密的"世俗时间"与黑格尔的"精神时间"综合在一种代表无产阶级先进意识的历史哲学的思想体系中，它不属于工具论上的技术问题，而属于关涉解剖"市民社会"与提升历史进步的重大历史哲学问题。因此，马克思的政治经济学批判本质上与唯物史观是一回事：唯物史观经济基础决定上层建筑的思想，最早来自市民社会决定国家的政治经济学批判；唯物史观关于生产力是社会发展最终动力的思想，最初来自青年马克思对李斯特的《政治经济学的国民体系》一书的政治经济学批判；马克思的唯物史观的历史前提——"个人"范畴及原理的思想，来自他对资产阶级国民经济的批判，对蒲鲁东的抽象经济学方法论的政治经济学批判，该批判奠定了科学认知的方法，实现了根本性变革：动物式的"自然人"被历史化的"现实的人"所替代，感性的人被生产关系的人、从事历史实践变革的人所替代。马克思正是通过对"市民社会"这一典型的现代性特质的政治经济

---

① 费彻尔. 马克思与马克思主义：从经济学批判到世界观 [M]. 赵玉兰，译. 北京：北京师范大学出版社，2009：51.

学的批判，才使唯物史观变得鲜活、具体、可感。毫不夸张地说，马克思的政治经济学批判，之所以是追求经济的"政治和哲学实现"，是因为马克思自觉运用唯物史观的分析方法，通过对国家与市民社会关系的解剖，由对政治异化的批判，上升到对劳动异化的批判，进而对私有制展开全面批判，把长期被资产阶级经济学家所遮蔽的社会存在论本质加以澄明，用历史的普遍性去提升历史特殊性的存在意义和价值，在关注和求解现代人生命被物化、异化和幻化的深层原因的同时，去揭示当代云谲波诡的货币化生活世界背后的深层本质，旨在矫正人类世俗化历史发展的方向，从而实现历史进步的规律与趋势。

其次，在马克思看来，"政治经济学批判"其要义是追求经济的"政治与哲学的实现"，应当说，这与习近平总书记所倡导的当代中国马克思主义政治经济学内在精神是一致的。构建当代中国马克思主义政治经济学需要政治经济学批判精神的介入，它有着两个方面的支撑。

第一，政治经济学批判可以提供多学科交叉研究的学术资源。面对全方位经济社会发展的综合改革，当代中国马克思主义政治经济学构建，不可能只是单向度的经济学家苦思冥想的结果，它需要综合当下中国哲学社会科学最新的研究成果，而政治经济学批判始终坚持哲学、政治学与经济学互动的传统，对经济所关涉的思想维度、政治维度以及历史价值维度的偏重，使得单一的经济学分析的视角，直接被转入综合系统分析的哲学社会科学的优势学术资源中，从而使思想家、理论家和政治家在考量物质生产力的发展、社会财富运动的同时，对追求历史进步的原则以及人类自由与解放给予高度关注。[①] 笔者以为，我们今天讨论政治经济学批判，尤其在中国的深化改革的紧要关头，以政治经济学批判为主题探讨哲学社会科学如何出场的问题，非常重要。笔者以为，我们的经济学和哲学虽然发展态势良好，但在接地气这一块，存在着较为严重的学术滞胀问题，不少经济学者热衷于讨论经济学建模的数学关联问题，不少哲学学者更喜欢讨论文本诠释的历史间距问题。毫无疑问，这些研究的学术成果应是当下时代不可或缺的学问，但由于过多的人过于考虑西方文本及逻辑思想的表述问题，以至于在这么波澜壮阔的中国历史转折的重大时刻，失去了我们哲学和社会科学的在场性。为什么会有此种景观的出现？根本原因在于，我们从事了多年的哲学社会科学研究，尚未完全受到资本的冲击，没有受到货币化

① 张雄. 政治经济学批判：追求经济的"政治和哲学实现"[J]. 中国社会科学，2015 (1)：4-22.

生存世界的体验，这样的哲学社会科学是没有未来可言的。因此，笔者以为，我们必须正视哲学社会科学的研究方向，关注政治经济学批判，这既代表了哲学的出场，又代表了经济学的出场，中国当下的社会主义市场经济的改革，急切地需要我们弘扬当年马克思的政治经济学批判精神，单搞经济学，单搞哲学，单搞政治学，都无法拯救中国的市场。

第二，构建当代中国马克思主义政治经济学，需要对传统的政治经济学进行全面而又深刻的自我反思，对改革开放涌现的重大现实问题进行深刻的反思，而这需要有政治经济学批判精神。政治经济学理论与实践的深度创新，离不开政治经济学批判。政治经济学批判是以政治经济学为对象的哲学批判，它既是思辨的政治经济学，又是一种深刻的社会存在论的追问。所以，经济的发展目标和立场，应该从更高、更深的政治与哲学的寓意中去把握。因而，构建当代中国马克思主义政治经济学，我们要深入研究的领域有：关于社会主义本质的理论；关于以人民为中心的发展思想的理论；关于社会主义初级阶段基本经济制度的理论；关于树立和落实创新、协调、绿色、开放、共享的发展理念的理论；关于发展社会主义市场经济、使市场在资源配置中起决定性作用和更好地发挥政府作用的理论；关于我国经济发展进入新常态的理论；关于推进供给侧结构性改革的理论；关于推动新型工业化、信息化、城镇化、农业现代化相互协调的理论；关于用好国际国内两个市场、两种资源的理论；关于促进社会公平正义、逐步实现全体人民共同富裕的理论，等等。① 构建当代中国马克思主义政治经济学，我们需要深入反思和批判的问题有：

（一）劳动与资本的关系

要重新审视劳动范畴，德国古典哲学从康德到黑格尔都对劳动范畴进行过批判，如劳动的主体性、劳动的能动性和劳动的伦理学等思想的提出，明显比英国的古典政治经济学要深刻得多。当前，最需要反思的是 21 世纪的资本范畴，它与马克思时代的资本有着诸多的变化。21 世纪的资本追求剩余价值的禀性没有变，资本的社会关系本质没有变，资本的财富杠杆效应没有变。但是，21 世纪资本逻辑的发展有了巨大变化：随着全球资本金融体系的强力推进，资本变得更加抽象、更加具有脱域性，资本的主体定位异质多元，运作方式虚拟迷幻。尤其是，伴随着工具理性的智能化，资本的精神向度更趋主观性和任性。

---

① 中共中央宣传部．习近平总书记系列重要讲话读本 ［M］．北京：学习出版社，2016：36.

如果我们连这个现实都不去研究，连这个事实都不敢承认，还在那里搞一些空洞的概念演绎，这不是一个科学的态度。当下中国劳动与资本的关系是最值得研究的问题，如资本与劳动的相容性和对抗性表现在哪些方面？社会主义政治制度与经济制度在推进合理的劳资关系的矛盾解决方面应有哪些制度和政策安排？资本与劳动双向积极性的调动需要找到什么样的平衡点？

（二）效率与公平的关系

资本主义国家所强调的效率与公平，是以资本为本位的。构建社会主义市场经济，我们的效率与公平到底是一个什么内涵？这个问题需要深刻的思考。不管是一次性分配、二次性分配、三次性分配，怎么分配都要回归到这个问题上。就是说，按照马克思《资本论》的那个原意，要追求全球经济正义，这个经济正义不是乌托邦，而是这个地球上绝大多数人民群众、每一个劳动者。这就回归到唯物史观人民群众原理的逻辑上。改革发展措施的制定和出台，必须使绝大多数社会成员的利益得到程度不同的增进，否则，我们就背离了改革发展的初衷。应当指出，公平与效率在社会主义市场经济的体制内不是截然对立的两极，而是彼此依赖、相辅相成的。社会主义的公平，已不是原来意义上的平均主义"大锅饭"式的公平，不是普遍贫穷的公平，而是与经济社会发展水平相协调的公平，与改革开放相呼应的公平。公平始终与效率相伴随，效率是重视公平、改善公平、增进公平、缩小差距的基础和前提。任何时候忽视公平强调效率，或牺牲效率追求公平，都是片面的，也是不可取的。

（三）市场与政府的关系

这又回到了黑格尔的《法哲学原理》上。《法哲学原理》实际上就是对现代性国家的批判，现代性市民社会的批判，以及现代性公民的批判。黑格尔在回答市场与政府关系问题上，既看重市场的欲望驱动，更看重国家（政府）对市场的引导和提升功能。现代性社会，我们回避不了货币化生活世界，回避不了资本与权力互动的现实，不仅要看到，资本让权力运动，还要看到权力向资本的运动，权力做不到的，资本跟上，资本做不到的，权力跟上，这就是现代性社会。在这样一个背景下，我以为，市场怎么做，政府怎么做，这是我们社会主义国家政治经济学必须回答的。市场配置资源的决定性作用到底怎么理解，有人说，国企应该让它回到市场上，它的关停并转由市场决定，它的生死存留由市场决定，它的大多数人的失业由市场决定，这句话是否太离谱了？把中国的这么一个深厚的政治经济学发生的事件就这么浅薄地回答了。如果这样，政府不管，全部交给市场，那就回到了亚当·斯密的教条里，政府就是守夜人，社会主义国家能这样做吗？显然不能。完全把市场自由化，完全把央企摆在市场，让它们在市场上去死，这不是社会主义制度的优点。市场与政府究竟如何相处，中国改革的实践，或许已经部分地回答了这一问题。理论要及时概括，也要对尚存的问题展开深度的批判和思考。

（四）经济自由与法的关系

党的十八届三中全会讲到了市场在资源配置中起决定作用，这是一个重大的思想解放，也是马克思主义政治经济学的重大突破。它似乎赋予了市场更多的经济自由。但是同时四中全会推出依法治国的战略部署确定经济自由与法的关系都不能削弱。只有在充分而又完备的法制环境中，经济自由才是合理的、可持续的，也是可预期的。

（五）经济制度与政治制度的对接关系

所谓的政治经济学，笔者认为一个非常重要的方面就是在注重经济制度改革的同时，更关注相关政治制度的对接问题。尤其在中国，改革每推进一步，不能完全让资本说话；如果完全让资本说话，这个社会就不是社会主义社会。经济改革每前进一步都要考虑到与政治制度的对接，与政治政策的对接。股市的"熔断机制"就是没有考虑到这一点。所以我们应认识到不能在大学校园里只开设西方经济学课程，不开马克思主义政治经济学课程，这样是有缺陷和不全面的。我们可以清楚地看到甚至连西方经济学家都认识到，由《国富论》所开创的自由放任的市场经济、政府守夜人这样一个教条，发展到今天，没有逃脱马克思的预见。马克思早就预言，这种自由的市场经济必然发生周期性的经济与政治危机，这个定论是真理。现在的世界，面临着许多危机，而且每一次重大的金融危机与经济危机其最后的结果就是通过战争解决，别无选择。因为经济的平衡态破坏以后，靠什么力量把它平衡翻转过来呢？靠世界的整体理性是无力的，只能通过非理性的政治，发动战争来平衡它。这是一种野蛮式的平衡。但我们也看到人类在 20 世纪爆发的两次世界大战打得很惨烈，所以人类对后来发动世界性战争变得越来越理性化。而今天最大的困惑仍然是不平衡，是世界整体的资本市场不平衡。那么，我们要靠什么力量来矫正？单靠"一带一路"？"一带一路"所蕴含的儒家的传统哲学观念"和合"思想，承认别人跟我们不一样，但是我们大家共同求利益、共同求和谐、共同求发展，这一儒家最纯粹的思想目前还没有在全球覆盖。所以，我们如果期待这一问题的解决，首先要解决这个不平衡的问题。我们要高度警惕一场新的世界战争的发动，要尽量进行和谐沟通，通过这个办法，避免世界性战争的爆发。所以我们应该认识到，经济制度与政治制度的对接关系是我们政治经济学必须关注的大问题。

原文：《构建当代中国马克思主义政治经济学的哲学思考》，原载《马克思主义与现实》2016 年第 3 期。

第二节　当代中国马克思主义政治经济学的哲学智慧

习近平新时代中国特色社会主义政治经济学思想是当代中国马克思主义政治经济学的最新理论成果，是 21 世纪中国共产党人追求全球经济正义、实现中国特色社会主义强国富民的经济学说。当代中国马克思主义政治经济学的形成有着厚重的哲学基础：涵盖历史唯物主义原理、唯物辩证法的世界观和方法论以及中国传统哲学思想精粹。中国共产党人的政治经济学本质上不是工程学，它不是以简单的技术数据来昭示市场的机运或风险预警，而是在揭示经济发展规律的基础上，在追求历史进步和经济正义的哲学境遇中，更深层次地确保经世济民、治国理政的实践的唯物主义。

政治经济学已有几百年的发展历史，"经世济民""经济匡时"应当是政治经济学研究遵从的学术宗旨。马克思开创了无产阶级政治经济学，劳动价值论和剩余价值论问世，表达了唯物史观视域下追求经济正义的诉求，多数人的解放和财富制度的正义性，是马克思政治经济学的轴心原理。

20 世纪，毛泽东、邓小平等中国共产党领导人继承和发扬了马克思主义的政治经济学传统，从民主革命时期的"红区簿记""解放区经济工作制度"，到中华人民共和国成立后毛泽东的"政治经济学笔记"、陈云的"财政经济文稿"，都清楚记载了马克思主义中国化的政治经济学形成和发展的足迹。中国共产党人政治经济学的真理探索和实践，更换了西方政治经济学传统的个人资本动力学理论底板，创新了中国版的马克思主义政治经济学原理。中国改革开放的历史进入新时代，习近平总书记高瞻远瞩，自觉把握世界历史进程，面对政治经济学的世纪之问，率领全党积极打造中国共产党人的 21 世纪"人民财富论"，使中国人民从站起来到富起来再到强起来，开创了政治经济学发展史上崭新的纪元，展现了政治经济学理论的新的价值境界：追求国家经济发展的政治和哲学的双重实现。具体而言，其一，经济发展充分体现社会主义国家政治制度"以人民为中心"的内涵和优势，使中国人过上了丰衣足食、精神生活丰富多彩、交往自由的全面小康生活。其二，追求全球经济正义原则，从国内注重制度正义、劳动正义、分配正义、扶贫正义等，到国际经济社会发展中国方案的拟订：追求从人类利益共同体走向人类命运共同体。

中国共产党人百年实践和探索的"人民财富论"，经过几代人努力，在习近平总书记谋篇布局下，在全党、全国人民艰苦奋斗中，取得辉煌成果，将 21 世纪中国崛起的发展模式，深深镌刻在世界文明发展的史册上。中国经济在困境中不断前行的探索和发展，为世界奉献了一部熠熠生辉的当代社会主义政治经济学理论与实践成功范本。正如习近平总书记指出的那样："党的十一届三中全会以来，我们党把马克思主义政治经济学基本原理同改革开放新的实践结合起来，不断丰富和发展马克思主义政治经济学，形成了当代中国马克思主义政治经济学的许多重要理论成果。……这些理论成果，是适应当代中国国情和时代特点的政治经济学，不仅有力指导了我国经济发展实践，而且开拓了马克思主义政治经济学新境界。"[①] 这段论述，就当代中国马克思主义政治经济学发展和研究意义而言，已成为深刻认识和把握中国经济发展规律、特性，不断提高和引领经济发展等执政能力的准绳。同时也反映出习近平总书记关于中国特色社会主义政治经济学的思考具有深厚的哲学智慧和哲学基础。

政治经济学与哲学的关系源远流长。近代亚当·斯密的《国富论》与《道德情操论》出版，以及马克思的《资本论》问世，彰显了政治经济学既是关于财富的学问，更是深刻反思人本主义精神关怀的实践哲学。经济发展的谋篇布局与共产党执政所持有的高度前瞻性、全局性、基础性、针对性相一致，与人的行为思想及环境变化深度相勾连。众所周知，哲学有着形而上的思辨形式，更有走向实践深处、改革深处、市场深处的精神自觉。改革开放以来，从物质形态审视，我们已从贫弱、短缺走向世界第二大经济体；从市场精神的向度看，我们已从一般市场精神（契约精神、法的精神、经济自由精神）的培育和体验，

---

① 中共中央宣传部. 习近平总书记系列重要讲话读本 [M]. 北京：学习出版社，2016：36.

走向社会主义市场精神（追求正义精神、追求利他精神、追求和合精神）的自觉探索和践行，当代中国马克思主义政治经济学的哲学智慧集中反映在"以人民为中心"的宗旨、历史哲学的高度和对唯物史观的辩证把握三个方面。

一、"以人民为中心"的宗旨

习近平总书记关于中国特色社会主义政治经济学的哲学智慧，秉持唯物史观将人民群众作为创造历史活动主体的思想，把政治经济学宗旨精准定位在"以人民为中心"的内涵中。坚持以人民为中心的思想，既是马克思主义最为核心的原理，又是积极打造21世纪中国共产党人的"人民财富论"并做到知与行的统一的根本准则。唯物史观认为，人民群众是指推动历史发展的绝大多数社会成员的总和；人民群众是社会物质财富创造者，也是精神文明的创造者。在习近平总书记看来，中国共产党最根本的政治立场就是人民立场。"发展为了人民，这是马克思主义政治经济学的根本立场……党的十八届五中全会鲜明提出要坚持以人民为中心的发展思想，把增进人民福祉、促进人的全面发展、朝着共同富裕方向稳步前进作为经济发展的出发点和落脚点。"① 因此，中国当下所要建构的政治经济学，就是要从人民群众的生活根据、实际需要中提升出来的逻辑精准表达，应当说，这些并不仅仅是一组组冰冷数字的组合，而是按照马克思、恩格斯在《德意志意识形态》中所说的，是生产实践中的人、有感性情怀的人，处于社会关系中的人，由他们的欲望、需要、利益出发去研究生产、交换、分配、消费等问题。正是在这一点上，它契合了中国特色社会主义政治经济学建构的基本原则和原理结构。这种体系和结构从传统西方政治经济学教科书中找不到，因为阶级属性不同；从马克思的著作和文本中完全复制不了，因为智能化时代高科技发展带来的人类经济思想及交易行为方式变化，所以当下中国社会主义市场经济发展的"问题意识"有了很大不同；它在苏联联共（布）党史文献中翻阅不到，因为它没有社会主义市场经济模式的实践。凡此种种，这就决定了当代中国马克思主义政治经济学是崭新的制度创新、理论创新学说，是中国共产党人百年实践的产物，积累了几代领袖治国理政的共同智慧，"以人民为中心"的政治经济学理论体系，始终围绕着由社会主义制度优势而结晶的财富论原理，突出反映在十个核心理念的贯通：以人民为中心、经济正义、以公有制为主体多种所有制经济共同发展、社会主义资本、社会公共产品、社

---

① 习近平．不断开拓当代中国马克思主义政治经济学新境界［J］．求是，2020（16）：6.

会主义分配制度、大众消费、金融共享、民生治理、共同富裕。社会主义制度优势还体现在：这种制度可以把全社会成员的核心价值行为引向一种有历史进步意义的社会规范秩序中。对制度形成相关组织系统的象征符号与事权确认，使得制度"以人民为中心"的内涵得到有效内化，并且始终在执行力、贯彻力方面得到充分保障和显现。在这样制度背景下，货币、资本、财富等运动不可能没有疆界，它必须以"人民"为"中心"圆点，以追求实现社会利益和责任为半径，在有序空间中运动；在强国富民制度框架中，推动生产力的提高和财富的增长。行动者由于制度化的要求所产生的承诺或忠诚，对于行动者的行动会产生较大的价值观影响作用。因为在中国，一切经济组织都是一种社会系统的一部分，其目标与程序往往达到一种确定的、充满了正能量价值观的状态。

同时，当代中国马克思主义政治经济学的哲学智慧集还积极吸收借鉴中国传统哲学义利观思想精粹，为中国特色社会主义政治经济学提供人学价值理论基础。经济学有着深厚的人学价值理论哲学基础。早在苏格兰启蒙运动时期，就有一批哲学家、经济学家会聚在一起，讨论新型商业社会的哲学人性论问题。经济学之父亚当·斯密认为，经济理论一定要有伦理学基础，商业社会必须有伦理束缚。他将伦理分为两个层次：一个是正义，另一个就是同情心。经济理论为什么离不开人学价值判断？毋庸置疑，任何经济活动都是人的活动，人的行为离不开价值观的引导，价值观关涉到道德伦理、正义非正义等。就经济理论而言，人的好恶、情感、意志、习俗等深度决定了人的市场抉择。对他们来说，交易什么，值不值得交易，以什么方式交易，需不需要再交易，如何保持交易持续性，等等，这些都与人的价值判断直接关联。

不难看出，当下中国人的经济思维和价值判断，中国人的商业风范、中国人的企业家精神，都与中国传统文化息息相关、丝丝相扣。正如习近平总书记指出，"中国特色社会主义植根于中华文化沃土、反映中国人民意愿、适应中国和时代发展进步要求，有着深厚历史渊源和广泛现实基础"①。当代中国马克思主义政治经济学之所以站位高、思想深刻，文化底蕴足，不断向国内外传递正能量的经济伦理价值观，从中国精神、中国文化、中国符号的认知向度窥视，最重要原因在于它蕴含着中国优秀传统哲学思想智慧，尤其在人性论、价值观、财富观等方面有着东方人思考智慧，在精准把握国脉与文脉、商道与人道相统一等领域，中国特色社会主义政治经济学，沉淀并吸收了华夏上下五千年思想

---

① 习近平. 习近平谈治国理政［M］. 北京：外文出版社，2014：156.

精华，铿锵有力地回答了讲诚信做事、有德行做人、遇难有运筹、相处守规则、发展谋全局、崇正义尚和合的中国德行气派和商业伦理精神。

习近平总书记高度重视中国传统哲学义利观的当代诠释。他指出："义，反映的是我们的一个理念，共产党人、社会主义国家的理念。这个世界上一部分人过得很好，一部分人过得很不好，不是个好现象。真正的快乐幸福是大家共同快乐、共同幸福。我们希望全世界共同发展，特别是希望广大发展中国家加快发展。利，就是要恪守互利共赢原则，不搞我赢你输，要实现双赢。我们有义务对贫穷的国家给予力所能及的帮助，有时甚至要重义轻利、舍利取义，绝不能唯利是图、斤斤计较。"① 习近平总书记的深刻话语反映了当代中国追求经济正义和历史进步原则，他传递了中国古代哲人的智慧，也道出了当代中国共产党人气魄和胸怀；既继承了我国传统文化关于义利关系的核心理念，又体现了共产党人的国际主义精神，强调在国际经济关系中崇尚道德、秉持道义、主张公道、伸张正义，义在利先、利在义后的价值观念。互相尊重、和平发展是世界大义，互惠互利、合作共赢是世界大利，两者并育，相辅相成。我们将始终弘扬正确义利观，致力于塑造更加公平合理的国际新秩序，构建以合作共赢为核心的新型国际政治经济关系。

二、历史哲学的高度

当代中国马克思主义政治经济学的哲学智慧集秉持唯物辩证法的世界和方法论，把政治经济学时空坐标从物理界面上升到历史哲学界面。物理界面是指牛顿式的物质实体、有限自然、绝对资源的物性世界；历史哲学界面是指黑格尔式的精神反思、无限张力、生存考问的灵性世界。这两种坐标的叠加，才能真实还原属人的经济运动的本质与规律。当代中国马克思主义政治经济学主要贯通了三个方面唯物辩证法原理：

第一，自觉把握世界历史进程的经济战略眼光，注重以辩证思维看待新发展阶段的新机遇和新挑战。所谓"世界历史进程"的眼光，是大国领袖治国理政、经济匡时必备的战略眼光。德国著名哲学家费希特早在 1799 年《人的使命》一书中，曾把未来的世界表述为一种人类普遍交往的世界，在这个世界上，民族的发展没有停顿和倒退，也无须等待其他民族的推动，所有的民族都以统

---

① 王毅. 坚持正确义利观积极发挥负责任大国作用——深刻领会习近平同志关于外交工作的重要讲话精神［N］. 人民日报，2013-09-10（7）.

一的步伐，建构着共同的世界文明。的确，从交往的特征来说，当代的历史似乎与费希特的"将来"相一致。今天，人类拥有着信息高速公路，我们能在极为短暂的时间内使地球上发生的某一重大事件达到"立刻知晓""家喻户晓"的效果。可是，世界文明的发展并不是在统一的水平上消除了停顿和倒退。有不少的国家和民族，它们甚至可以每天收看多频道的电视，但仍然把自己保留在传统、落后的生存空间里。这说明，民族历史的发展与世界历史的进程不是一个线性正比例关系。换言之，世界历史愈进化，民族历史的发展愈取决于该民族的实践主体对世界历史进程的自觉把握。① 这里横亘着辩证的历史时空观原理，包括历史时空坐标的叠加，时间换空间、空间换时间，时空坐标交叉变化所带来的资源和机运。马克思、恩格斯在《德意志意识形态》中揭示世界历史发展的辩证法：民族历史发展，主动对接世界历史发展进程的坐标，就会发现，差距与机遇、传统与现代、落后与先进、祝福与忧患等矛盾关系，使当下发展与未来发展出现紧张。意识到这一点，社会革命就会来到，改革意识愈加自觉，历史发展所提供的社会改革红利愈加满满。显然，这种改革不是一蹴而就，而是开弓没有回头箭，只有进行时，没有完成时。

当代中马克思主义政治经济学渗透着历史哲学对时空坐标原理。在习近平总书记看来，为了处理好民族发展与世界发展、开放与自主的关系，更好统筹国内国际两个大局，他提出了中国经济发展坚持两个循环格局战略。习近平总书记在《正确认识和把握中长期经济社会发展重大问题》一文中指出："要推动形成以国内大循环为主体、国内国际双循环相互促进的新发展格局。这个新发展格局是根据我国发展阶段、环境、条件变化提出来的，是重塑我国国际合作和竞争新优势的战略抉择。"② 所谓"以国内大循环为主体"，主要强调中国经济发展内在主动权在国内。唯物辩证法认为，内因是事物变化发展的根据，决定事物存在与发展的内部矛盾是第一位的。外因是变化的条件，外因通过内因而起作用，所有引进、借鉴、购买都要以国内合理消化吸收为根据。所谓"国内国际双循环相互促进"，利用两种时空坐标叠加导致两种市场、两种资源、两种不同机运有效配置和撷取。国内经济的循环，不是闭关锁国，而是通过不断改革开放，充分利用各种资源，从世界看中国，中国需要不断学习和引进国外先进技术和设备；从中国看世界，中国发展应当为世界文明做出应有的贡献。

---

① 张雄. 创新：在历史与未来之间［M］. 北京：商务印书馆，2010：21-22.
② 习近平. 正确认识和把握中长期经济社会发展重大问题［J］. 求是，2021（2）：6.

可见，双循环的辩证法依据是，事物存在与发展，离不开信息的矛盾运动：内部信息与外部信息、主动撷取信息与被动传递信息、决策的信息对称与信息残缺、信息开放与信息封闭等矛盾。任何社会发展，首先来自信息被激活状态，发展才有内生动力，只有国内外信息流变，发展才能呈现无限张力；只有信息不断被转化，发展才能变通流畅。从文明发展世界历史交往理论分析，世界历史交往越充分、频率越高、空间越宽广，民族历史发展愈加自觉，人的本质力量实现越空前高涨；人的语言交往、文化交流、商品交换越丰富、越自由；文明发展历史化功能越强，民族个性越彰显，总之，世界历史进程代表了当下人类文明发展的一种高度，一种趋势；把握了它，就会消除狭隘的民族自我中心主义，自觉地加速民族历史向世界历史的流动与融合，使民族或国家的发展获得"当代"的时间意义以及"世界"的空间意义。

第二，辩证哲学系统论思想的灵活运用。当代中国马克思主义政治经济学是执政党抉择理财的根据，而系统观念是它的基础性的思想和工作方法。众所周知，系统是一个相互渗透、相互依赖、相互作用的若干组成部分结合而成的有机整体。作为方法论的系统观，充满着辩证法"一与多"的原理。"一"不是僵死的、干瘪的、空乏的无规定性抽象存在，而是充满着异质多样、功能分殊、个别规定性统摄一体的实体性指认。因此"一"包含于"多"中，如月印万川的关系；"多"的局部空间存在的意义共享同"一"存在的意义；"多"包含于"一"中，如产品组装与产品的关系。这就要求我们从事物总体和全局上，既要考虑整体的统一性、贯通性、上下一致性，保证各要素之间内联和趋同式发展，从中找出有关规律或原则，建立秩序，实现整个系统优化；又要从物理学耗散结构理论观察，把系统运动看成有序与无序、熵增与熵减、微观涨落与宏观结构变迁等各个复杂系统耦合运动，从而解决复杂社会系统运动规律问题。可见，系统观念和系统方法是组织管理重大事业不可或缺的哲学方法论。当代中国马克思主义政治经济学体现了三个方面系统论哲学思想：其一，大国经济发展总体格局定位准，它建立在国情、世情基础上，宏观、总体、前瞻。如提出关于创新、协调、绿色、开放、共享的新发展理念；再如，关于推动新型工业化、信息化、城镇化、农业现代化相互协调理论。既考虑到人口特点，又考虑到多民族不同；既考虑到国家整体利益，又考虑到各省、市财政积极性的发挥；既考虑到城市现代化发展，又考虑到农村城镇化问题，等等。其二，坚持党对经济工作的领导，做到领导并参与制定国家中长期发展规划、中央政治局领导应时召开经济工作会议，确保经济系统政令贯通。其三，保持经济微观活力，宏观有序，从多因素、多层次、多方面入手研究经济发展所遇到的问题，从系统论出发，协调各部门之间经济政策和关系，做到全国一盘棋。

第三，把社会主义国家经济发展防范风险摆在头等重要地位。风险分析即经济的不确定性矛盾分析，这是一个深刻的哲学问题。习近平总书记语重心长地指出，"今后一个时期，我们将面对更多逆风逆水的外部环境，必须做好应对一系列新的风险挑战的准备"①。"增强机遇意识和风险意识，准确识变、科学应变、主动求变，勇于开顶风船，善于转危为机。努力实现更高质量、更有效率、更加公平、更可持续、更为安全的发展。"② 这里有两层意思，一是理性智慧地处理好中国经济发展与世界经济发展的各种复杂矛盾关系；二是理性智慧地处理好国内经济发展大格局与国情承受的矛盾关系。面对重大经济事件，靠简单的数学模型运算，不能由此及彼、由表及里呈现事件本质，它需要从现象与本质、偶然与必然、一因多果、多因多果去辩证分析，从地缘政治、经济、文化、宗教、习俗等因素去分析，只有这样，才能立体把握事件真相。

21世纪现代经济发展最棘手的问题是，智能化时代人类的经济行为任性和非理性冲动愈加凸显，国际政治的非理性所带来的世界范围的重大经济波动问题。尤其是，中国崛起导致某些资本主义国家冷战思维日趋严重，社会主义中国发展存在着外部环境的诸多不确定性干扰，这需要辩证思维的智慧驾驭。著名经济学家奈特用不确定性来说明在不完全信息的竞争均衡时，利润存在的合理性。他把经济不确定性定义为决策是在十分缺乏背景知识的情况下做出的，以至于对可能出现结果的概率计算成为不可能。在习近平总书记看来，保持中国经济发展的安全、稳定和可持续，是大国领袖运筹经济问题的头等大事。中国经济发展面临的主要不确定性主要来自两个方面：由外部政治生态环境的不确定性而带来的风险；由经济系统内外部生发的不确定性事件而导致的经济发展的不确定性和风险。奈特认为，经济活动从本质上看是不确定条件下的特殊决策和风险分摊机制。习近平总书记在2019年省部级主要领导干部会上指出："提高防控能力，着力防范化解重大风险，保持经济持续健康发展和社会大局稳定。"③ 国家经济发展不能有丝毫闪失，不能有重大失误。而智能化经济发展时代的最大风险是经济不确定性的出现。众所周知，辩证思维告诉我们，一切不

---

① 习近平. 正确认识和把握中长期经济社会发展重大问题 [J]. 求是，2021 (2): 5.
② 习近平. 正确认识和把握中长期经济社会发展重大问题 [J]. 求是，2021 (2): 6.
③ 提高防控能力着力防范化解重大风险保持经济持续健康发展社会大局稳定 [N]. 人民日报，2019-01-22 (1).

确定性是客观世界存在的本质特征，世界内在运动的客观规律表现出对必然性趋势往往发生不对称性的偏离，修正和偏差等现象。另外，事物受到外部因素的影响，其内在要素出现了新的组合方式而导致的种种偶然性事件发生。不确定性本质是事物内部矛盾运动的结果，由于多向度方向矢量的变化，最后形成的某种运动态势，具有不可预测性，不可只用静态函数关系模型分析。在某种情况下，不确定性也来自人类相互行为关联扰动而带来的平行四边形力的叠加效应。此外，所谓追求发展的确定性内涵，有四层意思：首先，确定性代表了一种必然性的存在方向和趋势，可以根据规律趋势预见到的大致结果；其次，人类往往用知识、原理、教条把确定性上升为理性与科学判断的依据；再次，确定性的本质在于持有相对固定不变的本质认识和某种原理，它是经过千百次人类实践检验的真理和推理预测的前提，它的变化反映了人类实践认识的深化，人类对必然性规律认识越多，由认识的确定性带来的自由就越多；最后，确定性也反映了人的认识界限时而扩大、时而缩小，从根本上也反映出实践对认识的决定关系。习近平总书记代表党中央向世界承诺，尽管世界经济发展存在着诸多不确定性因素，但中国经济发展可以为各国提供某些稳定的"可确定性根据"，例如，用社会主义制度的确定性，化解某些经济发展不确定性重大风险；再如，用党对经济工作的领导，确保中国特色市场经济发展始终如一的政治方向，这也是中国经济发展的确定性。

三、对唯物史观的辩证把握

当代中国马克思主义政治经济学的哲学智慧准确把握唯物史观"生产力与生产关系、经济基础与上层建筑"的辩证关系原理，并坚持和完善社会主义基本经济制度和社会主义基本分配制度。

首先，重点解决中国现代化过程中"财富涌流"与社会公平公正原则之间的矛盾关系问题。中国的现代化建设，需要生产力的鼎力发展，资本是现代生产力发展的润滑剂、倍增器，没有市场经济中资本所带来的财富涌流效应，就没有经济发展、社会前进。习近平总书记在 2015 年 9 月 23 日接受美国《华尔街日报》采访时指出，发展资本市场，是中国改革方向。因此，中国特色社会主义政治经济学最主要内容是社会主义的劳动与资本、资本与公平公正、资本与精神等问题。对社会主义来说，有没有红色资本实力，是关系到国计民生的根本问题，关系到红色政权能否巩固，社会主义政权能否强大，社会主义政权能否在国际上具有很强的话语权问题。

作为生产要素的资本，马克思指出，"货币作为资本先是预付在各种生产要素上，由这些生产要素转化为商品产品，这种商品产品再转化为货币"①。他认为，"一般说来，预付资本会转化为生产资本，就是说，会采取生产要素的形式，而生产要素本身是过去劳动的产物"②。作为生产要素的资本，其寓意有三：其一，它是现代经济活动的"润滑剂"。它能够使与经济活动相关的事物，由停滞走向运动，由闲置走向效能，由预期变成现实。它使得经济时间与空间的叠加效应，在各种生产要素的整体与局部资源配置上，出现精准的耦合。这种润滑剂的作用，是市场不可或缺的，是各种经济能量有序传递的重要保障。生产要素在英国古典政治经济学文本中，在马克思的经典著作中，主要指的是以下四个方面：土地、资本、技术、劳动力；但是在今天，我们至少还需要增加经济管理、经济信息、数字、创意等新内涵。其二，它是经济发展的加速器。资本在运动中追求增量，是资本的天然秉性。资本运动的流量多少和流速快慢，在某种意义上，直接决定了市场投资者利润回报的实现程度。资本对现代经济的投入，带来了市场生态环境的改变，使得各个生产要素，在资本要素的驱动下，发展的协同性、稳定性、可预见性进一步提升；经济系统整体与局部之间的正向能量，获得进一步释放。当下，资本的加速作用主要表现在对生产力各要素的智能化驱动，资本促使科学技术由潜在的生产转换为直接生产力。其三，资本是价值增值实现的倍增器。这主要体现在资本所具有的杠杆作用上：资本能够使各种生产要素达到有机组合，效率和功能成倍放大。资本是现代经济发展的核心要素，它具有经济"发酵"的功能，有形和无形的结合、当下对未来的支付、意志对客体的改变、创意对产品的渗透、虚拟对现实的叙事，都可以形成经济发展的杠杆效应。在此效应下，人类生存资源的进一步开拓，使得生存空间和交往空间发生了倍增现象；进而，人的精神力量也随之出现了倍增现象，如好奇心、想象力、批判力、创造力等。由此带来的，符合人本性发展所需要的知识界面的扩充、思维的深刻、审美的崇高等精神现象，呈现出积极的历史发展意义。资本不仅包括物质形态还包括精神形态。精神资本的出现愈来愈引起经济学家们的关注。

一些学者认为，马克思对资本范畴的批判，构成了今天社会主义市场经济资本范畴的诠释底板。这里有三个问题需要进一步辨析：其一，从理论上说，

---

① 马克思恩格斯文集：第6卷［M］．北京：人民出版社，2009：107．
② 马克思恩格斯文集：第6卷［M］．北京：人民出版社，2009：237．

资本在公有制规制下，不能再被视为一种只供私人谋取财富的工具，这会导致社会主义资本发展的目的因与动力因之间的冲突。十月革命后，尤其是无产阶级在政治上已经取得绝对统治地位后，在生产力水平比较低的国家进行社会主义经济建设，是继续向"资本进攻"，还是转而向他们学习呢？在当时的"左派"共产主义者看来，无产阶级应当继续剥夺资本，全面打倒资产阶级，列宁则认为，"不能以继续向资本进攻这个简单的公式来规定当前的任务"①。殊不知，社会主义市场经济是在肯定与激活历史特殊性（每个人合理欲望、利益、需要等）基础上，追求历史普遍性（利他主义精神、国家精神、民族精神）与历史特殊性的统一。这就决定了社会主义资本构成的生态环境，是通过一套先进的价值观，获得了一种"人格结构"、一种资本的制度规范。对于国家的维持，就不再只是诸如保持经济运转机器那样简单的工具性事情，而成了保持一套独特而唯一的公有制价值观念的经济运动或努力。其二，关于公有制与资本范畴的意识形态建构。如何既坚持马克思对资本范畴的核心理解，又能结合中国改革开放的实践需要，积极打造社会主义资本？应当承认，社会主义制度的优势在于界定、确立与捍卫人民至上价值观。它使得冰冷的资本变成有温度的资本；作为预付金的资本，变成有利于人民利益和进步意义方向投资运动的资本；资本与精神关系，摆脱每个人获得全面发展的心理、意识和精神方面一切障碍。其三，在国家制度安排和政策创新方面，关于社会主义如何激活资本、引导资本、驾驭资本、如何看待中国特色社会主义资本范畴等重大理论创新问题方面，习近平总书记有着深刻的思考。几百年来，作为现代经济发展润滑剂、倍增器的资本，经历了人类历史化实践发展的种种变化历程，大大跨越了传统的时间与空间发展认识界限，现已成为理解当代人类生存境遇不可或缺的概念性工具。毋庸置疑，资本使现代性社会发展，带来了人类崭新的生产方式、交往方式和生活方式；但同时也带来了资本主义社会极端的经济个人主义张扬、社会高度两极分化、世界霸权主义盛行以及地缘战争频频爆发等悲惨景观。相反，资本在中国特色社会主义市场经济几十年制度创新下，在先进政党、先进制度的驾驭和激活下，中国经济发展获得了世界公认的成功和赞誉，大大改变了中国与世界历史进程。习近平总书记以非凡的马克思主义哲学的智慧，在认清社会主义资本与马克思资本范畴经典思想的内在关系基础上，充分认识到当代中国特色社会主义重大理论创新点，尤其是制度优势与红色资本发展的正能

---

① 列宁选集：第3卷［M］. 北京：人民出版社，1995：480.

量关系，资本存在有助于国家集中力量办大事、资源配置做到迅速、精准、高效、流动；确保资本流动的方向准确，资本最大限度地转化为人民生活的质量和幸福指标，最大限度地实现军事国防力量的增强，最大限度地驱动国家重点科技领域的发展。应当说，它有着重要的理论与实践意义。红色资本有了实力，红色资本有了运动大方向，我们就有更多资源和力量从根本上解决社会主义基本分配制度问题。"努力推动居民收入增长和经济增长同步、劳动报酬提高和劳动生产率提高同步，不断健全体制机制和具体政策，调整国民收入分配格局，持续增加城乡居民收入，不断缩小收入差距。"①

其次，坚持"科学技术是第一生产力"原理，以科技创新催生新发展动能，把知识经济、企业研发作为现代经济发展的压舱石。唯物史观认为，人类社会发展就是先进生产力不断取代落后生产力的历史进程。马克思曾对社会生产力的发展规律做了如此深刻地表述："社会的物质生产力发展到一定阶段，便同它们一直在其中运动的现存生产关系或财产关系（这只是生产关系的法律用语）发生矛盾。于是这些关系便由生产力的发展形式变成生产力的桎梏。那时社会革命的时代就到来了。随着经济基础的变更，全部庞大的上层建筑也或慢或快地发生变革。"② 社会生产力为什么能够起到如此重大的历史作用呢？一句话，在生产方式和整个社会系统结构中，生产力是最活跃、最积极、最革命的因素。这种革命的因素主要来自被最新科技成果物化为先进生产力的功能发挥。美国经济学家、诺贝尔奖获得者斯蒂格利茨在《美国真相》中谈到，亚当·斯密的《国富论》有两个强调，一是工业与商业的结合；二是开阔的市场空间与专业化分工结合。但是，他根本不关注一个国家财富积累的基础在哪里，过分看重市场个人自由交换原则，在政府、市场和个人关系平衡方面没有做出完整的理论论证。更为重要的是，受时代所限，斯密不可能揭示人类生产和创造财富的最佳奥秘：一是企业"研发"对企业发展的核心作用，二是"干中学"的道理，也就是经验积累的知识，以及知识转化为科技生产力和知识经济发展的驱动力量。③ 科技成果转化为商品，商品转化为市场，这正是科学技术是第一生产力的关键所在。习近平总书记强调："从全球范围看，科学技术越来越成为推动经

---

① 习近平. 不断开拓当代中国马克思主义政治经济学新境界 [J]. 求是，2020（16）：8.
② 马克思恩格斯选集：第 2 卷 [M]. 北京：人民出版社，1995：32-33.
③ 斯蒂格利茨. 美国真相 [M]. 刘斌，刘一鸣，刘嘉牧，译. 北京：机械工业出版社，2020：8.

济社会发展的主要力量，创新驱动是大势所趋。"① "坚决扫除阻碍科技创新能力提高的体制障碍，有力打通科技和经济转移转化的通道。"② 这里有两层意思：一是认清当代科技发展与新经济发展的互渗趋势。在当代经济发展的财富世界 500 强中，科技精英同时又是商业资本家的人群愈来愈多，这说明科技是第一生产力时代凸显。高科技成果孵化为市场巨大财富效应的商品比比皆是，在中央经济政策驱动下，如数字货币、5G 通信、互联网经济已成为驱动当今中国经济发展走向世界的"领头羊"。二是打通科技和经济转移转化的通道问题。科技成果如何由潜在生产力转化为现实生产力，至少需要两个通道贯通：政府制度通，包括教育制度、科研制度、知识分子激励制度、知识产权制度等；市场政策通道，有利于科技成果向企业孵化的市场行为，给予必要企业登记、税收政策、上市融资、银行贷款等方面优惠。

原文：《当代中国马克思主义政治经济学的哲学智慧》，原载《中国社会科学》2021 年第 6 期。

---

① 中共中央文献研究室. 习近平关于社会主义经济建设论述摘编 [M]. 北京：中央文献出版社，2017：126.

② 中共中央文献研究室. 习近平关于科技创新论述摘编 [M]. 北京：中央文献出版社，2016：56.

第四章　论货币

第一节　货币：一种哲学向度的思考

经济活动中的货币，主要起着衡量和转移与个别商品相分离的价值的作用。值得注意的是，货币的问题不仅是经济学问题，更是哲学问题，它有着深厚的哲学与历史文化的底蕴。首先，货币对社会各种质料的组合，货币经济对人与人关系中内在维度的改变，锻造出人对世界理解趋向物欲化和价值通约化的心理坐标。货币化生存世界直接影响和关联着人的世界观、人生观和价值观，它使得一种纯粹数量的价值不断压倒品质的价值，从而追求生活意义的平等化、量化和客观化，把人生的消费和积累作为唯一至上的终极追求目标。其次，货币是社会分工和社会交换的产物，它所体现的价值和价值交换，本质上是特定的生产关系或社会关系的交换，货币形式的变迁记载着社会制度形式的变迁。在经济活动中的货币，不仅因为社会而具有重要性，而且也只有通过社会才获得它的价值。它首先是一种社会关系，它作为一群人的共同的行为体系的一部分而存在着。尤其是，在商品经济社会，货币进入了社会的各个细胞，牵动着社会每个成员的生存关系和社会交往关系。尽管货币是整个社会的共同创造物，但是对于每一个单个人来说，它仍然是不依赖任何个人意志为转移的客观现实。最后，货币交换和形态发展的成熟度乃是量度人性及其社会文明发展的重要方面。货币的存在并不是货币自身的单纯定在，就货币属人的本性而言，它既作为人的异己对象，又作为人的活动对象，是属人的存在。货币与人性、人的自由相联系。货币被深深地烙上了人类智力进化的印记，正是人的智力水平使得一些本不具一致性或相似性的对象之间有了对等的关系，货币体现了这种社会的抽象理智。如马克思所言,"货币是需要和对象之间、人的生活和生活资料之间的牵线人。"① 正是这个"皮条匠"给人类的个性存在和自由开辟了无限大的活动空间。货币反映并升华了人对于他的目的、他的力量施加的对象以及他无能为力的对象的实际关系。

开展货币哲学讨论有着十分重要的理论与实践意义。

其一,当代急剧发展的成熟的货币经济所产生的巨大影响,使得货币已经成为现代经济生活和活动的焦点、关键和要害,对此问题的思考,有助于我们在展开现代性批判的过程中,去关注和解答现代人生命被物化的本质奥秘。在都市化的生存空间里,人们通过包括交换、所有权、个人自由、贪婪、挥霍、生活风格、文化等,能够充分感受到货币给现代人的个性和自由开辟了无限大的活动空间;同时,由于人类"现代性"生存状态至今摆脱不了货币经济的刺激和支配,货币的存在与流动,正在加速改变着现代人生存交往的理念和方式,人们越来越感到,货币在开拓私人财富和私人生存空间的同时,却程度不同地挤压了公共空间和公共权利。尤其货币对现代人性的改变和侵蚀的事实,使我们至今无法消解类似马克思、席美尔、卢卡奇曾对货币、资本所持有的忧患意识。因此,对现代性的批判,理应包含对货币的哲学批判。这种批判有助于我们揭示当代货币经济背后的社会关系本质,去关注当代人生命的形而上学问题。

其二,我国正在由传统的计划经济向市场经济转型,市场经济从某种意义上说就是货币经济。当代中国人需要一种成熟的、健康的、适时的货币社会观、价值观和文化观。除了懂得怎样用钱、怎样理钱、怎样对待钱外,还要深刻地认知货币与人性、货币与自由、货币与人类交往、货币与社会进步的关系;认真解读货币的手段与目的、货币的真实性与虚假性、货币的能动性与杀伤性等矛盾。随着我国市场经济体制的深度推进,在中国人告别了传统的义利观后,一种新的货币观念,正在国人心理中发育。货币经济承载和关联着社会的各个阶层和各种事物,并正在导致整个中国社会价值的量化、世俗化和理性化的变化,对国人的世界观、人生观、价值观将产生重大影响。这种变化绝不是一种简单的经济现象,它已进入了人的精神领域。

其三,展开货币哲学讨论是国内经济哲学研究走向深入的需要。国内经济哲学的研究应当从"什么是经济哲学"的讨论,转入经济哲学重大个案问题的研究。而货币既是一切经济活动的润滑剂,又能反映出经济活动的属人本质,

---

① 马克思全集:第3卷 [M]. 北京:人民出版社,2002:359.

更能揭示出人的生存世界的矛盾及其异化根源等问题,因此,它有着重大个案问题的代表性。应当说,历史上从经济哲学的角度探讨货币问题的思想家比比皆是。如亚里士多德、休谟、康德、斯密、马克思和席美尔等。国外货币哲学研究最有影响的著作是席美尔的《货币哲学》(1900 年),此后的研究主要分两个方面:一是西方经济学货币理论所关涉到的某些哲学问题研究。如凯恩斯的《货币论》、米尔达尔的《货币均衡论》、托马斯·梅耶的《货币、银行与经济》;二是从哲学、社会学、政治学、心理学等领域来研究货币问题。如厄内斯特·曼德尔的《权力与货币——马克思主义的官僚理论》、小劳埃德·B. 托马斯的《货币、银行与经济活动》、安德里斯·R. 普林多的《金融领域中的伦理冲突》、栗本慎一郎的《经济人类学》等。国内有关货币哲学的讨论似乎尚未开始,只是有一些介绍和评价席美尔的《货币哲学》的文章,如刘小枫的《〈金钱·性别·生活感觉〉——纪念席美尔货币哲学问世 100 周年》;还有学者从社会学或文化的角度来思考货币问题,如林继肯的《货币神奇论》(《东北财经大学学报》2002 年);在某些社会科学著作的章节中也有学者谈到了货币哲学的有关内容,如李维森的《经济学如诗》。尽管如此,在我国社会经济快速发展的今天,货币思想、货币理念的发育发展应当与货币的发展相一致,我国货币哲学理论研究匮乏的现状应当改变。

关于货币哲学研究的路径席美尔为我们提供了值得借鉴的理念:一是从承载货币之存在的实质和意义的条件出发阐释货币;二是从货币对内在世界影响的角度考察货币的历史现象、货币的观念与结构及对个体生命的情感、个体命运的连接,对一般文化的影响;三是从社会生活入手剖析货币的本质,剖析产生货币的需求以及货币所满足的需求;四是综合考察货币对整体的人类生活的影响,以此建构起人类理想的生存图景。总之,哲学对货币的解读,主要有三个视角:从社会关系的角度来揭示货币存在的社会本质。从社会交往的角度来揭示交往与货币的互动关系,从而认清货币与交往的发展促进经济社会发展的事实。从人性和人的自由、平等、公正的角度来揭示货币的人学、伦理学、心理学和美学的重要理念。

当前,货币哲学研究的主要内容有:

(1)西方经济学货币哲学思想与马克思货币哲学思想的比较。西方主流经济学是关于货币的外在运行规律与现象的科学,是经济现象的表层理论。马克思的劳动价值论与剩余价值论,则是深入货币内部本质的关于货币的深层本体论。马克思的资本论在揭示货币的动力学机制的同时,深入剖析了这个动力学机制内部的深层人学价值。其伟大理论价值与实践价值，正在于深刻地揭示了货币内在力量的人学来源，以及通过货币增殖与流通过程表现的人与人之间社会经济关系的生成过程，并在此科学分析的基础上，分析了货币对社会的伦理价值观念的影响。

（2）马克思货币哲学思想中关于货币本质的理论，以及在当今废除金本位以及电子货币出现之后货币本质的发展，以及由此产生的当代虚拟经济对市场的作用。马克思关于货币本质的理论建立在劳动价值论基础上，具有深刻的人学内涵，是建立在市场交换基础上的人们之间经济关系的价值表达形式。在金本位废除之后，货币本质没有根本性变化，但在表达形式上采取了虚拟的形式，由此导致货币在市场中的流通方式与整个经济体系运行方式的作用发生基础性变化。

（3）马克思货币哲学思想中关于货币运行机制的理论，以及现代货币流通方式的新特点与新机制。《资本论》深刻地揭示了资本主义市场经济下货币流通机制，揭示了以货币为交换媒介的物与物之间的关系所掩盖的深层的人与人之间的关系，由此显现了资本主义生产关系的基本结构与本质特征。随着信用机构、股票市场的发达与电子货币的出现，今天的货币流通方式发生了巨大的变化，但是货币关系的深处仍然是人与人之间、国与国之间的经济关系，并且由此衍生出相应的政治关系与意识形态关系，并对这些关系发生深刻的影响。

（4）马克思货币哲学思想中的货币伦理思想。马克思早期著作（如《1844年经济学哲学手稿》等）蕴含着极其丰富的货币伦理思想。在《德意志意识形态》《共产党宣言》，特别是《资本论》中这些伦理思想得到进一步的深化与发展。中国的社会主义市场经济下货币及其各种变化形态，特别是虚拟经济中的新货币形态，以及信用机构、股票市场的发达与电子货币的出现，对人们的伦理观念产生了新的影响，提出了新的要求。探讨在社会主义市场经济秩序的建设中，需要建立什么样的新的货币伦理观念，如何建设这些伦理观念，以及如何建立社会信誉体制等等。

关于货币哲学的研究方法有三：（1）文本的学习与解读。从马克思经典原著出发进行双向度的解读，从而更深刻地理解马克思的思想链条和现实意义：一方面，从马克思所处的思想环境和特定的经济社会历史条件，理解和把握马克思在研究方法上对货币进行历史哲学、人学、社会哲学和伦理学深度透视的智慧和精髓；另一方面，从马克思思想内涵的历史时空的超越性，寻找理论的现代性意义和实践上的张力，尤其是结合中国经济建设所面临的一系列新的问题，从中获取指导性的实践启示。（2）思想史的梳理与提炼。主要从马克思主义哲学发展的历史，尤其是唯物史观的发展历史，从马克思的政治经济学思想的发展历史，尤其是资本论和剩余价值理论思想的发展历史，来认真梳理和寻找马克思的货币哲学思想的逻辑、方法和论述的体系，充分体现研究方法上的逻辑与历史的统一、史料与观点的统一、事实判断与价值判断的统一，应当说，这方面的工作是十分繁杂和艰巨的。（3）贯彻理论与实践相结合的方法，展示马克思思想的实践性、科学性、批判性的风格和特点。主要从今天中国社会主义市场经济发展的现实出发，紧密联系由货币功能所引起的人的生存状况、精神现象、价值取向以及社会进步等方面的问题展开深入地研究和讨论；依据马克思货币哲学思想来诊断当代经济社会发展的症结，回答经济理论和经济行为中的疑难问题；同时，立足于新的实践，积极吸纳当代人的文明成果，进一步丰富和发展马克思的货币哲学思想。

原文：《货币：一种哲学向度的思考》，原载《哲学动态》2003 年第 8 期；《新华文摘》2004 年第 2 期全文转载。

第二节　货币幻象：马克思历史哲学解读[①]

　　货币幻象起源于货币特权对人性的侵蚀，使人对外部世界的价值判断出现可量化和不可量化的双重标准，并由此带来人与人关系内在维度的改变，货币对人的认知系统和评价系统也随之产生影响。货币幻象发生在货币符号被实体化、主体化和神圣化的过程中，其实质是在观念中用货币来剥夺整个世界的固有价值。在现实的历史发展过程中，人的价值与货币价值有着既可通约又不可

[①]　青年黑格尔曾撰写过许多重要的经济学论文，遗憾的是，后来的思想家们只关注他的精神现象学和逻辑哲学，忽视了其经济思想与历史哲学的联系，这在很大程度上影响了我们对黑格尔哲学传统真实价值和历史遗产的准确评判，更影响了我们对马克思与黑格尔的思想关联性，尤其是，马克思的历史唯物主义与黑格尔的历史哲学之间在批判和借鉴政治经济学学术传统方面的共同性和关联性的理解。本文研究仅仅是对此问题给予关注的一个方面、一个角度。

通约的辩证性，它体现了历史发展过程中人性和社会制度进化的状况。

货币，这个人类经济活动的"润滑剂"，在现实社会中不断驱动着人的生存欲望、生命的冲动、渴求、执迷乃至疯狂，它为我们显示了人类社会历史进化与提升的符号；同时也彰显出它给人性的充分发展、人性的异化及其损伤所带来的历史见证。从早期的铸币、纸币到今天的电子货币的出现，货币的市场交换功能似乎不需要更深的知识传授，人们就能知晓和方便运用；但是，由货币所引发的哲学、心理学、伦理学、美学、符号学、社会学、政治学等事关人的全面发展和社会进步的问题，却需要学术的自觉提示和关怀。毕竟，如马克思所说，货币是商品经济社会人与外部世界关系的"牵线人"。

1928 年美国经济学家欧文·费雪出版了《货币幻觉》著作①，在《新帕尔格雷夫经济学大辞典》中，经济学家们设立了"货币幻想"（Monetary Cranks）、"货币幻觉"（Money Illusion）等条目，货币的主观认识论考察显然已被重视。可是，马克思在《1844 年经济学哲学手稿》和其他著作中对货币幻象的分析，国内学术界对此似乎还比较陌生，事实上，对此领域的研究有着十分重要的理论和实践意义。本文重点围绕以下四个方面的问题展开探讨。

一、货币：人与人关系内在维度的改变

货币幻象主要指货币在观念中所彰显出的过溢的权力张力，或指各种未能把货币量值符号同真实量值区别开来的现象。它是人的主观感觉、意念、联想和想象的产物。显然，货币幻象与人有关，它起源于货币的特权对人性的侵蚀，使人对外部世界的价值判断出现可量化和不可量化的双重标准，并由此带来人与人关系内在维度的改变②，这种改变为货币幻象提供了最基本的经验感觉形式，但同时，也提供了量度人性及其社会文明发展状况的一个重要依据。

在《1844 年经济学哲学手稿》以及后来的多部《手稿》中，马克思集中精力从事政治经济学的研究和批判，重点探讨造成市民社会成员相互分离的私有财产和货币制度的根源是什么、它们是怎样产生和发展起来的问题。马克思对货币的分析，不是纯粹经济学的框架，而是从历史哲学人性论方面进行批判与

---

① 熊彼特.经济分析史：第3卷［M］.朱泱，等译.北京：商务印书馆，1994：478.
② 人与人关系的相互连接是多方面、多维度的。这里的内在维度主要指在诸多特定因素和条件的影响下所构成的人与人关系相互连接的某种性质；外在维度则指由该性质所表现出的外在形式与特征。

解读。重点研究货币与人性、货币与人的自由、货币与人的交往、货币与社会进步的关系；以及货币的手段与目的、货币的真实性与虚假性、货币的能动性与杀伤性等矛盾问题。他指出，人对货币的依恋是"因为它具有购买一切东西的特性，因为它具有占有一切对象的特性"，"如果货币是把我同人的生活，同社会，同自然界和人联结起来的纽带，那么货币难道不是一切纽带的纽带吗？"从人与货币的本质关系来说，"货币是需要和对象之间、人的生活和生活资料之间的牵线人"①。货币作为交换关系的自主表现，它受需要的驱动，并被对象化为经济对象，内在设定了对象的可替代性。货币在满足人的需要方面，能够提供满足需要的多样性和变动性；在客体进入价值的交换领域方面，它能够将客体的差异性和特殊性兑换为主体需要的偏好和效用。因此，货币的存在并不是货币自身的单纯定在，就货币属人的本性而言，它既作为人的享受对象，又作为人的活动对象，是属人的存在。它之所以能侵蚀到人与人关系的内在维度中，是因为货币有着交换价值的功能，它所交换的不是特定的品质、事物，而是人的社会关系、属人的整个对象世界。马克思在《1857—1858年经济学手稿》中深刻地指出："毫不相干的个人之间的互相的和全面的依赖，构成他们的社会联系。这种社会联系表现在交换价值上，因为对于每个个人来说，只有通过交换价值，他自己的活动或产品才成为他的活动或产品；他必须生产一般产品——交换价值，或本身孤立化的，个体化的交换价值，即货币。另一方面，每个个人行使支配别人的活动或支配社会财富的权力，就在于他是交换价值的或货币的所有者。他在衣袋里装着自己的社会权力和自己同社会的联系。"②

在马克思看来，货币对人与人关系中内在维度的改变主要反映在两个方面：其一，将人与人之间的自然血缘关系变为单纯的物的联系。马克思指出，"经济学家们都清楚，货币存在的前提是社会联系的物化"，"这种物的联系比单个人之间没有联系要好，或者比只是以自然血缘关系和统治从属关系为基础的地方性联系要好。同样毫无疑问，在个人创造出他们自己的社会联系之前，他们不可能把这种社会联系置于自己支配之下"。③为什么物的联系要比单个人之间没有联系或只是以自然血缘关系和统治从属关系为基础的地方性联系要好呢？在马克思看来，在自然经济社会，其特点是人对人的依赖，由于生产活动空间的

---

① 马克思恩格斯全集：第3卷［M］. 北京：人民出版社，2002：359-362.
② 马克思恩格斯全集：第30卷［M］. 北京：人民出版社，1995：106.
③ 马克思恩格斯全集：第30卷［M］. 北京：人民出版社，1995：110-111.

狭小，人与人之间的简单交往主要体现在自然血缘关系和宗法关系中，在这种形态下，人的生产能力只是在狭窄的范围内和孤立的地点上发展着。它的局限性用今天的话语表示：人的行为的集体无意识和个人生存意志的弱化与消解。在商品经济（货币经济）社会，其特征是以物的依赖性为基础的人的独立性，由于生产活动空间的扩大，人与人之间的交往形式和内容都有了大大的拓展，在这种形态下，形成了普遍的社会物质交换，全面的关系，多方面的需求以及全面的能力体系。在经济活动中的货币，首先是一种社会关系，它作为一群人的共同的行为体系的一部分而存在着。尤其在商品经济社会，货币进入了社会的各个细胞，牵动着社会每个成员的生存关系和社会交往关系，尽管货币是整个社会的共同创造物，但是对于单个人来说，它是不依赖任何个人意志为转移的客观现实。它的历史进步性表现在：人性的局部解放和个人生存意志、生存价值的确认与张扬。

其二，由单个人原始空乏的社会关系变为世界历史范围中的人的普遍交往的社会关系。马克思在《政治经济学批判》货币章中明确指出，"在发展的早期阶段，单个人显得比较全面，那正是因为他还没有造成自己丰富的关系，并且还没有使这种关系作为独立于他自身之外的社会权力和社会关系同他自己相对立。留恋那种原始的丰富，是可笑的，相信必须停留在那种完全的空虚化之中，也是可笑的"①。然而，"在一切价值都用货币来计量的行情表中，一方面显示出，物的社会性离开人而独立，另一方面显示出，在整个生产关系和交往关系对于个人，对于所有个人表现出来的异己性的这种基础上，商业的活动又使这些物从属于个人。因为世界市场（其中包括每一单个人的活动）的独立化（……）随着货币关系（交换价值）的发展而增长，以及后者随着前者的发展而增长，所以生产和消费的普遍联系和全面依赖随着消费者和生产者的相互独立和漠不关心而一同增长"②。这里有一个重要的历史唯物主义原理：货币的交换关系是经济关系和生产关系发展的显现，也是社会主动性交往的重要因素。人类之所以能够打破原有的区域性、小空间的交往，从单一的民族交往走向世界交往，是因为资本主义经济的早期形式——资本原始积累，尤其是由需要、利益所派生出的经济交换关系和货币的社会张力，造就了近代工业文明和商业社会的出现，造就了世界范围的资本市场，它客观上使得小生产者同他们的生

---

① 马克思恩格斯全集：第 30 卷 [M]. 北京：人民出版社，1995：112.
② 马克思恩格斯全集：第 30 卷 [M]. 北京：人民出版社，1995：110-111.

产资料相分离，从而获得了个人交往的自主权和能动性。变封闭社会内部以宗法关系为枢纽的交往形式为一种新的生产方式历史活动的经济交往活动，个体自主的交往带动了社会演化创新的交往。在这种交往活动中，原来的小生产者变成雇佣工人，生产资料占有者变成资本家，地租变成了工业资本、商业资本。而这些资本又通过充满着征服、压迫、劫掠和屠杀等暴力剥夺的交往形式，创造了资本主义生产方式发展的世界市场。

在马克思看来，货币促使人与人关系中内在维度的改变，既彰显了人性自由，又带来了人的世界观、价值观的转型。马克思指出，人性的解放，需要货币关系（交换价值）的推动。"全面发展的个人……不是自然的产物，而是历史的产物。要使这种个性成为可能，能力的发展就要达到一定的程度和全面性，这正是以建立在交换价值基础上的生产为前提的，这种生产才在产生出个人同自己和同别人相异化的普遍性的同时，也产生出个人关系和个人能力的普遍性和全面性。"① 马克思在批判黑格尔法哲学时，十分重视黑格尔所阐述的货币为实现人的主观自由所具有的中介作用这一思想，并且把这一特征作为古代、封建社会与市民社会在人性自由方面相区别之处。黑格尔从国家与个人的关系方面把货币的哲学本质理解为："国家要求个人所做的唯一劳绩就是货币。"② 唯有劳绩才能有量的规定性，因而才能公正和平等。黑格尔认为，在东方和埃及为宏伟无比的建筑物等等所做出的劳绩同样也有特殊的质，但在这些情况下缺乏主观自由的原则：个人的实体性活动要以个人的特殊意志为中介。这是一种权力，这种权力只有要求以一般价值形式完成劳绩时才能实现。现代国家的原则是个人所做的一切都要以自己的意志为中介，正是这样才显示出对主观自由的尊重。马克思为此给予重要的评价，指出："做你们想做的事，支付你们必须支付的东西。"③ 早期社会的交换是人的社会化最纯粹、最粗糙的形式，由于物的价值依然固着于实物，它并未带来人的价值观的转型。而货币化生活世界的出现，货币是"一切价值的公分母"似乎成了不少人心理依附的教条。货币不仅成为经济世界流转的"大风轮"，而且还成为精神世界的流通物，在一些人的世界观、价值观中，物的完美代替了人的完美，人的精神世界被货币这种"绝对目的"导致的物化和客观化占领了。如马克思所言，"人们信赖的是物（货

---

① 马克思恩格斯全集：第30卷［M］．北京：人民出版社，1995：112.
② 马克思恩格斯全集：第3卷［M］．北京：人民出版社，2002：75.
③ 马克思恩格斯全集：第3卷［M］．北京：人民出版社，2002：76.

币），而不是作为人的自身"①。这一幻象的出现有着重要的认识论原因。

二、货币幻象的产生：符号的实体化、主体化与神灵化

随着货币对人性的侵蚀和对人与人内在关系维度的改变，货币对人的认知系统和评价系统产生影响。货币幻象首先发生在货币符号被实体化、主体化和神灵化的过程中。

首先，由于货币所交换的是整个对象世界，有着广泛的价值通约性，人们往往将货币符号视为外部感性事物的真正本质，而与它发生实际交换关系的交换对象，反成了货币符号的派生之物。所以，货币持有者往往不经意地将货币符号实体化。马克思指出，"因为货币作为现存的和起作用的价值概念把一切事物都混淆了、替换了，所以它是一切事物的普遍的混淆和替换，从而是颠倒的世界，是一切自然的品质和人的品质的混淆和替换。"② 这种颠倒的世界来自如此错觉：在货币占有者看来，货币能把任何特性和任何对象同其他任何即使与它相矛盾的特性和对象相交换，如货币能使冰炭化为胶漆，能迫使仇敌互相亲吻。这说明货币有着某种特权，即一种特殊商品与其他一切商品相对立而获得代表或象征它们的交换价值的特权。正是这种特权，似乎使人们感觉到作为符号的货币才是真实的存在，是实实在在的实体。货币符号被实体化的同时，却把现实的感性事物变成无关紧要的派生之物。但实际上，我们必须接受这样的事实：货币符号在任何时候、任何情况下，都是从交换中和在交换中自然产生的，它是交换关系的产物，是客观的交换关系派生出货币符号，而不是货币符号演绎出客观的交换关系或交换物。

其次，单把货币符号看成第一性存在还不够，还要把符号转化为购买现实一切商品的权力或想象拥有一切商品的权力，转化为货币创造众生，人类却软弱无能的实际效果。这就必须把"实体"转变为"主体"，即将货币符号主体化。"主体"这一术语，"马克思是在康德以前的意义上使用的，即指宾词、属性、规定、关系的担当者"③。"主体"在自己的运作过程中把自己设定为对象，把一切对象化存在都视为自身逻辑演绎的结果，或是感觉幻化、自由联想的结果。马克思揭示了这一过程的实质："正是劳动（从而交换价值中所包含的劳动

---

① 马克思恩格斯全集：第 30 卷［M］. 北京：人民出版社，1995：110.
② 马克思恩格斯全集：第 3 卷［M］. 北京：人民出版社，2002：364.
③ 马克思恩格斯全集：第 30 卷［M］. 北京：人民出版社，1995：637.

时间）的一般性即社会性的对象化，使劳动的产品成为交换价值，赋予商品以货币的属性，而这种属性又意味着有一个独立存在于商品之外的货币主体。"① 不是商品的劳动时间，而是作为符号的货币是首要的、第一性的，它必然产生如此幻象：货币特性的普遍性是货币本质的万能；因此，它被当成万能之物。实际上，货币被主体化给人们造成一种联想，似乎体现自我意识发展的纯粹货币符号是真实市场的推动者和创造力量。"它把我的那些愿望从观念的东西，把那些愿望从它们的想象的、表象的、期望的存在改变成和转化成它们的感性的、现实的存在，从观念转化成生活，从想象的存在转化成现实的存在。作为这样的中介，货币是真正的创造力。"②

最后，货币的主体化也使得人对世界理解趋向物欲化和神灵化。人对货币的顶礼膜拜达到了无以复加的地步。货币是神，是上帝，货币在商品世界中取得了至上的神的权柄和力量的象征。人的物化和异化在所难免。在马克思一系列著作、手稿、通信和札记中，他特别强调了货币异化和商品拜物教问题。在他看来，由于社会分工和交换而形成的社会关系的异化，在相当长的历史时期里是人们普遍面临的现象。这种异化主要指社会关系在以货币、资本为中轴的社会里，由人与人的关系变为物与物的关系之后，成为一种独立于人的意识之外，支配着人的意识、人的行为的社会力量。在《资本论》中，马克思深刻地揭示了货币异化的历史根源：在物物交换中，生产的社会关系还多少表现为当事人的意志关系，可是，当货币从一般商品中分离出来与人相独立并且变成一种物化的社会力量时，原有的社会关系不再以无形的存在与单个人相对立，而是作为有形的存在即"物"与人相对立，这样，人与人的社会关系变成了物与物的交换关系，劳动所创造的商品被神秘化了，交换所产生的货币符号被主体化和神灵化了，人对物的："它把在生产中以财富的各种物质要素作为承担者的社会关系，变成这些物本身的属性（商品），并且更直截了当地把生产关系本身变成物（货币）。一切已经有商品生产和货币流通的社会形态，都有这种颠倒。"③ 因此，货币的出现是社会关系走向"物化"的原因，而货币的异化又是"物化"了的社会关系直接派生的结果。马克思坚持历史哲学的分析态度，把价值目标和科学研究结合起来，正确地看待货币异化、货币拜物教的历史过程性：

---

① 马克思恩格斯全集：第 30 卷 ［M］．北京：人民出版社，1995：118.

② 马克思恩格斯全集：第 3 卷 ［M］．北京：人民出版社，2002：363.

③ 马克思恩格斯全集：第 25 卷 ［M］．北京：人民出版社，1974：934–935.

既看到货币是交换扩大的结果，它的出现会导致交换的进一步扩大；另一方面，货币的出现标志着社会关系的物化、异化，导致货币拜物教和拜金主义的盛行。货币是从大量商品中分离出来以执行"一般等价物"职能的一种特殊商品，它充当价值尺度、交换媒介和支付手段等职能。货币的出现与发展，对人类历史的进步和文明的提升有着重要的推动作用，所有人为地、过早地废除货币、市场经济等行为，都必然背离历史发展的客观规律。但如果把货币异化、商品拜物教视为天然合理的、符合人性的，这也是极端错误的理论。货币的异化只是证明：人们还处于为自己的自由和全面发展创造条件的过程中，而不是从异化出发人类才开始有了真正人的生活。

三、货币幻象的实质：在观念中用货币来剥夺整个世界的固有价值

货币符号被主体化和神灵化后，人类的精神世界便有可能从"观念形态"走向"幻象世界"，货币幻象便充满着极为丰富的内容。值得提出的是，货币化生活世界直接影响和关联着人的世界观、人生观和价值观，它使得一种纯粹数量的价值不断压倒品质的价值，从而追求生活意义的平等化、量化和客观化，把人生的消费和积累作为唯一至上的终极追求目标。对此，马克思从历史哲学的角度做了十分重要的分析。在《1844年经济学哲学手稿》中，马克思重点分析过货币幻象问题。在马克思看来，货币幻象主要是货币权力在观念形态中的改装，在观念中用货币来剥夺整个世界的固有价值。如康德所说，经验的可能性就是经验对象的可能性，因为有经验就意味着我们的意识从感觉印象里创造了对象。同样，需要的可能性就是需要对象的可能性。作为交换符号的货币，随着交换过程的实施与结束，人在观念上反复留下了货币神话的烙印。马克思在《论犹太人问题》中指出："金钱贬低了人所崇奉的一切神，并把一切神都变成商品。金钱是一切事物的普遍的、独立自在的价值。因此它剥夺了整个世界——人的世界和自然界——固有的价值。金钱是人的劳动和人的存在的同人相异化的本质；这种异己的本质统治了人，而人则向它顶礼膜拜。"① 马克思主要从两方面论述了货币幻象的显现：一是货币是万能之物，货币的力量多大，我的力量就多大。马克思在《1844年经济学哲学手稿》货币札记中大段地摘引了莎士比亚描述货币幻象的精妙诗句，并概括为两个特性：（1）货币是有形的神灵，它使一切人的和自然的特性变成它们的对立物，使事物普遍混淆和颠倒。

---

① 马克思恩格斯全集：第3卷［M］．北京：人民出版社，2002：194.

货币能够把坚贞变成背叛，把爱变成恨，把恨变成爱，把德行变成恶行，把恶行变成德行，把奴隶变成主人，把主人变成奴隶，把愚蠢变成明智，把明智变成愚蠢。(2) 货币是人尽可夫的娼妇，是人们和各民族的普遍牵线人。货币既是"通用的分离剂"，又是"地地道道的黏合剂"，更是"社会的电化学势"。货币在形式上的抽象性，使它超然于一切空间上的明确的关联：货币可以对最遥远偏僻的地方施加其影响力，它甚至在任何时候都是一个潜在影响力圈子里的中心点，货币也使最大数量的价值总额在微小的形式中。二是货币幻象集中地反映在货币"能够把观念变成现实而把现实变成纯观念的普遍手段和能力"上①。在马克思看来，货币幻象产生于"以货币为基础的有效需求和以我的需要、我的激情、我的愿望等等为基础的无效需求之间的差别，是存在和思维之间的差别，是只在我心中存在的观念和那作为现实对象在我之外对我而存在的观念之间的差别"②。在现实社会中，人们往往能够观察如此事实：有货币的人有着有效需求，他可以通过货币来拥有他欲求得到的东西，观念的想象能变为现实，思维能消解与存在的差别；而无货币的人也有需求，但他的需求始终是纯粹观念的东西，消解不了思维与存在、观念与现实的差别，只能驻足于康德的那种"观念的 100 元"上，但人类这种精神想象是人的本能，它既可以把客观对象在观念形态中虚无化，也可以将物理世界的时间与空间排序在观念形态中加以非逻辑化或予以颠覆和超越。在《新帕尔格雷夫经济学大辞典》有关"货币幻想"的条目释文中，提到如此情结："大卫·休谟在 1752 年希望，'在大不列颠的每一个人都能通过奇迹在一夜之间有 5 英镑流入钱袋'；到了 1969 年，米尔顿·弗里德曼则假定了一个直升机奇迹，通过它，美元可以从天堂中落下来。"③ 人的这种幻想的认识情结，说明了货币的认识论特征：一方面货币能够"把人的和自然界的现实的本质力量变成纯抽象的观念，并因而变成不完善性和充满痛苦的幻象；另一方面，同样地把现实的不完善性和幻象，个人的实际上无力的、只在个人想象中存在的本质力量，变成现实的本质力量和能力"④。而这种普遍的观念混淆和替换，正好以扭曲的形式反映了货币在物质交换形态中自身所实存的内在矛盾。马克思深刻地指出，"货币由于以下原因而同

---

① 马克思恩格斯全集：第 3 卷 [M]. 北京：人民出版社，2002：363-364.
② 马克思恩格斯全集：第 3 卷 [M]. 北京：人民出版社，2002：363.
③ 伊特韦尔，等. 新帕尔格雷夫经济学大辞典：第 3 卷 [M]. 陈岱孙，等译. 北京：经济科学出版社，1996：539.
④ 马克思恩格斯全集：第 3 卷 [M]. 北京：人民出版社，2002：364.

它本身以及它的规定发生矛盾：它本身是一种特殊商品（即使只是符号），因此在它同其他商品的交换中又受特殊的交换条件的支配，这些条件是同它的绝对的一般可交换性相矛盾的"①。"由于交换的这种二重化——为消费而交换和为交换而交换，产生了一种新的不协调。"从而使"货币本来是一切价值的代表；在实践中情况却颠倒过来，一切实在的产品和劳动竟成为货币的代表。"② 于是，人们对物的追求被替换为对符号的追求，符号可以指向一个深层的意义，符号可以与意义进行交换，它谈不上客观上的真实不真实，因为它在意识领域不再与客观真实发生交换，它只与它自身发生交换，在一个没有所指、没有边缘、没有遮拦的非理性精神想象循环体系中与它自身进行交换。货币由手段变为目的，它成为人们精神上的奢侈品也就不难理解了。

四、货币幻象更深层次问题：两种价值能否通约

货币幻象充满着经济个人主义和自由主义色彩，在价值尺度、交换媒介、支付手段和价值储藏等方面都显示了精神设定对象化存在的自由空间和意志。为什么在这一领域思维对存在的把握是充分自由的？它需要价值论分析，其中一个十分重要的方面是价值通约性问题。

货币的主要特征之一就是它的可通约性，它的背后总是对应着商品，它在追求经济利益的驱动下可与一切物品相通约。它可以将所有不可计算的价值化为可计算的量，平均化了所有性质各异的事物。可是，在现实的社会里，不是所有的存在都与货币有着可通约性，也不是所有的可通约的行为和结果都是合乎理性的，更不是所有合乎理性的通约都是合乎人道主义的。

马克思对货币的历史哲学解读，最具闪光之处是他把以上问题都已考虑在他的逻辑分析的框架中，并通过与政治经济学理论的融合，回答了货币价值能否与人的价值相通约的问题。在《资本论》中，马克思首先接受了这样一个前提：以资本为中轴的私有制社会，人的价值与货币价值是在不公正、不对称、不合理的制度环境中进行价值通约的，因而扬弃这种社会制度是必要的。在历史哲学的分析框架中，马克思把这种社会制度称为人的异化和社会的反人道化。他主要是从资本主义社会的经济规律和历史规律相区别的角度加以分析的。在马克思看来，资本主义社会的经济规律，既表现为客观的物质规律，又反映了

---

① 马克思恩格斯全集：第 30 卷 ［M］. 北京：人民出版社，1995：100.
② 马克思恩格斯全集：第 30 卷 ［M］. 北京：人民出版社，1995：98-99.

它对人来说有着异己的性质。以"物为目的的生产"代替了"以人为目的的生产"（早期人类社会特征）①，赚钱便成了全社会生产的目的。人的价值被物质化和量化，一切都成了可让渡的商品。货币在全社会拥有完整意义上的可通约性。这种通约既是历史的进步，又是人的不幸，因为它用"存在的有价"超越了"存在的无价"，精神在货币面前可与物质同价类比；人是万物的尺度，而尺度本身也被还原为物，并可以被让渡。于是，人跟钱更亲近了，人跟人愈来愈疏远了。但从历史发展的规律来看，资本主义社会是人类社会必然要经历的阶段。人类只有从以人的依赖关系为特征的社会发展到以物的依赖关系为特征的社会，才能达到人的全面发展的社会。只有超越这个历史发展阶段，才能把人本身的生产确立为目的，把人的价值的完整性还原给人自身。

实际上，人的价值有着比货币价值更为丰富、更为闪光的内容。人所特有的超然的精神境界、人对崇高的追求、人对生命的完整感受、人的纯正友情、人的德行修养、人的心理的净化等，这些都是货币价值难以通约的领域。在政治经济学的分析框架中，马克思主要从货币与资本的关系，揭示了资本主义社会货币价值与人的价值在相互通约中，存在着形式上的公平，而事实上的不公平的内秘。马克思认为，货币与资本既相互联系又相互区别。"作为资本的货币是超出了作为货币的货币的简单规定的一种货币规定。这可以看作是更高的实现；正如可以说猿发展为人一样。但是，这里较低级的形式是作为包容较高级的形式的主体出现的。无论如何，作为资本的货币不同于作为货币的货币。"②两者的不同表现为：第一，作为货币的货币主要是在其纯粹形式上进行阐述的，并没有同发展程度较高的生产关系联系起来；而作为资本的货币它与机器大工业生产相伴随；第二，作为货币的货币其规定的特点就在于货币交换遵循的原则是：不同交换主体之间的关系是平等的，交换物是等价的。所以，单从货币交换的角度不可能揭示出在资本家与工人之间发生的人的价值和货币价值相通约的不对称、不合理的事实，可以称为剩余价值的被遮蔽。如马克思所说，"从简单意义上来理解的货币关系中，资产阶级社会的一切内在的对立在表面上看不见了"③。但作为资本的货币其规定的特点就在于："作为财富的一般形式，作为起价值作用的价值而被固定下来的货币，是一种不断要超出自己的量的界

① 马克思恩格斯全集：第 30 卷 ［M］. 北京：人民出版社，1995：479.
② 马克思恩格斯全集：第 30 卷 ［M］. 北京：人民出版社，1995：206.
③ 马克思恩格斯全集：第 30 卷 ［M］. 北京：人民出版社，1995：195.

限的欲望：是无止境的过程。""资本的合乎目的的活动只能是发财致富，也就是使自身变大或增大。"① 在马克思看来，资本按其概念来说是货币，但是这种货币不再以简单的金银形式存在，也不再作为与流通相对立的货币存在，而是以一切实体的即各种商品的形式存在。因此，就这一点来说，它作为资本不是与使用价值相对立，而正是只存在于货币以外的各种使用价值之中。资本家在与工人的简单交换中得到的是使用价值：对他人劳动的支配权。而工人出卖的是对自己劳动的支配权。显然，人的价值和货币价值相通约的不对称、不合理性正在于：交换中工人得到的是货币，而资本家得到的是能使货币转换为资本并能够不断增值的特殊商品。

　　马克思的历史哲学思想和经济规律思想的融合，构成了马克思完备的货币哲学思想。其中一个重要的理念是，在现实历史的发展过程中，人的价值与货币价值有着既可通约又不可通约的辩证性上，它体现了历史发展过程中人性和社会制度进化的状况。应当说，人的价值不可以完全兑换为商品，它与货币之间的通约是不对称的，但在商品经济为主导的市民社会里，人的价值与货币价值确实有着可通约性一面：货币价值往往通过"社会抵押品"形式，把人的价值变为可信用、可计量、可供交换的存在符号。形式上看，它似乎是物的关系的交换和通约，并且把人的价值与物的价值加以贯通，怎样评价这种以物的联系为特征的价值通约性呢？马克思深层次地回答了货币的存在为什么使人信赖的是物而不是人这一问题。马克思指出：问题的关键是"这种物是人们互相间的物化的关系，是物化的交换价值，而交换价值无非是人们互相间生产活动的关系。……但货币所以是这种抵押品，只是由于它具有社会的（象征性的）属性；货币所以能拥有社会的属性，只是因为各个人让他们自己的社会关系作为对象同他们自己相异化"。② 可见，人们的生产活动构成的生产关系或经济关系，是以物的联系为特征的价值通约性的本质。应当说，在人类早期发展阶段，人的价值与货币价值在社会的主导形式上是不可通约的。因为整个悔罪和赔偿的古代形式就有了那种宗教意味，它使人们认为流通的货币不适宜介入神圣的事务。禁欲主义的教规教义，往往视货币为洪水猛兽。神的意志内在地规定着人的价值，它将人的价值与货币价值俨然地被剥离开。这种不可通约性并不反映历史的进步性，只在一定程度上反映了人类特定时代生产实践活动的历史局

---

　　① 　马克思恩格斯全集：第 30 卷［M］. 北京：人民出版社，1995：228.
　　② 　马克思恩格斯全集：第 30 卷［M］. 北京：人民出版社，1995：110.

限性。当然，古代社会也存在着某些方面的可通约性：如在中世纪，使用货币收取利息是有罪的，而把人当作商品买卖却是无罪的。这说明，人的价值与货币价值之间的不可通约性和可通约性的范围与内容的变化，反映了人类特定时代生产活动、交往活动和物质交换程度的实践水平和认知水平的变化。

原文：《货币幻象：马克思历史哲学解读》，原载《中国社会科学》2004 年第 4 期；《新华文摘》2004 年第 21 期全文转载。

第五章　论资本

第一节　马克思对资本范畴本质的揭示

几百年来，资本作为现代经济发展润滑剂、倍增器，促进了现代社会发展，带来了人类崭新的生产方式、交往方式和生活方式；但同时也带来了资本主义社会极端的经济个人主义张扬、社会高度两极分化、世界霸权主义盛行以及地缘战争频发等后果。相反，在地球另一端的中国，资本在先进政党、先进制度的驾驭和激活下，使中国经济发展取得了世界公认的成就，大大改变了中国与世界历史进程。显然，从经济哲学理论视域来思考马克思主义经典著作中有关资本范畴的论述，有着重要的理论与实践意义。

科学认知社会主义基本经济制度的资本范畴，首先要回到马克思经典文本中。众所周知，资本主义起源于传统货币向现代资本转化，故资产阶级学者习惯于把资本范畴诠释为促进生产力发展的"生产预付金"，德国哲学家黑格尔赋予"资本永恒"的符咒。但随着马克思的政治经济学批判问世，尤其是《资本论》的写作与出版，标志着对西方现代性本质的深刻系统批判走向巅峰。

一、作为预付金的资本

马克思关于"作为预付金的资本"的论述很多：如"购买劳动力所预付的资本部分是一定量的对象化劳动，因而同购买的劳动力的价值一样，是一个不变的价值量"①。"正因为作为资本预付的货币具有一种属性，要流回到那个把

① 马克思恩格斯全集：第42卷［M］．北京：人民出版社，2016：208．

它预付出去即把它作为资本支出的人那里，正因为 G-W-G' 是资本运动的固有形式，所以，货币占有者能够把货币作为资本来贷放，作为这样一种东西来贷放，这种东西具有一种属性，即要流回到它的起点，并且要在它所通过的运动中作为价值来保存自己和增加自己"①。（在 G-W-G' 的产业资本的循环中，资本依次经过购、产、销三个阶段，依次采取货币资本、生产资本、商品资本三种形式，最终实现增值，回到原来的出发点。编者注）笔者以为，这里作为预付金的资本包含两层含义：

其一，资本首先是"为卖而买"，以追求利润增量为目标的生产预付金。资本具有跨期特征，它的定位和在未来不同时间、空间点的优势是核心，时间是资本的生存环境，预付金充满着对未来时间利润回报的期待。在自然经济条件下，一切生产以自我消费品的生产为主导，剩余产品交换具有集体无意识的偶发性、零散性，尚不具备资本出现的历史条件，随着近代工业革命的爆发，机器大工业代替了传统手工作坊，社会化大生产成为历史必然，作为预付金的货币资本出现了。这就意味着货币功能的放大，从静态货币变为运动中的大货币，从简单货币支付功能变为充满"钱生钱"预期的货币功能，社会为卖而买的有组织的自觉生产行为开始了。就古代社会而言，这是人类生产方式、交往方式的历史性进步体现，也标志着商品拜物教、货币拜物教、资本拜物教时代的开启。需要指出的是，在同一商品经济时代，社会制度不同，资本发挥的作用也不同。在资本主义私有制的背景下，货币预付金，在时空运转中进一步被抽象为一种受雇佣劳动宰制的资本运动的初始筹码，即今天的预付，是资本家为了获取更多无偿占有的剩余价值的未来预期行为。在这里，资本是剥削阶级剥削无产者的一种工具。资本预付金意味着在市场上能够购买对象化劳动特殊商品的货币垫付。劳动力商品的特殊性，在于它可以生产出高于自身价值的剩余价值并被资本家无偿剥夺。而在公有制为主体的社会主义市场经济中，以人民利益为中心的生产活动离不开投资，投资离不开资本投入，也就离不开作为预付金的资本垫付，它是对未来发展利润或社会效益的良好预期。关键之处在于，合理剩余不归属少数资本家，而是归于国家并由国家返回给人民。

其二，预付金也意味着资本追逐剩余、追逐利润回报的秉性。并不是一切促进社会生产的项目必然招来资本预付金青睐，投资何方、投资多少，完全取决于是否有足够剩余，是否能最大化实现利润回报和某种目的。预付金还意味

---

① 马克思恩格斯全集：第 46 卷［M］．北京：人民出版社，2003：391.

着一种市场风险意识的担当。在市场经济激烈残酷的竞争中，投资未来充盈着各种不确定性的风险，如从 G-W-G' 这一商品的惊险的跳跃环节，对资本持有者而言，就是一次资本的"历险"。尤其是随着数字支付、虚拟货币等新的交易工具的越来越广泛使用，人类的交易理念、交易行为、交易心理、交易技术等发生了多向度的复杂变化。资本的预付与未来利润的预期，面临着深层次的矛盾：预付的手段和目的受不确定因素的干扰而产生种种背离，未来报酬成果的预期呈现大周期的、波动巨大的风险影响，可能对投资人的心理产生"过山车"似的影响。

二、作为生产要素的资本

在《资本论》三卷本及其经济学手稿中，马克思关于"作为生产要素的资本"的直接论述颇为常见，其中值得解读的有以下典型的三处。如："只要产业资本的投资不变，就是准备了商品资本到把它生产出来的各种相同的生产要素的再转化。"① 再如："预付的资本价值——无论它采取货币的形式，还是采取物质的生产要素的形式——是出发点，因而也是复归点。"② 还如："一般说来，预付资本会转化为生产资本，就是说，会采取生产要素的形式，而生产要素本身是过去劳动的产物。"③ 笔者认为，以上论述中作为生产要素的资本主要包括三层含义：其一，资本是现代经济发展的润滑剂，它能够确保生产过程中各种要素能够有机地耦合在一起，并形成整体性、系统性、结构性效益，极大地提高了生产力的总效能。"要素"有着现代生产必须具备的重要条件及资源的意思。在马克思所处的时代，生产要素主要包括：土地、资本、技术、劳动力。今天，在数据化、互联网和智能化等高科技发展时代，应还要包括数字、创意、经济信息和经济管理等生产要素。作为生产要素的存在，不仅仅是一个无生命资产或者财产，它由行动和达到目的的手段组成，最终目的是打造、推进和利用不断发展的经济的各项工具。事实上，资本是一个过程，或者一个方法、途径，不仅包括物质形态还要包括精神形态。精神资本的出现愈来愈引起经济学家们的关注。（精神资本一般是指来自智力方面的成果积累，由德国经济学家李斯特率先提出）精神资本对其他要素的渗透，愈来愈精准、抽象和便捷。发达

---

① 马克思恩格斯全集：第 45 卷 [M]．北京：人民出版社，2003：87．
② 马克思恩格斯全集：第 45 卷 [M]．北京：人民出版社，2003：172．
③ 马克思恩格斯全集：第 45 卷 [M]．北京：人民出版社，2003：237．

国家在全球范围内对精神资本的垄断和控制，是资本对生产要素配置的新特征，这直接体现为关键核心技术和知识产权的货币兑现，成为发达资本主义国家剥削发展中国家的主要手段之一。其二，资本是经济发展的加速器。追求利润最大化是资本的秉性，必然使资本高度重视科学技术与管理技术的创新，科技成果向企业或商业转换过程，不仅使各生产要素物尽其用，而且加速产业升级换代。尤其在社会主义条件下，中国的资本要素激活了社会生产力，蕴藏着潜在价值的其他要素被有序组织、开发、利用，带动了物质、精神、文化的全面发展。其三，资本是价值增值实现的倍增器。通过资本的杠杆作用，各种生产要素达到有机组合，效率和功能成倍放大。直接体现为有限的当下资源与未来无限资源的转换、货币想象与金融叙事的张力、虚拟与实体叠加的"意识经济学"原理。

在资本主义社会，作为生产要素的资本本质是剩余劳动的积累，无论是通过延长劳动时间，还是提高剩余价值率，在资本主义雇佣劳动条件下，资本都会最大限度地去无偿占有他人的剩余时间、剩余劳动和剩余价值。私人资本的这一动力学原理，决定了生产社会化与生产资料私人占有之间的对立矛盾，决定了资本主义社会资本疯狂、无序发展的命运。应当看到，当代资本在实现价值倍增方面还呈现出了新的特征，一方面通过跨国公司、科技巨头在科技、知识产权、市场规则方面的优势地位和垄断能力，迫使其他国家支付巨额费用，获取超额利润；另一方面，通过对本国、他国金融市场的干预、控制，越过对有形生产要素的组织，直接使用令人眼花缭乱的金融工具在资本市场上猎杀其他市场参与者，甚至一些主权国家，都难以抵挡。

三、作为生产关系的资本

关于作为生产关系的资本，马克思在《雇佣劳动与资本》中，有一段经典的论述："资本也是一种社会生产关系。这是资产阶级的生产关系，是资产阶级社会的生产关系。构成资本的生活资料、劳动工具和原料，难道不是在一定的社会条件下，不是在一定的社会关系内生产出来和积累起来的吗？难道这一切不是在一定的社会条件下，在一定的社会关系内被用来进行新生产的吗？并且，难道不正是这种一定的社会性质把那些用来进行新生产的产品变为资本的吗？"① 后来又在《资本论》三卷本及其相关经济学手稿中有多处经典的表述，

---

① 马克思恩格斯文集：第 1 卷 [M]．北京：人民出版社，2009：724.

如："资本不是物，而是一定的、社会的、属于一定历史社会形态的生产关系，后者体现在一个物上，并赋予这个物以独特的社会性质。"① "可见，资本显然是关系，而且只能是生产关系。"② 从以上经典论述可以看出以下三点：其一，资本是具有社会属性的"生产关系"。所谓生产关系是指人们在物质资料生产过程中形成的社会关系，是生产关系的社会形式。资本所有者占有一定的社会生产资料，不论是作为货币资本，还是融入各种生产要素中的生产资本，资本的本质是一定组合的社会关系，是隐藏在物与物的交换关系背后的人与人之间社会关系的反映。其二，资本不仅生产"物"，更是"社会关系"的再生产。在马克思看来，资本主义社会里，由资本所驱动的生产过程和价值增值过程是同一个过程，它不仅生产出商品和剩余价值，而且也是资本家和工人关系的再生产和新生产过程，这种生产关系是比物质结果更为重要的结果。其三，劳动人民是资本生产的主体。但是资本主体与资本生产的主体是两个不同的概念，不同的社会制度规定着不同的理解内涵，特定的社会关系决定了资本的社会属性。在资本主义社会，资本主体与资本生产的主体之间发生了严重的背离。如马克思所言，不是资本家养活工人，而是工人养活资本家。资本的社会属性决定了劳动力作为一种商品，不仅能创造自身价值，而且可以创造出比自身价值更大的价值。它既是货币转化为资本的前提，也是剩余价值生产的前提。资本家雇佣工人，从形式上看，工人从资本家那里取得生活资料，维持着自身和家庭的生存与发展，但从本质上说，工人生产着对他起支配作用的他人财富，即资本。工人获取生活资料是以将其劳动力变成资本的一部分，再次把资本投入加速增长运动的杠杆为条件的。资本主义生产关系中，资本家把工人变成资本增值的直接手段。当下的资本主义社会，资本所表现的生产关系、社会关系出现了更为复杂的演变：垄断集团在资本逻辑驱使下的牟利模式出现新的变化趋势，也是其陷入新危机的信号——盈利越集中、越简便，马克思资本有机构成理论所预言的"工厂排挤工人"就越得到应验。在发达国家内部也面临着贫富差距的日趋扩大和工人失业、就业形势恶化的困境。当作为实体意义上的生产、制造环节已被资本所抛弃，实体经济大量转移至其他国家之后，本国工人阶级生存处境艰难，如诺贝尔经济学奖获得者约瑟夫·斯蒂格利茨指出的，今天"美国

---

① 马克思恩格斯全集：第46卷［M］．北京：人民出版社，2003：922.
② 马克思恩格斯全集：第30卷［M］．北京：人民出版社，1995：510.

富人阶级所拥有的财富从未在国民总收入中占据如此高的比例"①。原本自诩稳定的橄榄型社会开始瓦解，去工业化地区原本属于中产阶级的蓝领逐渐向社会底层滑落。资本主义固有矛盾日益激化，社会经济陷入"迷途"，从十年前的"占领华尔街"，到现在的"占领国会"，都是当前由资本竞争关系所带来的全球生产关系和社会关系紧张的真实写照。

在社会主义社会，资本主体与资本生产的主体是高度一致的，因而劳动人民既是社会主义资本的主体，又是社会主义资本生产的主体。它所反映的社会关系体现为人与人之间是劳动与友爱的社会关系；个人与国家之间是需要和需要的满足的生产关系；人民群众与执政党之间是血肉相连的社会关系。显然，资本与人之间的关系体现了手段与目的的根本一致。总之，社会主义基本经济制度的资本，其性质是公有制条件下强国富民的内涵，它体现了追求人民利益、社会效益的最大化与追求经济利益最大化的有机统一。

四、作为权力象征的资本

在《1844 年经济学哲学手稿》《雇佣劳动与资本》以及《资本论》三卷本及其相关手稿中，关于"作为权力象征的资本"有多处较为经典的表述：如"资本是对劳动及其产品的支配权。资本家拥有这种权力并不是由于他的个人的或人的特性，而只是由于他是资本的所有者。他的权力就是他的资本的那种不可抗拒的购买的权力。"②"生产资本的增加又是什么意思呢？就是积累起来的劳动对活劳动的权力的增加，就是资产阶级对工人阶级的统治力量的增加。"③"资本就意识到自己是一种社会权力，每个资本家都按照他在社会总资本中占有的份额而分享这种权力。"④ 从这里我们可以领悟到三层意思：其一，资本是一种拒绝的权力、否定形式的权力，而不是一种坚持要求他人承认自己权利的权力。这种权力直接表现为资本拥有者可以拒绝他人使用其资源，资本拥有者可以索取准许使用其资源所应付的报酬。其二，资本的积累意味着在资本主义社会资本家对工人阶级权力的固化与强化。资本的生产过程即资本在雇佣劳动条件下追求价值增值的过程，工人生产着作为敌对权力的资本，而资本的增加意

---

① 斯蒂格利茨.美国真相：民众、政府和市场势力的失衡与再平衡［M］.刘斌，刘一鸣，刘嘉牧，译.北京：机械工业出版社，2020：XXIX.
② 马克思恩格斯全集：第 42 卷［M］.北京：人民出版社，1979：62.
③ 马克思恩格斯选集：第 1 卷［M］.北京：人民出版社，2012：344.
④ 马克思恩格斯全集：第 46 卷［M］.北京：人民出版社，2003：217.

味着资本家对工人支配权力的增加。用较为形象的语言来说，工人为自己铸造着越来越长、越来越重的锁链。其三，资本权力与政治权力的互通，这是最为核心的体现。在资本主义国家，资本是国家政治权力存在和现实张力的基础、条件和核心。政治权力只是经济权力的象征，资本作为一种经济权力，对社会和政治权力的侵蚀不可避免。政治腐败和利益输送的不正当行为时常发生。因为，政治权力往往可以通过制定经济政策调控方向和力度大小，掌控国家经济资源配置空间和落地权力；更为危险的是，资本希望在掌握经济权力之后，谋取政治上的权力。显然，在资本主义社会，无论是资本家还是政府官僚都成为资本指令的执行者，资本以民主、自由和公正等为幌子，追求着私人利益最大化的经济预期。表现为"人"的主体决策权力与再生产体系的连贯性都被整个社会资本循环系统所控制和编排。资本的强大力量使资本的拥有者拥有着社会控制的权力系统，同时也拥有着对权力合法性予以揭示的意识形态话语权。

从以上马克思资本范畴的经典定义及其现代诠释，我们可以深刻认知资本范畴的本质内涵，应当说，它是我们今天把握资本范畴的客观依据和基本尺度。马克思对资本范畴的多向度表述，结合今天全球经济发展的现实，使我们感到这四种维度的资本范畴内涵揭示，体现了传统与现实、经典与价值、现象与本质、文本与阐释的统一，是我们把握资本范畴的必要概念性工具。

原文：《马克思对资本范畴的揭示》，原载《光明日报》2021 年 4 月 26 日，第 15 版。

第二节　现代性后果：从主体性哲学到主体性资本

关于现代性后果的反思，一个十分重要的路径不可忽视：形而上与形而下的契合，即对主体性哲学和主体性资本的双向追问。笔者以为，现代性后果不仅指向主体性哲学，更涉及主体性资本。主体性哲学是现代性思辨逻辑的核心程式，而主体性资本则是现代性社会生存本体论的重要根基。透视资本社会的历史流转过程，我们只有从货币化生活世界的资本逻辑中才能找到理解现代性后果的深刻答案。

一、主体性资本的概念诠释

资本在原本意义上无主体、主体性可言。从技术层面上说，资本是一种生产要素，亦称"可变的物质实体"。在新古典资本与生产理论中，克拉克较早提出资本是一种物质实体的观点。奈特继承了这种思路，并在此基础上作了进一步阐述和区分。庇古不仅明确提出资本是"可变的物质实体"的概念，而且还把此概念严格地公式化起来。① 但从社会层面上说，资本是一定组合的社会关系，资本与社会的链接体现在物与物交换关系背后的人与人之间的关系。作为个别的社会关系的资本，是最早流行的资本化身，它往往是零散的高利贷者或商人通过简单的资本循环，从 M 到 M′，以追求高额利润为目的的敛财工具，体现了社会的寄生关系；作为占统治地位的社会关系的资本，它是原始资本与工业资本相融合并形成一种特有的社会结构的产物，本质上是一种占有剩余劳动、剩余时间、剩余产品、剩余价值的生产关系或劳动关系。如马克思所言，"资本本质上是生产资本的，但只有生产剩余价值，它才生产资本"②。在马克思的时代，资本概念更多地指向一种对劳动者进行剥夺的畸形劳动关系，而在今天，劳动关系所表现的形式和内容比马克思的时代要复杂得多。《资本论》第三卷所诠释的资本概念更有现实意义，马克思强调了资本的变化趋势：资本的所有者与资本的经营者逐渐分离；个别资本愈来愈难以建立企业，资本之间的联合成为势所必然；个人资本的联合在股份制的粘合下往往采取社会资本的形式，它直接与私人资本相对立。加之投资主体呈现多元化发展趋势，资本已成为多样性主体利益的组合体。在当代，马克思的判断已得到证实，作为劳动尺度和剩余劳动凝结的资本，其与劳动的关系似乎变得愈来愈复杂：外在的缓和和实质性的紧张有之，试图用和平的手段处理畸形关系也有之，劳方与资方的边界界定十分模糊更有之。尽管如此，资本追逐利润最大化的禀性、资本与资本的"他者"之间的对立和资本永不遏止追求扩张的本能，并不因时代的变化而改变。

资本为什么会有主体性？第一，商品社会内生着资本的"主体化性质"。马克思在《资本论》中指出："在商品中，尤其是在作为资本产品的商品中，已经

---

① 伊特韦尔，等. 新帕尔格雷夫经济学大辞典：第 1 卷 [M]. 陈岱孙，等译. 北京：经济科学出版社，1996：359-360.

② 马克思恩格斯选集：第 2 卷 [M]. 北京：人民出版社，1995：583.

包含着作为整个资本主义生产方式的特征的生产的社会规定的物化和生产的物质基础的主体化。"① 这里的"主体化性质"意指资本对商品社会的一切对象性形式以及与此相关的生产关系、财产关系和思想关系有着主体性支配作用。资本反客为主的深层原因来自两个颠倒：商品交换的动机由人性颠倒为物性；劳动者由质的个体颠倒为纯粹的交换价值。于是，人的主体性从对抗一个异己客体世界的生命活动中被取代了，资本以目的和工具合理性的符咒窃取了主体的地位。用泰勒的"无限的绝对主体和有限的人类主体"的话语表达，资本乃是一个绝对主体的存在，"主体"代表现象化、表象、幻觉、分裂、有限、知性等非实体的执行者，而真正意义上的主体被降为一个实体的绝对的事件（载体）。实际上，资本的主体性是人对资本的幻觉和意志的反映，它既是人格化资本和资本人格化的显现，又是对人类的主体性的消解。在资本主义社会里，"人的生命就是资本；经济规律盲目地支配着世界。在李嘉图看来，人是微不足道的，而产品则是一切"②。第二，资本是一种权力，对权力的崇拜必然产生对资本的崇拜。马克思在《巴黎手稿》中指出："资本是对劳动及其产品的支配权力。"支配的力量在于"资本的那种不可抗拒的购买的权力"。③ 从形式上看，资本所拥有的权力是一种拒绝的权力、否定形式的权力，而不是一种坚持要求承认自己权利的权力。因为资本拥有者可以拒绝他人使用他的资源，但不能强制任何人与他一道工作。资本的权力直接表现为对他人使用资本拥有者资源的拒绝权力，资本拥有者可以索取准许使用其资源所应付的报酬。从本质上说，资本的权力核心地体现在它与政治权力的互通方面，并以民主、公正和自由的意识形态为明证，实现利益最大化的经济预期。两种权力的互通主要表现为：无论是私人资本家还是政府的官僚都是执行资本指令的被控制物。资本的再生产微观控制者们，其主体的决策权力与再生产体系的连贯性本身，都被整个社会资本的循环系统所控制、所编目。此时，资本的拥有者便拥有着社会控制的权力系统，同时也就拥有着对权力合法性予以解释的意识形态话语权。第三，异化是主体性资本产生的重要根据。作为社会关系的资本，它对劳动的占有表现为异化、外化。劳动异化本质地反映了在畸形的劳资关系中，劳动者的社会关系由人与人的关系变为物与物的关系，并独立于人的意识之外，且成为主导人的思

---

① 马克思恩格斯选集：第2卷［M］．北京：人民出版社，1995：583.
② 马克思恩格斯全集：第3卷［M］．北京：人民出版社，2002：248.
③ 马克思恩格斯全集：第3卷［M］．北京：人民出版社，2002：238.

想与行为的社会力量。资本的异化是社会权力同人相异化的显现：社会财富一旦集中到少数人手里，便成为左右和支配多数人的社会权力。当然，物化和异化产生的文化根源主要来自启蒙时代所提倡的一种抽象同一性的价值观的绵延，这种价值观认为"任何不符合计算和功利原则的东西都是可疑的"。

至此，可以简单地说，主体性资本就是资本作为主体所具有的性质、功能或状态。从形式上看，它是资本在对象性活动中表现出的自主性、能动性和超越性。从实质上说，它是人的主体异化的结果，它是虚假的主体性。应当指出，主体性资本就其积极意义而言，它曾推进了西方的现代化历史进程，创造了巨大的物质财富，但是，主体性资本的深层本质还有另一景观：在现代性中，资本的现实性确认乃是资本自身日益增长的精神化过程。它构成了从多样性生存世界中实现统一的精神活动的本质。在生活世界的深处，我们可以看到，主体性资本已成为当代社会各种弊端的罪魁祸首。它对人性、自然或他者的摧残，不可遏止地引发并激化了不同文化观、价值观的民族或国家之间的矛盾、对抗和战争。资本由客体属性逆转为客体对主体的控制，并直接变为主体性存在，其严重后果还在于：在物质品流动领域，资本通过交换价值和等价原则的市场交易制度，把世界编目为一个定量价值的同一性存在，有了资本似乎就可以兑换一切、占有一切、改变一切和创造一切。在精神现象领域，资本通过对日常生活的不断抽象，把人性的贪婪和占有欲，通过人的精神想象、虚无化、符号化的运作，在权力张力与资本张力的驱动下，直接变为资本的意志，资本成为最高级别的绝对精神和神圣主体。它激活了人的天性，但同时也剥夺了人类的天性和权力，把人类变成了疯狂的财富追逐者。令人始料未及的是，连后现代性也难以摈弃和超越现代性这一后果。人类遭遇主体性资本的命运，反映了人类当下历史进化的过程性及局限性。

二、主体性哲学与主体性资本的双向追问

主体性哲学的启蒙与发展，离不开主体性资本的发育和生成。西方建构主体性的方式离不开人的欲望的驱动。近代货币向资本的转化，最集中地显示了人类由欲望驱动着从"神性的主体性"向"俗性的主体性"过渡的事实。货币向资本的转化客观上促进了近代西方传统的宗教和形而上学的解体，从一神教和价值绝对主义过渡到多神教和价值相对主义。毋庸置疑，任何重大的经济变迁本质上都是重要的精神文化事件。它对人的内在生活、精神品格有着直接性影响。货币向资本的转化离不开三个方面的转变：一是货币交易的性质和规模

从零散的私人借贷转向具有社会性质的金融交易和产业投资行为，货币被作为生产的预付或生产要素，并且成为循环生产的首要条件；二是"乡土不二"的农民大量进入城市并成为产业工人，使货币购买劳动力商品成为可能；三是中世纪的神性故事直接或间接地返回指向生活。日常生活的核心内容由神性体验转向俗性劳作，蒙昧的无欲时代过去了；按照人的自然权利，每个人都可以欲求自己应该有的东西。社会被一种"合理化"的制度体系和责任伦理标准所定义，个人追求自利行为的最大化乃是理性的行为。货币向资本的转化带来了如此后果：人类被抛入一个经济目的论的序列中，人的本能驱使和有目的的努力两极相通——一方面，在单纯的机械程序和本能中，资本作为被强化的工具手段激活了人性所拥有的贪婪和疯狂的占有欲。有了资本，人的心理就会涌动巨大的能量并尽力要求把它释放出来，在经验的世界里表现为行为的冲动或资本的扩张欲。没有资本，也会带来人的心理能量的沸腾，对资本的想象会加剧心理渴望和行为的冒险，以及积累欲的膨胀。另一方面，在有意识目的引导的过程中，资本作为主客体之间有意识互动的目的性行动，显示了人的生命的形而上的努力。货币的发明和运用只是证明作为一个主体而存在的意识已经变为一种客观化的东西了：尽管它是作为主观价值统一体的标准化而存在着，但它代表了人类精神劳作的一种尺度和水平——对异质性世界的整合，货币至少能起到"平均化、量化和客观化"的作用。而资本的生成和发展却证明了，在中世纪货币的放债取利违背教会的训诫，"世俗的东西"被认为只是恶；由资本建造的近代实业和工艺则诱发了精神在读写"世俗的东西"的同时发现了其内在的真理的东西：人类的贪婪、情欲、欲望是历史发展的真正杠杆；欲望的主体是精神反思的真正前提，"我欲故我在"，故"我思故我在"。

应当看到，主体性哲学只有通过主体性资本的解读，才能触及该哲学的真正历史空间——个性化的自由人性和多样化的自由市场需要自由精神哲学的启蒙；才能破译绝对哲学的理性与绝对市场的公理两极相通的内秘——"绝对"意味着对理性经济人预设前提不加批判的默认，意味着把资本和资本制度动态的、有条件的分析系统还原为始基的、无条件的逻辑符号和逻辑运算，意味着哲学的逻各斯中心主义与资本的逻各斯中心主义有着彼此契合的关系；才能领悟绝对精神为什么从异化自然扬弃又永不返回自然的原因——资本原始积累和非理性扩张离不开对对象化自然的野蛮征服和掠夺；才能理解绝对精神为什么要消解人的主体性、把人变成精神"玩偶"的目的因——主体性资本要无限量地使之为其服务和受其奴役的社会"他者"，他们只有自然的生命节律，却失去主体性存在的神髓；才能发现强势的精神主体只有被指认为是现存的、可感的、可量度的和可通约的，才具有真正时代精神的感召力这一道理。

三、主体性资本的四个特征

（一）资本的"自因"说

它主要反映了感知资本的某种幻象：终极存在、反客为主。梅扎罗斯在《超越资本》一书中指出："资本在结构上不能把原因作为原因来表述的理由——与把所有新产生的挑战和复杂因素当作多少可以成功地操作的结果相对照——是因为它恰好是其自身的原因基础：一种真正不合理的'自因'。"① 在笔者看来，这种不合理的"自因"包括三层意思：一是资本自身存在的合理性与合法性无须资本以外的证明，资本就是它自身存在的根据；二是资本是世界上唯一存在的真实话语源头，它拥有着对一切存在加以解释和定义的特殊权利；三是资本与道德伦理价值无涉，任何善与恶、美与丑、正义与邪恶、真理与谬误的判断在它面前都是可通约的、可诠释的。资本的"自因"说首先来自资本有着辉煌历史的事实；资本的神力带来了人对资本的迷信，带来了意识形态化的资本教条。其次来自如此铁律：作为社会关系的资本，除了它与权力产生互动外，多数与创造利润有关，马克思把它称为由"剩余时间"而兑换出的"剩余价值"。此外还来自人们对资本神奇的社会功能的心理崇拜和认知幻觉：资本似乎能够为所有者挣得收入并实现其难以实现的目标；资本似乎可以通过对人的意志、欲望和需要的满足，改变所有者的原有生存观念和价值观念；资本似乎可以通过经济对政治的渗透与兑换、还原政治的利益本质，来改变利益集团的政治主张和意识形态倾向。当代西方学者提出的"帝国资本""资本帝国"的概念或学说，说明在一些人的眼里，世界似乎已完全资本化，资本对世界的通约已经把世界完全物化和异化。资本已成为斯宾诺莎式的"实体"，资本世界的一切都处于错综复杂、无穷无尽的因果联系中，它们存在和变化的原因都在资本本身之中。资本既是世界的唯一真实存在，又是资本自身存在的原因。

资本的"自因"说在深层次上暴露出主体性资本产生的认识论根源：人类所拥有的一种狭隘的资本世界观——把资本偶像化，编造资本是自我创造的主体的神话；把从资本中提出来的"功能"偶像化，编造资本是"非历史的"、

---

① 梅扎罗斯. 超越资本（上）［M］. 郑一明，译. 北京：中国人民大学出版社，2003：155.

自外于时间的东西的玄学。由此断言，在货币化生存世界的群体无意识中，资本仍然处在遮蔽自身的状态之中。即使有关澄明资本存在的真理，在马克思的《资本论》、西美尔的《货币哲学》和梅扎罗斯的《超越资本》中有过深刻揭示，但思想家们的诊断意识是一回事，而世界范围内至今所持有的资本幻觉的集体无意识却是另一回事。这说明了如此事实：人类进化的历史至今是不充分的。现代性造成的最大幻象莫过于资本幻象。如美国学者道格拉斯·凯尔纳编写的《波德里亚：批判性的读本》中所言："这个年代对符号的喜爱胜过了对所指物的喜爱，对复件的喜爱胜过了对原件的喜爱，对幻想的喜爱胜过了对现实的喜爱，对表象的喜爱胜过了对本质的喜爱，……只有幻象是神圣的，而真实是亵渎神明的。"① 在资本的幻象中，资本和劳动的关系是全部现代性社会体系所围绕旋转的轴心。通过这一轴心，可以"把现代社会关系的全部领域看得明白而且一览无遗，就像一个观察者站在最高的山巅观赏下面的山景那样"②。

（二）资本的"脱域性"

它主要反映了资本追求扩张别无选择的禀性。这里的"脱域"意指发展的内在规定性向外部空间的延伸或突破。吉登斯在《现代性的后果》一书中谈及货币的脱域（disembeding）问题。在他看来，脱域是指社会关系从彼此互动的地域性关联中，从通过对不确定的时间的无限穿越而被重构的关联中脱离出来。脱域内在地包含于现代社会制度的发展之中。货币的脱域正在于"货币是时-空伸延的工具，它使在时间和空间中分离开来的商人之间的交易成为现实。"③ "现代社会最具特色的脱域形式之一是资本主义市场（包括货币市场）的扩张，从其早期形式向现代国际性规模的发展。'货币'是这些脱域形式卷入的空间伸延的整体部分所不可缺的。"④ 笔者以为，资本脱域性与货币脱域性有着某些类似之处：在市场价格的驱动下，两者的流向和流速似乎都不背离理性最大化的原则。所不同的是：资本脱域性受制于资本内部动力的压力，受制于从根本上来自扩张性的 M-C-M' 进程施加的压力。

资本脱域性概括起来主要有四个特点：一是它集中地表现在资本的力量能够根除并摧毁以地方为限的地域忠诚和纽带。换言之，资本不知道国家界限的

① 波德里亚：批判性的读本 [M]．陈维振，陈明达，译．南京：江苏人民出版社，2005：57.
② 马克思恩格斯全集：第21卷 [M]．北京：人民出版社，2003：363.
③ 吉登斯．现代性后果 [M]．田禾，译．南京：译林出版社，2000：21.
④ 吉登斯．现代性后果 [M]．田禾，译．南京：译林出版社，2000：23.

存在，它总是从周围吮吸着剩余，而使周围变得衰弱。资本在通过雇佣劳动和全面同质化的市场交换的过程中，能够使历史时空坐标的原有排序成为多余，并且通过对异质性空间进行再改变与再转换，使作为意志的资本与作为物质的资本彼此结合起来。二是资本能以抽象符号的形式从单纯的物质运动领域脱域到精神意识领域，从屈服现实的经济规律脱域到按心的规律读写的范畴形式。资本对人的内心世界以及个人生命力的影响是巨大的。在私有制社会，经济规律中的资本由于存在着劳动与资本之间的对立，即私有财产的主体的本质（劳动者无偿的劳动）和作为劳动之排除的资本即客观化了的劳动之间的矛盾，必然带来资本在新的规律中的反映；占有资本和丧失资本都会引起心理事件的发生。三是资本构造了以资本为中轴的特定社会制度；激活资本的绝对界限，资本便成为绝对的存在。在资本的等级制命令结构中，所有人的生活机会均按照他们所属的社会群体的实际地位来决定。由于资本首先是一种先于自身存在的为私人资本家操纵的控制方式，因此，资本所生成的制度不仅规定了在全社会范围内资本是安排生产或分配剩余的手段，而且也是保护特定私人权利的盾牌；规定了由商人变为资产阶级意味着原有的社会经济力量已扩展为社会政治力量，在社会经济和政治之间建立起一种历史上无法想象的资本与政治相契合的制度。应当说，资本的"脱域性"主要源自资本的内部动力的压力：个体资本必须防备为其他资本家夺得这种持续存在的危险。由于社会制度结构方面的变化（如公共部门的扩大），由于市场机制愈来愈不稳定，由于科技新发展导致的生产技术、设备、工艺乃至产品研发不断更新的节奏，由于市场需求和偏好的变化速率愈来愈快，资本被强制分解而重新夺回的前景非常难以确定，它必然导致资本主体间竞争的加剧，必然引发惨烈的外部扩张运动。

（三）"普遍永恒资本"的教条

它主要反映了资本的时间意义和作为一种意识形态理论教条的资本解读之信念。主体性资本在时间的绵延上显示了它的张力。从近代启蒙运动到现在，不少西方学者在理解资本的时间意义上持有"永恒资本"的观点。其认识的幻觉主要来自两个方面：

一是把利己主义个人存在的行为根据作为解决世界历史进化的普遍性与特殊性矛盾的动力因，相信一种在经济上高效率的系统就已经是一个好的或有道德的永恒理想社会了，而经济就是社会的全部内容。在黑格尔看来，资本、资本制度的逻辑抽象过程和历史发展过程，与世界精神自我实现的普遍性保持绝对的和谐。资本的永恒性来自绝对哲学的如此证明：（1）自我意识不应当是原子式的个人，而应当是具有"交互性确认"的能动式个人，这种交互性确认结构是通过一个整体性契约和交换体系来实现的。黑格尔在正确理解资本主义这个十分重要的经济范畴方面显示了智慧，但遗憾的是，在他眼中，一切社会关系不是被视为生产过程中的关系，而是被看作交换过程中的关系、买卖关系。交换关系成为社会全部关系的灵魂，资本的永恒观念的存在也就不难理解了。（2）客观精神的辩证运动离不开普遍性与特殊性的互动。资本实存着历史进化的普遍性与利己主义的特殊性之间的矛盾。资本的颠覆性在于，它的运动可以直接导致理性本身多元异质性的价值分化，使理性逐渐失去自身的普遍性。黑格尔批评柏拉图企图用单纯的普遍性原则来泯灭特殊性及个别性存在的意义，使普遍性变成"抽象思想的幻想"，实际上"特殊性的原则，正是随着它自为地发展为整体而推移到普遍"。① 这里的"特殊性"意指没有节制的、没有尺度的个人欲望及由欲望所导入的恶的无限；所谓"自为地发展为整体"就是"每一个特殊的人都是通过他人的中介，同时也无条件地通过普遍性的形式的中介，而肯定自己并得到满足"②。实际上，市场经济的交换本质只不过是两种或两种以上产权的相互让渡。交换的成功意味着不同个体通过社会普遍形式的转换而得到自我价值的确认和实现。黑格尔的上述理念只不过是对一种建立在私有制市场、生产契约和交换自由的基础上，以及建立在个人自由和自利基础之上的自发经济制度的合理性与合法性的逻辑证明。"整体"的概念意指资本及其资本的制度。正是从这个意义上，黑格尔指出："通过辩证的运动，主观的利己主义借助普遍转化为特殊的中介，因此，每个人在为自己获取、生产和享受时，实际上是在为任何其他人的享受而获取和生产。造成这种精神的强制根源于每个人对全体的复杂的相互依赖，它现在将自身向每个人展示为普遍永恒资本。"③ 可见，黑格尔绝对哲学的历史逻辑与观念中最有价值的思想在于，他在近代哲学中把人类的主体自由从实质性共同体的奴役下或者自然的野蛮的给定性下解放了出来，又进一步揭示了历史进化的动力因：恶的历史作用。（3）从资本的经验类推来说，"普遍永恒资本"的教条只是规定性的绝对哲学原理，它涉及实体性、因果性和相互作用的范畴，这些类推相应于三种时间样式，即绵延、持

---

① 黑格尔. 法哲学原理［M］. 范扬，张企泰，译. 北京：商务印书馆，2009：228.
② 黑格尔. 法哲学原理［M］. 范扬，张企泰，译. 北京：商务印书馆，2009：224.
③ 梅扎罗斯. 超越资本（上）［M］. 郑一明，译. 北京：中国人民大学出版社，2003：32.

续和共存。在一些人看来，永恒性的资本实体是一个在时间中可感知的不变者、一个时间中的某物。如康德所言，永恒者是时间自身的经验表象的基体。时间的任何规定只有在这个基体中才成为可能。资本的永恒性是生活世界的一切存在、一切变易、一切并存的相应的住所。对资本永恒性的感知只有通过在我之外的一物才可能，而非仅通过在我之外的一物的表象所知晓。

二是资本不是人为设计的结果，它是自然秩序的市场经济的产物，自然秩序的永恒性决定了资本的永恒性。一些国民经济学家认为，市场的特点是"秩序"，这种秩序比之用经过慎重考虑在各个个人的活动之间取得协调一致的努力所能够解释的更为错综复杂。经济学正是将这种秩序作为研究的主题。它所遵循的规则系统是进化而非设计的产物，而且这种进化的过程乃是一种竞争和试错过程，因此任何市场中盛行的传统和规则系统以及各种制度都是这一进化过程的结果。正是在这样一种经济哲学抽象教条的示导下，资本的永恒性有了先验逻辑的脚注。资本也不例外，人们不是先设计了资本才有资本制度的产生，而是在市场的天然秩序中形成了资本和资本的制度。它也是无数按自己的计划追求各自之目标的个人的集体无意识的结果。当然，经济学家们也承认，把"交往、物品交换和交易"的倾向与"思考和言语"的天赋联系起来很有必要。资本既是客观的无意识行为，也包含着主观的评价过程。有不少经济学家在论断中采用的方式是非常奇怪的。他们认为世界上只有两种制度：一种是人为的，一种是天然的。封建制度是人为的，资本制度是天然的。马克思为此指出："经济学家所以说现存的关系（资产阶级生产关系）是天然的，是想以此说明，这些关系正是使生产财富和发展生产力得以按照自然规律进行的那些关系。因此，这些关系是不受时间影响的自然规律。这是应当永远支配社会的永恒规律。于是，以前是有历史的，现在再也没有历史了。"[1] 该错误的实质正在于："把社会的一个特定历史阶段的物质规律看成同样支配着一切社会形式的抽象规律。"[2] "把表现在物中的一定的社会生产关系当作这些物本身的物质自然属性"[3] 应当指出，马克思第一个打破了永恒资本的符咒，成为超越古典经济学形而上学传统的经济学家和哲学家。他的历史哲学的分析视角，使得他所运用的一切经济范畴都被注入了过程性、流变性、历史性的"时空坐标"，永恒的货

---

[1] 马克思恩格斯全集：第4卷 [M]．北京：人民出版社，1958：154.

[2] 马克思恩格斯全集：第33卷 [M]．中共中央马克思恩格斯列宁斯大林著作编译局，译．北京：人民出版社，2004：15.

[3] 马克思恩格斯全集：第49卷 [M]．北京：人民出版社，1982：56.

币、永恒的资本、永恒的资本制度都被视为将在"凡是现存的一切都是注定灭亡的"历史必然性中消解和融化。在马克思看来，资本的社会功能只是在抽象状态中才处于历史之外、与过程相对立，而在资本的现实运动中，则是历史过程本身的不同方面、不同形式和不同结果。资本在其历史必然性的范围内展现着功能，同时又以自身的历史实践不断生成着必然更替的种子。

（四）资本的"他者"设定

在后结构主义的语汇中，"他者"（英文为 Other；法文为 autre）包含有两层意思：一是认识论中的客体，二是被主体所排斥和压抑的异质。资本在其自身内就包含自身的区别，包含对立物。资本的一般规律表明：资本与劳动之间的社会关系从根本上是矛盾的，甚至是对抗的，它决定了资本有着自身的内在否定性。资本的社会运动产生了资本与"他者"的关系，资本的"他者"是一个相对的概念：就劳资关系而言，意指作为人格化的资本——资本家所雇佣的劳动者；就资本的个别性而言，意指构成与某一特定资本相竞争的他人资本。本文所涉及的"他者"主要指"劳动者"。

资本的存在只有通过它同他者的关系，才对它说来成为对象性的、现实的关系。劳动者既是资本主观性的显现，更是资本的异质者。劳动者只有当他对自己说来是资本演化过程中的一个"零件"的时候，他才作为劳动者而存在；而只有当某种资本因"他者"的劳作而获得存在的时候，它才是资本。资本的他者有着双重的自我意识：第一，他丧失了他自身，因为他发现自身的存在被指向另一个东西，他必须扬弃这个东西，才能确立和确信他自己的存在；第二，扬弃对方同时也扬弃了他自己在对方中的存在，使对方获得了满足。因此，他者的运动就是资本的运动，资本只有通过不断地操纵"他者"才能获得自身生命的存在。资本的"他者"是资本的对象化存在，通过资本与其"他者"关系的思考，可以发现通常情况下资本有着血腥的征服、阴毒的怀柔或貌似入情入理的整合"他者"的本性。在资本主义社会，资本的"他者"设定，实际上规定了资本内在逻辑中的主宰与被主宰、剥削与被剥削、占有与被占有的劳资关系。

在笔者看来，现代性通过资本与其"他者"的矛盾运动，显现出四个方面的特征：一是现代性将资本与他者共同注入利益最大化的市场运算的程序中，两者均被格式化为抽象的实体，并降格为一种单纯的数字符号表达形式。对资本而言，它不断促逼着资产者以投资意志和利润指标把现实当作经济持存物来解蔽；对他者而言，一切劳作都被视作一个可计算的力之关联体来加以追逐，而资本的本质性的东西到处都最为长久地保持着遮蔽。资本已使现实的生活世界越来越趋于形式化、公式化和计量化。二是在货币化生存世界中，他者的地位和角色处于深刻的二元对立状态。一方面，他者在努力消除劳资关系、雇佣关系所带来的不合理的处境，在生理上通过集体行为的拒斥或消极怠惰，在精神上通过冷漠或非理性的情绪发动，尽可能地将否定性心理倾向投射到一种选定的目标上；另一方面，他者又本能地卑躬屈膝、趋炎附势地甘为资本奉献"剩余时间、剩余劳动"，有的甚至成为压迫同类的某种程序化的工具。这种自觉自愿的劳作来自一种企图：唯有当下的顺从和勤劳才能改变当下的命运。实际上，正如他们的不确定是不可避免的一样，这种努力注定是没完没了的。三是"异化"通常在现代性进程中作为资本的他者的命运而经验。其特点是，异化的某种不在场支配着他者的异化经验。马克思曾指出，异化既表现为劳动者的生活资料属于别人，劳动者所希望的东西是劳动者自己不能得到的，是别人的所有物；也表现为劳动者与劳动产品相异化。异化还表现在他者的对立面——资本家自身的异化上：一方面，把别人的奴隶劳动、人的血汗看作自己的贪欲的虏获物，因而把人本身——因而也把他本身——看作毫无价值的牺牲品，把人的本质力量的实现仅仅看作自己放纵的欲望、古怪的癖好和离奇的念头的实现；另一方面，财富又被仅仅看作手段，看作应当加以消灭的东西。因而，资本家既是自己的财富的奴隶，同时又是它的主人；既是慷慨大方的，同时又是卑鄙的、傲慢的和好幻想的。四是当代资本对"他者"的控制出现了新形式：利用高科技的手段和心理实验规律，针对不同"他者"的差异，有效地实施权力监控和约束，其目的是用不可言明的方式使"他者"默默无闻地为资本服务。它表明，当代他者的异化通常以退隐的方式存在着。福柯曾用"规训"概念来表示理性对作为他者的非理性所实施的权力关系的新特质。在他看来，当代资本对他者的权力行使，更多的是多维意义上监视，而不是某种制度仪式。如全景敞视建筑是一种分解观看和被观看二元统一体的机制。该机制在安排空间单位时，运用电子设备和各种窥视手段，使控制对象可以被随时观看和一眼辨认。它使权力自动化和非个性化：权力不再体现在某个人身上，而是体现在对于肉体、表面、光线、目光的某种统一分配上；它使权力抛弃外在的物理压力，而趋于非肉体性。如边沁提出一个原则：权力应该是可见的，但又是无法确知的。所谓"可见的"，即被监视者应能够不断地目睹着窥视他的中心了望塔的高大轮廓；所谓"无法确知的"，即被监视者应该在任何时候都不知道自己是否被窥视。现代社会往往根据某种有效的策略，把种种异质性的暴烈力量，把理性的他者转换成维护理性地位和权威的温驯而有用的工具。在资本的早期发育时期，资本的绝对标准、资本的制度形式尚未完全确立，他者被约束、被控制的感觉形式表现为：一种非人性的压迫力量和一种麻木顺从的行为惯性互为交织。随着资本时代的到来，资本与他者的关系被定义为：理性的专断；排斥与沉默的他者。透过一整套技术方法的采用，现代的他者被控制度虽然有着重心理方面的倾向，但心理的突出、肉体的缓和只不过是更具有"狡计"的肉体控制技术，它服从一种新的"关于肉体的政治经济学"：权力触及个体的细胞，通达他们的肉体，并将寓于他们的姿势、他们的态度、他们的话语、他们的培训、他们的日常生活之中。（福柯语）惩罚的心灵化、人性化和宽容只不过是一种更精致的权力技巧，它丝毫不意味着资本与他者的内在矛盾已得到了人道主义的解决。

原文：《现代性后果：从主体性哲学到主体性资本》，原载《哲学研究》2006 年第 10 期。

第六章　论财富

　　从危机与财富的社会形式的勾连、财富扩张的哲学教条与政治谱系的历史解构以及财富幻象中的金融危机的精神现象学等三个方面，对国际金融危机进行财富哲学反思，将明证马克思经济哲学思想的当代意义，同时为揭示金融危机背后的深层历史进化论问题提供重要思路。近代发育的财富扩张的哲学教条与西方政治谱系的价值同构，乃是该文化的历史精神的沉积，华尔街金融体系的财富观与之有着思想体系的共同性，它是这种精神沉积物的执行者，同时又是意志方向的继承者和共同承担者。马克思的《资本论》中的诸多原理和预见至今仍然拥有其科学性，度量财富的公平与正义，只有在"每个人的全面发展"的社会制度条件下才有可能。

　　由美国次贷危机引发的国际金融危机，使当代世界由于金融活动所广泛伸展的"证券化"过程而被悬置了存在的意义。危机不仅改变了华尔街的模样，更是让美国乃至全球深刻体验了从 20 世纪 30 年代大萧条以来空前严重的财富缩水效应。探究这场金融危机的深层本质，与其说它是一组概念，不如说是一种需要澄明的历史状况和当代人生存境遇的精神现象学读写。如马克思所言："分析经济形式，既不能用显微镜，也不能用化学试剂。二者都必须用抽象力来代替。"① 本章主要从危机与财富的社会形式的勾连、财富扩张的哲学教条与政治谱系的历史解构、财富幻象：金融危机的精神现象学解读三个方面作以探讨，旨在明证马克思的经济哲学思想的当代意义，同时为揭示金融危机背后的深层历史进化论问题提供重要的思路。

---

　　① 马克思恩格斯全集：第 44 卷［M］．北京：人民出版社，2001：8.

第一节　危机与财富的社会形式的勾连

"货币—资本—财富"乃是资本主义制度的内在逻辑，整个社会制度的运作，都紧紧围绕着这个逻辑轴心而展开。资本主义发端于货币向资本的发育，成熟于资本化抽象财富的诞生，危机于抽象财富与有形财富的严重背离。从社会的流转形式来看，资本是货币的货币，资本的循环运动乃是追逐剩余价值，即财富的积累与扩张。在资本主义社会，财富的社会本质是不平等，它内在地实存着五大矛盾：少数人富有与多数人贫困，作为资本的财富与作为权力的财富；财富的私向化属性与财富的社会化属性；财富的实体与财富的意识，或作为使用价值的财富与作为精神意向性的财富；作为差异性的知性财富与作为否定性的理性财富。进入金融资本主义时代后，抽象财富遮蔽了剩余价值的传统生产范式，危机与财富的社会形式的勾连出现了极为复杂、极为新颖的内在程式。

经济学的"危机"一词，主要与马克思的《资本论》相联系。尽管也有其他学者的不同解释，但此概念的学术指向仍然是马克思所圈点的资本主义社会。危机意味着资本积累过程的中断，或指由资本更新和扩张的过程被打断所引发的金融领域重大崩溃的情形。马克思从经济哲学的角度，曾对资本主义生产方式爆发危机的原因作过深刻地揭示：资本的 M—C—M 循环决定了危机发生的可能性，以追求交换价值为目标的资本的盲目扩张运动，内在地生成着生产过剩的困境。尤其是"商品内在的使用价值与价值的对立，私人劳动同时必须表现为直接社会劳动的对立，特殊的具体的劳动同时只是当作抽象的一般的劳动的对立，物的人格化和人格的物化的对立，——这种内在的矛盾在商品形态变化的对立中取得发展了的运动形式。因此，这些形式包含着危机的可能性"①。从可能性转换为现实性主要取决于生产的内部和外部条件的影响度。只有在世界资本主义金融体系范围内，一个接一个的支付的锁链被中断，抵消支付的人为制度被新情况所严重困扰，才会出现金融危机。马克思在《资本论》中精辟地区分了两种货币危机的存在。一种是"任何普遍的生产危机和商业危机的一个

---

① 马克思恩格斯全集：第 44 卷 [M]．北京：人民出版社，2001：135．

特殊阶段";一种是"特种危机",它"可以单独产生,只是对工业和商业发生反作用。这种危机的运动中心是货币资本,因此它的直接范围是银行、交易所和金融。"① 显然,马克思所说的"特种危机"与当下国际金融危机在事件发生的"基因"原理方面,有着家族相似之处。

危机与财富的社会形式流转状况有着深度的关联。作为质料因的财富与作为形式因的财富之间的严重背离是危机发生的直接根源。所谓质料因的财富,意指财富赖以存在的物质实体构成,即有形财产的规定性。在金融领域,这种有形财产通常被指认为金银。随着银行制度的出现,财富的社会性质的独立体现和表现,发生了根本改变。早在 19 世纪下半叶,马克思在《资本论》中有过如此预言:"银行制度从私人资本家和高利贷者手中夺走了资本的分配这样一种特殊的营业,这样一种社会职能。但是这样一来,银行和信用同时又成了使资本主义生产超出它本身界限的最有力的手段,也是引起危机和欺诈行为的一种最有效的工具。"② 其欺诈行为突出表现在信用处在不完全信息状态下的市场交易中。马克思这一精辟预言曾被丹尼尔·贝尔在《后工业社会的来临》著作中加以引述,并作为马克思的《资本论》与当代资本主义发展逻辑最相近的思想原理之一。③ 所谓形式因的财富,意指被当作财富化身的客体的特殊变体。在资本主义生产体系中,作为财富的社会形式的信用,乃是财富的特殊变体,它极易表现为单纯想象的东西。马克思指出:"作为财富的社会形式的信用,排挤货币,并篡夺它的位置。正是由于对生产社会性质的信任,才使得产品的货币形式表现为某种转瞬即逝的和观念的东西,表现为单纯想象的东西。但是,一当信用发生动摇——而这个阶段总是必然地在现代产业周期中出现,——一切现实的财富就都会要求现实地、突然地转化为货币,转化为金和银。这是一种荒谬的要求,但是它必然会由这个制度本身产生出来。"④ 信用意味着财产权的让渡,以交换在将来的某一特定时刻对另外财产的所有权。信用古怪而且非常微妙,因为它是自觉自愿的,依赖于期望与担心这样一些感情,对未来事件的当下约定,在应对的形式上,尽管形式上依托物质的本体,但信用自身的魔力正在于它有着观念对观念、精神对精神的博弈与选择,理性狡计往往充斥其间,道德风险不言而喻。在马克思看来,资本主义的信用发生严重动摇其深层原因

---

① 马克思恩格斯全集:第 44 卷 [M]. 北京:人民出版社,2001:162.
② 马克思恩格斯全集:第 46 卷 [M]. 北京:人民出版社,2003:686.
③ 贝尔. 后工业社会的来临 [M]. 高铦,王宏周,等译. 北京:商务印书馆,1984:71.
④ 马克思恩格斯全集:第 46 卷 [M]. 北京:人民出版社,2003:650.

在于：资本主义生产的直接目的是获取抽象财富，即资本。而不是占有其他的产品，或撷取其他使用价值。一方面，信用制度是促使资本主义生产方式发展到它所能达到的最高和最后形式的动力；另一方面，过分充盈的追求抽象财富的信用膨胀欲望最终使得"信用与财富构成一起死亡"的命运的到来。如马克思所言，"昨天，资产者还被繁荣所陶醉，怀着启蒙的骄傲，宣称货币是空虚的幻想。只有商品才是货币。今天，他们在世界市场上到处叫嚷：只有货币才是商品！他们的灵魂渴求货币这唯一的财富，就像鹿渴求清水一样"①。信用膨胀意味着，财富的社会形式，作为一种物品而存在于财富之外，形式的运动大大突破了物质内容的限制，形式对质料的无度超越，除了赋予质料的相对价值外，形式的主观性大大突破了财富运动的物质内涵与外延。正是作为质料因的财富与作为形式因的财富之间的严重背离，金融危机的爆发也就明效大验了。

当代资本主义已走向"金融化"的最新形式，美元—华尔街金融体系乃是西方资本聚集的最强大堡垒，是全球金融资本流转的重要枢纽。这里有传承数百年的西方资本经营制度，有玩转财富过山车的金融超一流的技能和精英群体，有操纵全球资本运营的智能化网络系统，尽管这次危机距离 1929 年爆发的危机时间间隔较长，但正如恩格斯所言："每一个对旧危机的重演有抵消作用的要素，都包含着更猛烈得多的未来危机的萌芽。"② 所谓有抵消作用的要素，意指全球经济、金融一体化的现实，以及市场自由运作的内部可调节功能，为什么这些功能的存在仍然避免不了"更为猛烈的未来危机"呢？马克思的预见是深刻的：以资本为轴心的社会制度，总逃避不了如此事实：资本的秉性是占有剩余，社会财富的动力是少数人对多数人的剥夺。在《资本论》第 3 卷中马克思更为深刻地指出：货币资本一旦被证券化、虚拟化、资本化后，便成为"幻想的资本价值的积累"③，"在这种信用制度下一切东西都会增加一倍和两倍，以致变为纯粹幻想的怪物一样"，"想像的财富"成为心中的神物，"这类人的财产的积累，可以按极不同于现实积累的方向进行，但是无论如何都证明，他们攫取了现实积累的很大一部分"。④ 因此"一切现实的危机的最后原因，总是群众的贫穷和他们的消费受到限制，而与此相对比的是，资本主义生产竭力发展

---

① 马克思恩格斯全集：第 44 卷 [M]．北京：人民出版社，2001：162．
② 马克思恩格斯全集：第 46 卷 [M]．北京：人民出版社，2003：554．
③ 马克思恩格斯全集：第 46 卷 [M]．北京：人民出版社，2003：531．
④ 马克思恩格斯全集：第 46 卷 [M]．北京：人民出版社，2003：535，541，542．

生产力，好像只有社会的绝对的消费能力才是生产力发展的界限"①。显然，贫穷与富有两极分化的尖锐矛盾，尤其是，世界创造财富之多并高度集中与财富两极急剧分化不断加剧，是危机生成与爆发的最终原因。

反思危机与财富的社会形式的勾连机理，我们得到如此启示：《资本论》诸多原理和预见至今拥有其科学性。如，资本主义社会根本矛盾没有改变；资本主义周期性内在危机爆发的铁律没有改变；资本向世界扩张的秉性没有改变；人的异化与社会的畸形发展现象没有改变。如马克思指出："这些规律本身，在于这些以铁的必然性发生作用并且正在实现的趋势。"②

第二节　财富扩张的哲学教条与政治谱系的历史同构

金融危机彰显了一个很重要的政治哲学问题：财富扩张的哲学教条是如何通过政治谱系的历史同构将资本主义的制度设计加以证伪的。金融危机发生的节律深受西方制度文化的牵引，其中近代发育的财富扩张的哲学教条与西方政治谱系的价值同构，乃是该文化的历史精神的沉积，它不断地被唤醒，并与社会的思想和思想的社会相联结。不难看出，华尔街金融体系的财富观与之有着思想体系的共同性，应当说，它是这种精神沉积物的执行者，同时又是意志方向的继承者和共同承担者。我们应当根据这种被回忆起来的整体统一，实行目的论的历史考察，揭示危机背后实存的存在的必真性，因为从本质上说，每一个原初的创立都包含有被指定给历史过程的最终的创立，如果我们不破译它的谱系或描绘它的起源，华尔街金融危机的深层本质是很难被破译的。

一、财富概念的起源与私有制社会财富的社会本质

在原始公有制社会，对剩余产品赋予财富的概念是无意义的，因为，财富是为社会分工所积累，是剩余产品积累形式的两极分化而导致的社会不公和财产稀缺性的认定，也是人类由无意识的交换行为向自觉的交换行为过渡的结果。古代的财富观，随着原始公有制后期的"剩余产品"流转而发育，它的积累过

---

① 马克思恩格斯全集：第46卷 [M] . 北京：人民出版社，2003：548.
② 马克思恩格斯全集：第44卷 [M] . 北京：人民出版社，2001：8.

程便是财富及其财富观念形成的过程。剥夺与被剥夺、占有与被占有、平等与不平等乃是其间过程的历史特征，对"剩余产品"的产权化、私有化的确认，"剩余产品"才获得社会制度框架内所能定义的"财富"概念的内涵。此时的财富特指被私有化、产权化的"有形财产"。因此，早期财富的形成是阶级形成的明证，社会私有制产生的根据，社会不平等起源的度量衡。由此推论，在私有制社会，财富的社会本质是"不平等"。正是不平等地对待剩余产品，才会使得具有私有产权性质和社会属性的财富得以诞生；也正是因为这种不平等，才使得财富的意识形态变成等级社会制度的合理性与合法性的重要证明；更是因为这种不平等，财富才成为少数人持有的"财富幻象"、社会两极分化的直接原因。

早期人类更多地受"恶的历史驱动"，财富的占有与支配，成了疯狂贪婪地争夺"剩余产品"的战争。如柏拉图所言，所有战争都是为了得到钱财而发动的。① 凡勃伦也指出，财富起源于"所有权"意识：首先是妇女，其次是奴隶，再次是没有生命的东西。拥有财富意味着对战利品的拥有并被赋予荣誉。② 在《理想国》里，财富意味着万恶之源，拥有财富的人不可能同时是有德行的人。对财富的关心应当被列入最后一位，排在位于对心灵与肉体关怀之后。理想的共同体应当抛弃"所有权"意识。理想国如若走向衰败，它一定与财富积累有关。③ 古代的财富观，之所以有着强烈的道德否定意识，一是由于习俗经济的社会，权力配置社会资源是它的主导特征，权力对财富是直接占有、直接剥夺、直接兑换的关系，因此，拥有权力的阶层不必为财富的市场流转的技巧而劳作，权力只对财富的生产结果关心，而对财富生产的过程投以等级制观念所特有的鄙视态度。

二、马基雅维里等思想家开创了西方政治谱系中由信仰动力论向财富动力论的坐标转换

随着货币向资本的转换，神性的人向俗性的人的转变，近代以资本为轴心

---

① 斯皮格尔. 经济思想的成长（上）[M]. 晏智杰、刘宇飞，等译. 北京：中国社会科学出版社，1999：14.
② 斯皮格尔. 经济思想的成长（下）[M]. 晏智杰、刘宇飞，等译. 北京：中国社会科学出版社，1999：539.
③ 斯皮格尔. 经济思想的成长（上）[M]. 晏智杰、刘宇飞，等译. 北京：中国社会科学出版社，1999：16-17.

的社会制度在发育。货币配置社会资源的意义被发现，在利益支配世界的意志驱动下，西方进入了财富体系扩张的时代。马基雅维里等思想家开创了西方政治对"恶欲人性"的接纳并赋予意识形态解读的国家学说的先河，从而实现了西方政治谱系中由信仰动力论向财富动力论的坐标转换。马克思、恩格斯称他为资本主义生产关系形成时期的重要思想家，更多的因素在于，马基雅维里结束了中世纪以来以道德和神学意识形态为背景的国家政治设计的习俗，冷漠而又深刻地提出了早期资本主义财富扩张的哲学教条的逻辑预设。其核心理念乃是把国家的本性与贪欲的人性相贯通，将"恶的人性"假设作为国家政治由抽象走向具体、由僵死转为活力的重要视点。① 这一时期有三种理念值得提及：（1）贪欲是人性之本，政治可以摆脱道德实施恶行。"利益"一词，既具有财富含义，更有政治含义。而政治利益的背后往往是财富利益的计算。（2）追求财富的欲望是人性的基础，它具有普遍性和永久性。政治的治理应更加权重追逐财富的原则。追逐私利与合理性地混合应成为一切行为的典范。（3）政治被市场经济加以通约的价值取向应当是：用欲望来驯服和制衡欲望。可以断言，这三种财富扩张的哲学理念与政治谱系的同构，乃是西方资本制度发育的重要"理论基因"。在近、现代资本主义历史发展的进程中，无数的学术思想与原理，都在此根脉上同源，并逐渐构成西方社会制度存在的存在论基础，也是西方危机事件发生的文化密码。如，英国思想家罗伯逊在《贪婪：本能、成长与历史》一书中指出："1996 年一项哈里斯民意调查显示，61%的美国人都相信华尔街'由贪婪和自私所统治'，然而他们中的 70%也同意'华尔街有益于美国'。"② 华尔街金融体系从高管到一般职员，不论采取何种手段，追求每个人财富积累的最大化乃是天经地义的事，金融服务业的薪酬做法，褒奖短期获利而牺牲长期价值。在这里，私利就是公共福利，自我就是他者，个人就是社会。如此信条与西方政治哲学家孟德斯鸠的格言如出一辙："虽然每个人都认为是在为自身的利益而工作，但结果却是为公共福利作出了贡献。"③ 还如，华尔街对财富的贪婪被视为一种美德，因为它是人性中的"持久性"存在，贪财的欲望有一种特性：无害性。休谟在《人性论》一书中，特别将"爱财"与其他欲望作了对

① 马基雅维里. 君主论 [M]. 潘汉典，译. 北京：商务印书馆，1996：80.
② 罗伯逊. 贪婪：本能、成长与历史 [M]. 胡静，译. 上海：上海人民出版社，2004：4.
③ 赫希曼. 欲望与利益 [M]. 李新华，朱东进，译. 上海：上海文艺出版社，2003：4.

比，前者具有"持久性"和"普遍性"，而后者"只是偶尔起作用"①。在论及"贪婪地攫取商品和财产……"时，休谟认为，"没有一种欲望能够控制利己的欲望，只有那种欲望自身，借着改变它的倾向性，才能加以控制"②。华尔街金融体系运行及监管的动力与灵魂乃是"欲望自身"，唯有欲望及其欲望倾向的改变，才能拥有对一切金融规制的最终解释权。在那里，凡是没有法律规定的事情都能做，尽管它已明白地显示了道德风险性和公害性，如某些复杂金融衍生品内含的问题资产，可以在每一个部门都能扩张地得到流转，无人质疑。试想，在一个欲望横流的世界里，财富扩张不论被多少形式上的理性符号、理性制度、理性工具所遮蔽，国际金融危机能够避免吗？

三、斯密的《国富论》，为资本主义提供了逻辑证明以及重要的哲学理念。

如果说马基雅维里从国家的视阈中发现了人性贪婪的作用，斯密则从人性自利原则出发，提出了新的财富扩张的哲学教条。18世纪至少在英国，物质进步已经被认为是可能的，而且是理想的。英国率先通过资本的扩张，将现代化输入西欧，然后转向欧洲海外殖民地，直至19世纪末以前又转向俄国和日本。英国为首的西方社会，共同绘制了掠夺并瓜分世界财富的扩张蓝图。斯密敏感而又清晰地阐明了《国富论》经济学，为资本主义的财富扩张提供宏大叙事的逻辑证明，为当代资本主义制度深层本质的某些规定性提供了重要的理念。

首先，用经济性直接等同政治性，从而将资本主义的权力与资本的链接加以诠注，为资产者提供政治分析的生产力。政治原本就是财富，"民政政府的必要程度，既是逐渐随财产价值的增大而增大，所以使人民自然服从的主要原因，也是逐渐随财产价值的增长而发展"③。财富（资本）就是国家的一切，国家应为财富的积累与扩张而设计。财富的扩张乃是文明社会对野蛮社会实施文明化的必要手段，"他们（指殖民地——引者注）的财富，被认为是我们的财富。……无论就哪一点说，他们的都是我们所有，用钱在他们身上，等于用钱来增进我们自己的财产"。扩张的财富主要给国王和商人资产者，殖民地和母国

---

① 赫希曼. 欲望与利益［M］. 李新华，朱东进，译. 上海：上海文艺出版社，2003：49.
② 赫希曼. 欲望与利益［M］. 李新华，朱东进，译. 上海：上海文艺出版社，2003：20.
③ 斯密. 国民财富的性质和原因的研究（下）［M］. 郭大力，王亚南，译. 北京：商务印书馆，1974：273.

的利益是不足怪的。① 斯密反对孟德维尔的观点——"熟练的政治家的机敏的管理"对于将私人劣行转变为公共利益是必不可少的，斯密认为，唯有市场竞争而非"政治家的智慧"才是实现上述转换的手段。② 斯密在《国民财富的性质和原因的研究》中写道："增加财富，是大多数人希望借以改善自身生存状况的手段。这是最普通的手段，也是效果最明显的手段。"③ 这个世界不会尊敬一个没有竭尽全力追逐财富的人。斯密眼中的追逐财富的人，在马克思看来，实际上是资本的人格化的现身，他们并非受生理需要的驱动，而是追逐剩余价值所为。应当看到，经济性与政治性相等同，在当时的西方乃是一场知识革命，"经济"由"家庭管理术"跨入到"政治经济"的领域，它导致的直接后果是，社会变成了单一财富流转的"经济体"，它的自我组织及其变迁规律使政治的传统格律被颠覆，政治功能被经济体—市民社会功能所虚设。一方面，市民社会在政治领域之外拥有着财富力对政治权力进行支配与通约的效力；另一方面，自我调整的经济和代表着资本利益的公众或公共意见又使得政治机体不得不充盈着财富扩张的细胞和血液，实际上，政治为资本而存在。从这里可以看出，一种社会制度，如果把真正人性化的社会应当拥有经济发展的最大化、社会发展的最大化、人的全面发展的最大化的三者目标，仅仅变为单一的追求资本发展最大化的目标，它一定是一个失控的社会，资本失去公共权力的监督，人的贪财欲望会把社会变成"霍布斯丛林"；它一定是一个病态的社会，精神严重遭受物欲挤压，商品拜物教、货币拜物教、资本拜物教处处可见，人的精神家园严重失却；它一定是一个危险的社会，财富的无度扩张，必然导致社会更严重的不公，社会矛盾激化，各种冲突乃至战争不可避免。正是从这个意义上，马克思把资本主义的经济性（资本）与政治性（权力）的同构，视为灾难性的。斯密学说尽管对人类理解经济演进规律、财富积累规律、财富的剩余价值类型等有着不可磨灭的知识贡献，但他的学说一旦被奉为西方政治谱系中的重要经典，便为资本主义制度单维地追求财富扩张，寻求少数人资本利益最大化的本质定位提供了深厚的学理证明。

---

① 斯密. 国民财富的性质和原因的研究（下）[M]. 郭大力，王亚南，译. 北京：商务印书馆，1974：215.
② 斯皮格尔. 经济思想的成长（上）[M]. 晏智杰，刘宇飞，等译. 北京：中国社会科学出版社，1999：195-196.
③ 赫希曼. 欲望与利益 [M]. 李新华，朱东进，译. 上海：上海文艺出版社，2003：33-34.

　　其次，为追求财富的扩张，市场应是一个自由放任的市场，政府不惜充当市场"守夜人"。个人的经济理性必然加总全社会的经济理性。私人利益能够自然导向普遍利益，交换价值乃是人类生存世界所有价值的精华。为追求财富的扩张，斯密充分有效地把牛顿的"世界是一个和谐而有秩序的机械装置"的思想运用于社会和经济关系，认为唯有市场能在瞬息万变的经济活动中及时、灵敏地传递供求信息，引导资本的投向；唯有自由竞争，人人都能实现财富的丰裕。尽管，他看到了财富扩张的背后隐藏着巨大的社会不平等，"哪里有巨大的财富，哪里就有巨大的不平等。有一个巨富的人，同时至少必有 500 个穷人，少数人的富裕，必定是以多数人的贫困为前提"①。但斯密并未认识到市场的"自由放任"存在着不可调和的自发性、盲目性、滞后性，市场调节也会带来资源浪费、经济波动、分配不公等痼疾。尤其是，由资本主义的社会分工带来的社会关系的不平等，以追求资本为唯一目标的社会制度，必然导致社会的两极分化。斯密学说与当代新自由主义理论教条有着同条共贯的源流关系，而这正是西方多次爆发金融危机的理论根源。斯密的自由化、私有化、市场化是新自由主义理论的三个核心支柱。市场自由放任的意志，让经济自由运作。在哈耶克看来，"经济政策的主要任务看来就是建立一种架构，在此架构中，个人不但能够自由决定他想做什么，并且能够使这种以他的特殊知识为基础的决定为总产出做尽可能多的贡献"②。让每一个理性的经济人都以其自利原则为基础，自身利益最大化为目标，通过成本——收益或趋利避害原则来对其所面临的一切机会进行优化选择，并通过寻求私利的人们相互摩擦、对立、博弈的自由，客观上造成了社会经济效率的提高。他深信人们对个人利益的追求是社会经济活动的原动力，社会的任何进步都依赖于个人的不受限制的自由和创造力。正是在新自由主义的驱动下，美国资本市场一些上市公司组建了具有准银行功能的金融机构，在政府没有相应的监管制度下，他们疯狂地制造意识经济学的仿真产品。由于世界货币的供应不再受到黄金储备的制约，以致世界货币的供应国可以通过增加货币发行量来谋私，它必定导致全球经济的泡沫化。自由放任的政府，对所有衍生品给予无规制的自由流通和交易权利；给投资银行提供自由选择不同规制机构不同约束体制的权利与条件，以逃避杠杆率的充分约束；对

---

① 斯皮格尔．经济思想的成长（上）[M]．晏智杰，刘宇飞，等译．北京：中国社会科学出版社，1999：204；斯密．国民财富的性质和原因的研究（下）[M]．郭大力，王亚南，译．北京：商务印书馆，1974：272.

② 哈耶克．经济、科学与政治 [M]．冯克利，译．南京：江苏人民出版社，2000：25.

一些控股公司设置的存款机构，任凭他们自由从事准银行业务职能，从而失去了有关金融规制的约束等，这些充分自由化的市场，必然导致危机的爆发。在弗里德曼那里，绝对的私有化就是把国有财富向私有部门大转移，绝对的自由化就是政府必须为财富的垄断者疯狂敛财开绿灯，绝对的市场化就是把交换价值作为财富扩张、财富分配的唯一根据和手段。弗里德曼强调"经济自由是达到政治自由的不可或缺的手段"。"资本主义和自由"是完全等式的，一个妄为、无情的新世界乃是一个经济动物的丛林，丛林法则就是弱肉强食。对照新自由主义理论教条反思华尔街金融危机的后果，美国政府在一份 2009 年 6 月《金融规制改革新基石：重构金融监管与规制》政府宣言中坦陈："尽管这场危机有许多原因，但现在清楚的是政府本可以有更多的作为，来防范其中的许多问题出现失控和威胁我们金融体系的稳定。当风险在金融体系中聚集时，对金融机构监管与规制存在的漏洞和缺陷，对我们政府监督、防范和处理风险的能力提出了挑战。规制机构没有将保护整个经济和金融体系视为己任。对银行控股公司的现有规制方法，强调保护附属子银行（subsidiary bank），而不是对整个机构实行全面规制。投资银行可以选择不同规制机构的不同体制，并借此逃避杠杆率的充分约束。其他金融机构，如美国国际集团（AIG），虽拥有参保的存款机构，但由于这些存款机构根据相关法律在技术上不构成'银行'，因而逃避了对控股公司严格规制的约束。"① 实际上，自由放任的市场，不能解决风险管理系统与金融新产品的复杂性保持同步的问题，更不能解决资本扩张逻辑所带来的权力腐败、人性贪欲、抽象财富拜物教等问题。放任就是纵欲、就是贪婪，贪婪是使得美国得以运转的"汽油"。影片《华尔街》（1987）中一位非正统主角呐喊："贪婪——我找不到更好的字眼儿——是好的。贪婪是对的。贪婪很有用。贪婪能澄清、能切入、能抓住了进化精神的精髓。各种各样的贪婪……都标志着人类的上升运动。"② 可见，一个靠贪婪而致富的华尔街金融体系，一个靠贪婪而规制的金融游戏，一个靠贪婪而维系的西方整个资本市场，怎么会因一次危机而放弃贪婪的秉性呢？资本的人格化和人格化的资本其内在发展的否定性，决定了国际金融危机今后还会有节奏地爆发。金融危机从深层次暴露了当代资本主义内在合法性的危机：以私有化的幻想逐步掏空国家的公共性品质。

---

① 金融规制改革新基石：重构金融监管与规制［J］. 韩龙，彭秀坤，等译. 河北法学，2009（10）：8.

② 罗伯逊. 贪婪：本能、成长与历史［M］. 胡静，译. 上海：上海人民出版社，2004：4.

哈贝马斯在接受《时代周刊》采访时，就新自由主义的终结和金融体系破产之后的世界秩序问题，深刻地剖析了金融危机的政治哲学问题：西方传统的政治谱系被解构，它来自当下政治行动纲领被市场意志所左右，国家以及全社会完全服从于市场之命令。政纲不触及日益增长的社会不平等，棘手问题的形成，儿童贫困，低工资并进而以私有化的幻想掏空国家的核心功能，从而容忍了把政治公共领域残存的一点协商性成分贱价变卖给利润率节节高升的金融投资商。① 金融危机与新自由主义纲领带来的一系列私有化幻想的推进步骤分不开，如在美国，养老金和健康保险私有化、公共交通、能源供应、军事安全职责的私有化、教育及文化基础设施的私有化等，这些都属于一种有风险的社会布局，其恶劣影响与一个社会的和民主的法治国家的平等原则不相称。市场原教旨主义的社会达尔文主义所期盼的这种私有化后果正是希望把所有公民变成相互竞争、相互欺诈、相互倾轧的"丛林中的狼"。

四、黑格尔用历史哲学作了最完备的哲学诠释与祝福

黑格尔用历史哲学证明了具有历史普遍意义的绝对精神运动总是与受私向化个人财富欲望驱动的历史特殊性运动，相互契合、相互渗透的历史演变的格律；证明了精神追求自身的合理性运动与资本的抽象财富的目标实现是一致的、同时也是永恒的思想。这就为资本主义个人私欲的膨胀、资本疯狂逐利的秉性、国家实体意义的弱化、财富被少数人垄断的社会种种规定性作了最完备的哲学诠释与祝福。

黑格尔用思辨的哲学对资本主义财富扩张的哲学教条与政治谱系的同构性状作了高度抽象与概括：（1）财富是一种辩证运动。"通过辩证的运动，主观的利己主义借助普遍转化为特殊的中介，由此，每个人在为自己获取、生产和享受时，实际上是在为任何其他人的享受而获取和生产……它现在将自身向每个人展示为普遍永恒资本。"② 这里有两层意思：一是财富的运动它形式上是趋于对物的财产关系的一种合法性私人占有的物质流动，实际上是历史——受"理性的诡计—欲望的导引"，不断通过真实的历史普遍性与现实的历史特殊性的矛盾运动，绝对形式与世俗内容的分离与冲突，社会共有的同质因素和私向化个

---

① 复旦大学国外马克思主义与国外思潮研究国家创新基地，等. 国外马克思主义研究报告 2009 [M]. 北京：人民出版社，2009：210.

② 梅扎罗斯. 超越资本（上）[M]. 郑一明，译. 北京：中国人民大学出版社，2003：32.

人存在的异质因素的对立与转换，实现个人充当国家普遍性的工具的目的——的自我意识过程。理性的诡计正在于，人类在欲望的引导下，实际上已成为自己所未意识到的某种更高的世界历史目的的仆人。看得出，黑格尔已不是表象地把一种不平等社会的设计放在自然法的证明上，而是利用逻辑与历史相贯通的方法，对资本为轴心的社会加以现代性逻辑必然性的证明，鲜活历史的内在精神运动的理性必然性的证明。二是黑格尔与斯密有着思想上的共同点，他们都把财富视为"主观的利己心转化为对其他一切人的需要得到满足是有帮助的东西，即通过普遍物而转化为特殊物的中介"①。但我们应当更深刻地懂得，普遍物向特殊物转化所反映的国家与个人私欲关系的本质。黑格尔不是用国家去消解个人私欲存在的合理性，恰恰相反，他是通过国家进一步证明个人私欲存在所应有的普遍性寓意和深度。他指出："现代国家的原则具有这样一种惊人的力量和深度，即它使主观性的原则完美起来，成为独立的个人特殊性的极端，而同时又使它回复到实体性的统一，于是在主观性的原则本身中保存着这个统一。"② 这里可以看出，黑格尔把国家的本性与贪欲的人性相贯通的思想，远比马基雅维里的类似思想要深刻得多。（2）黑格尔把资本主义财富扩张的个人分析方法上升到精神思辨的高度，视财富是个人"绝对自由的意志"的显现，它是我与他人关系中的"我的人格的定在"③。从黑格尔的文本著作的诸多反思态度来看，西方财富扩张的哲学教条与政治谱系的同构性基础正在于：主要由经济理念、政治理念、哲学理念三者一致而建立起来的社会存在本体论，它深刻地体现了两个方面的结合：客观存在的欲望与主观意志的结合；资本主义个人本位的市场行为与个人本位的社会关系、社会制度、个人本位的价值偏好、个人本位的绝对意志的结合。"对于市民社会来说，国家是一种单纯的'应急国家'或者'知性国家'，它没有自己的实体性意义；它仅仅是一种'形式上的'统一和居于单个的人的特殊利益之上的普遍性。"④（3）财富是以社会等级为前提，以资本的扩张条件为制约，财富扩张的动力来自资本扩张的动力。黑格尔认为，财富不是属于社会每个成员，它属于特殊人群，即资产阶级。"这些人群都拥有特有的生活基础和与此相联系的相应的劳动、需要和满足需要的手段的

① 黑格尔. 法哲学原理［M］. 范扬，张企泰，译. 北京：商务印书馆，2009：239.
② 黑格尔. 法哲学原理［M］. 范扬，张企泰，译. 北京：商务印书馆，2009：296.
③ 黑格尔. 精神哲学［M］. 杨祖陶，译. 北京：人民出版社，2006：317-318.
④ 洛维特. 从黑格尔到尼采［M］. 李秋零，译. 北京：生活·读书·新知三联书店，2006：328.

方式，还有目的和兴趣的方式。以及精神教养和习惯的方式，——这就造成了等级的差别。"① 黑格尔的财富扩张的动力说，包括两层意思："分享普遍财富的可能性，即特殊财富，一方面受到自己的直接基础（资本）的制约，另一方面受到技能的制约，而技能本身又转而受到资本，而且也受到偶然情况的制约；后者的多样性产生了原来不平等的禀赋和体制在发展上的差异。"② 首先是财富受资本条件的制约：资本决定着财富的变化趋势，决定着财富的社会关系的属性，决定着财富的产权人的力量，决定着财富的分配形式，决定着财富扩张的意志、性质、方向和力度等。其次是资本乃是社会不平等的根据，是社会异质性、多样性存在的根据，是社会制度差异性的根据。

从马基雅维里的"政治向利益的让步"思想，到斯密的"政府是市场守夜人"的思想，再到黑格尔的"普遍永恒资本"的理念，西方财富扩张的哲学教条进入实质性、完备化充盈阶段。从斯密的感性具体的经验层面，到黑格尔的反思中的概念系统，都全面而又立体地为创构资本主义制度的理论大典奠定了重要基础。华尔街正是这部大典的 21 世纪的经验摹本，它以抽象的教条形式暗示着人的行为，以人性恶的公理规范着企业与国家的制度条文，以承载疯狂的个人自我意志的文化元素影响着人的当下生命价值观与审美观的取向。尽管西方持有的传统的财富扩张的哲学教条有着如此荒谬的辩理：这种财富制度的设计，有助于解决"人类个性"的充分发展和欲望世界有序发展的相互协调问题；有利于人类以一种欲望反对另一种欲望的方式来抑制欲望，从而彻底改善政治秩序与人的生存环境的竞争规则。但是，我们通过上述政治谱系的历史解构，十分清楚地认清了如此重要事实：国际金融危机爆发的本质原因来自资本主义制度设计的严重痼疾。西方财富体系的动力论存在着深刻的内在否定性：首先，财富正是通过它调节个人主义的能力同时把他者和种种社会分裂统一起来，但是，深藏在财富体系内部的分裂力量（劳资关系的对立）又如何将想象的"自然状态"的市场变成现实的"丛林"市场的呢？这是资本为轴心的社会制度无法解决的深刻问题。其次，"创造性的破坏"隐藏在资本主义本身的系统之中，制度设计的片面化、极端化使创造加剧了不稳定、不安全，最终成为把资本主义推进到周期性的危机爆发的主要力量。在马克思看来，资本主义的财富不是受黑格尔意义上的"绝对精神"所支配的市民社会财产关系的抽象形式，而是

---

① 黑格尔. 精神哲学［M］. 杨祖陶，译. 北京：人民出版社，2006：334.
② 黑格尔. 法哲学原理［M］. 范扬，张企泰，译. 北京：商务印书馆，2009：240.

被私有制所遮蔽的显现物，它是资本主义社会不可或缺的利益追求的动力，资本发展的内在否定性决定了财富扩张运动的内在否定性。再次，财富的确定性的理性原则与不确定性的社会分工与产品构成之间的矛盾，是资本主义经济制度本身难以解决的问题。复次，财富产生的主观享受（它的富有）并非和创造商品所需劳动的花费（价值）相一致，两者之间的对立构成了对西方政治制度的合理性与合法性的内在否定。最后，劳动对财富的支配权与资本对财富的支配权存在着深度的对立。当今的财富问题，本质上是公平正义问题，财富所拥有的"占有"和"积累"的属性，根源来自竞争和不公平的等级。公平正义在马克思那里揭示得更深刻：财富绝不是一个简单的符号，它受特定的生产关系、财产关系、分配制度、社会所有制等因素的制约。如果资本是创造财富的唯一源泉，那么，财富社会怎能会是完全和谐的呢？财富只能放在现存的生产方式或社会结构的基础上作道德评判，在不合理的社会制度的规制下，它拥有着更多地反人类或反社会的性质。财富的社会"再"分配，因为涉及转换分配的基础和社会权力，在没有改变社会结构的前提下，公平公正的分配只能是天方夜谭。

第三节　财富幻象：金融危机的精神现象学解读

这次金融危机爆发，除了制度方面的原因，还有着精神现象学方面的原因。财富关涉技术，更关涉精神。当下在财富问题上的最为深刻的矛盾，是意识经济学框架中的人类精神现象学问题。当下的危机为我们提出了财富哲学的诸多思考。由物品经济学走向意识经济学，财富作为人的类意识的感性存在对象化的异化劳动产物，又应当如何接受当下形而上的追问，这是学术界应当关注的问题。这里有三个维度需要提及。

一、财富的心理因素、精神因素的渗透问题

经济学与财富范围的任何数量估价的分析范式的脱离，它提出了财富的心理因素、精神因素的渗透问题。财富的实体与财富的意识两者有着性质上的不同。边际主义效用概念的提出，带来了西方静悄悄的财富观念的革命。经济学的后古典时期发生了边际主义"革命"，集中体现在奥地利学派的主观经济学的

分析方法与学说中。"革命"的寓意是：经济学的主导特征从宏观经济学分析转向微观经济学分析，从实质性经济学向形式主义经济学过渡。财富的客观实体论受到质疑：如若把财富理解为客观实体，它就无法说明财富外在形式上被赋予的人们所需要的属性，即商品拥有着使人愉悦的效用功能。戈森、门格尔、杰文斯等提出了共有的理念：经济学应当注重研究享受的最大化（效用）的条件，而不是研究有形财富（资本）的最大化的条件。这就意味着经济学与财富范围的任何数量的计算必然脱离。财富不是一个劳动价值论问题，而是一个主观效用问题。尽管李嘉图最早发现财富产生的主观享受与创造商品所需的劳动花费有着重要区别这一事实，并且提出了财富概念的主观论和客观论的矛盾设想，但最终没有引起更为广泛持久的讨论。① 边际主义"革命"直接导致古典的劳动价值论面临着严峻挑战：经济学家们把边际原理应用于价值问题的讨论，在价值概念上实现从劳动到效用的转变。杰文斯十分重视用主观和相对的术语来解释效用，即对商品的考量不应是商品的内在品质或劳动的花费，而应是商品从其与人的需要的关系中产生出来的情况。这里的"情况"包括着主体与客体之间的心理因素与精神因素交互感受的权衡。更为甚者，奥地利学派极力主张把社会现实关系中的"经济人"，抽象还原为追求消费欲望之满足的孤立个人；把政治经济学的研究对象从人与人之间的生产关系，改变为研究人与物的关系，研究消费者对消费品的主观感受，把政治经济学变成主观主义的市场抽象形式的学说。这就提出了相对价值论、主观价值论和相对财富论、主观财富论问题，更深层次地提出了影响至今的经济学与哲学问题：市场实存着心理叠加规则，人的精神因素可以在主观感觉的经济时空里回避劳动价值论的公理，从事财富的虚拟创造；从主观效用过渡到经济学的感觉论、意识论乃至意志论，这是一个极为深刻的经济学认知观念的改变，其意义与历史时间概念的发现相等同。中世纪基督教文化运用历史时间范畴打开了人类主观精神与客观精神相贯通的时空隧道，使人类拥有了划分和记载自己精神活动的历史坐标，从而把希腊罗马所绵延的自然时间整合为双重时间：自然的历法时间与精神的历史时间。同样，经济学效用理论的提出，标志着经济学所研究的市场对象并不完全是一个机械的、牛顿式的、仅仅符合自然法规律的物质机理的世界，人的主观精神照样贯通在市场的所有时空中，所有的交易行为中，所有的追逐财富的经

---

① 伊特韦尔，等.新帕尔格雷夫经济学大辞典：第4卷［M］.陈岱孙，等译.北京：经济科学出版社，1996：952.

济事件中。令人遗憾的是，这架市场拥有的精神动力机的开动，这座充满着阿凡达式的心理体验与精神创意实验室大门的开启，一方面为传统的物质形态的市场带来了更为丰富多彩的想象与说明，为真实地揭示市场的复杂性、波动性和不确定性提供了有价值的分析工具；另一方面也必须清醒地认识到，人的精神可以伴随着人性贪婪的欲望冲动，将客观的市场原则完全主观化、幻觉化，它像一匹失去缰绳的烈马，冲破实体经济、劳动价值规则的束缚，将市场推向危机的边缘。如打开华尔街金融危机的精神检讨书，我们会发现如此事实：金融领域的冒险离不开经济效用的主观化对经济信用的幻觉化的穿透。从效用到信用，从撇开财富的质料因追求财富的形式因，到撇开财富的实体及货币索取权追求财富的动力因与目的因，既然价值是主观的，价值的成因是效用加稀少性，价值量的大小也只取决于边际效用的大小，与社会必要劳动无关，既然资本的收入，或是各自提供效用的报酬，或是产生于现在财货与将来财货的不同估价，那么，华尔街的信用就可以变成单纯主观感觉的财富设计，按照市场消费的主观心理，通过一系列的主观创意，不必考虑劳动价值规律的限制，大胆地将问题资产通过各种复杂的高级金融衍生品的系列运作，推向全球市场。价值产生于消费领域，不是生产资料将其价值转移予其产品，相反是产品价值赋予其生产资料以价值。

二、西方哲学的认识论转向，反映了当代西方人的精神状况和生存境遇

笔者以为，哲学上用主观性去消解客观性的精神偏好与华尔街金融体系疯狂推进虚拟的资本游戏，玩转个体生命主体的精神冲动，有着辅车相依的有机联系。众所周知，哲学是以诸多社会意识形式为中介去把握现实、反思社会存在的学问，它与时代的关系，与当下现实人的经济生活、生产方式、思维方式的关系，是互相渗透、互相作用的关系。哲学形成社会的、时代的某种精神主旨、原则、品格和普遍意义，最终是社会占主导地位的经济关系、政治关系，以及由此派生的统治权力和意志的集中体现。20世纪西方哲学认识论转向的主要特征是：由传统的"客观真理"的追问——"世界本身是什么"的追问，转向对自在的第一性的东西进行纯粹主观性的追问，对预先给定的生活世界的意义上进行主观构成物的追问。这样，由传统的思辨逻辑而禁闭的主体、主体化和主体位置的形而上学，转向当下的超越论、现象学所预设的纯粹先验的意识哲学。从一个被理性逻辑锁定了的禁闭的自我，即利己主义行为的"原子"式自我，转向一个向意志主义、生命哲学、主观构造论开放的"超人"式自我，即经济理性与精神非理性相结合的自我。笔者以为，以现象学的精神意向性原理为维度，对华尔街财富幻象的精神生态学的分析更有意义。布伦塔诺将"意向的""意向的内存在"这样一些概念引入到哲学和心理学中，在他看来，意向性既意味着意识构造客体的能力，也意味着意识指向客体的能力。胡塞尔进一步阐明了具有当下时代思维特征的精神意向性的内涵，他指出："意向性，它构成自我学的生命之本质。意向性，换一种说法，就是'思维活动'。"它不是一种传统形而上学所固守的客观性分析态度，而是强调如此精神功能："通过它，经验世界作为存在着的事物，价值，实际的计划，工作等的恒常的地平线，对我们一般总是具有意义和有效性。"① 在他看来，世界存在的意义和有效性只能来自意识的主观性，"所谓对世界的意识所指的就是完成着世界有效性的主观性之意识生活，或者说得更确切些，在其持续不断地获得的形式中总是具有世界，并且总是主动地重新将世界构造出来的主观性之意识生活"。总之，"由于主观性所起的作用世界才存在"②。其实，胡塞尔描述的当下西方人内在地持有自我意识精神张力的时代特征，西方其他哲学家如狄尔泰、柏格森、尼采等都有相关的思想表述。应当说，这种精神现象的新维度，更适用西方资本与权利高度集中的有产阶级的精神定位，尤其是，财富高度集中的华尔街金融领域的高官高管们，他们迫切需要自我超越的主体性的权威和权力，热衷赋予主体以本能的冲动，巨大的财富使他们对财富本身的感觉已失去兴趣，对冰冷的财货、客观的物质、绝对的实体经济视若牛顿式的自然，如此僵化、如此平淡、如此陈陈相因、如此黯然失色，它是生命之流的冲力留下的物质废墟，然而，生命的价值与快感正在于极端风险的氛围里，从事意识的想象、精神的幻觉、意志挑战极限等冒险与感悟活动，这恰恰与福柯笔下所揭示的平民大众被规范性、苦行主义、无休止的自我利益估算而变异成一个"铁笼"，即个人为了生存被迫适应行为体系的性状，形成了天壤之别的对立景观。精神的意向性在哲学的思维中提倡：自在的第一性的东西不是客观性，而是主观性，唯有主观性所起的作用的世界才是真正的存在。华尔街的金融体系，既是一个心理事件的发生地，更是一个精神意向的流变空间。在资本主义生产体系中，作为财富的社会形式的信用，极易表现为单纯想象的东西。当信用发生动摇，危机必然爆发。华尔

---

① 胡塞尔. 欧洲科学的危机与超越论的现象学 ［M］. 王炳文，译. 北京：商务印书馆，2001：103，144.

② 胡塞尔. 欧洲科学的危机与超越论的现象学 ［M］. 王炳文，译. 北京：商务印书馆，2001：183-184.

街金融体系极力推崇"意志经济""幻觉经济""游戏经济",就锻炼意志与想象力而言,个人的身份被表现得柔和、易变、无限开放。华尔街金融体系给了有梦的人腾飞的空间,在他们看来,意识的流动决定了资本的流动;思想有多远,资本追求剩余的触角就能够有多远。意识的流动,表现为对创新的青睐,热衷地提出"不创新才是最大的风险"的论点。虚拟实在的整个重点是"分享想象,生活在一个可以互相表达图像和听觉的世界"①。投资银行家查尔斯·莫里斯指出:"试想象一个倒置的金字塔,在'实际产量'上堆叠的'产权索求'越多,金字塔就会变得越来越摇摆不定。"从虚拟化走向幻觉经济只需瞬间就可实现。"虚拟经济"是一个值得反思的重要范畴。笔者提出三个问题需要探讨。问题一:该范畴的时代归属有歧义。有人说,虚拟经济来自虚拟资本的出现,马克思在《资本论》中曾提到虚拟资本概念,以此判断,虚拟经济早在19世纪下半叶就存在了。但也有人说,虚拟经济与现时代新经济相关联。新经济的切入点便是虚拟空间和虚拟社会,因此新经济即"虚拟经济"。问题二:该范畴的意义空间难以确定。有人说,虚拟经济是指以金融系统为主要依托的与循环运动有关的经济活动。中国社会科学院金融研究中心王国刚认为,在经济运行中,"虚拟经济"是用于描述以票券方式持有权益并交易权益所形成的经济活动的概念。在现代经济中,它主要指金融业。虚拟经济不仅包括证券业、资本市场、货币市场,而且包括银行业、外汇市场等,是一个涵盖金融业的概念。但也有人说,虚拟经济是资本独立化运动的经济。虚拟经济存在与发展的基础是产权交易。市场经济高度发展的标志在于产权本身也成为市场交易的对象。问题三:该范畴的"虚拟"含义定位模糊。有人说,资本以脱离实体经济的价值形态独立运动,这是虚拟经济之虚拟属性的根本体现。也有人说,虚拟经济的虚拟含义主要指意识经济、创意经济、游戏经济,贬义寓意即"空套空"经济。笔者以为,对此范畴的理解需要辩证的分析态度。就概念的形成与发展史而言,虚拟经济的胚胎发育的确是由虚拟资本发展而来,但它与虚拟资本不可等同。马克思的时代有"虚拟资本"概念,但没有虚拟经济形态。虚拟资本是指通过信用手段为生产性活动融通资金。它与"实际资本"相对照。后者通常指生产资料,但也包含马克思所说的"货币资本"。"虚拟资本"概念是从贷出的货币资本中产生的,它提出了一个予以劳动价值论为基础的原则相反的评价原则:虚

---

① 霍洛克斯.麦克卢汉与虚拟实在[M].刘千立,译.北京:北京大学出版社,2005:74.

拟资本的形成被叫做资本化。当人们按平均利息率计算及将定期取得的各种既定收益的资本总量时，资本化就发生了。① 虚拟经济只是虚拟资本发展到一定规模空间时才出现的：虚拟资本的运行和操控已经从金融领域延伸到整个社会经济结构、经济循环、经济效益系统中，虚拟资产总量与 GDP 总量的比值出现很大变化，前者大大超过后者。根据国际清算银行和世界银行的统计数据计算，1990 年，全球虚拟资产总量为 328818 亿美元，GDP 总量为 208139 亿美元，虚拟资产总量仅相当于 GDP 的 1.6 倍；而到 2003 年，全球虚拟资产总量猛增至 3169741 亿美元，增长了 9.6 倍，全球 GDP 总量达到 361698 亿美元，仅增长了 1.7 倍，虚拟资产总量与 GDP 的比值则达到了 8.8 的高水平。所以，虚拟经济是虚拟资本发展的高级形态，它是由虚拟资本的扩张及运动，所构成的风险和债务市场在虚拟安全基础上的社会经济运行形式。它是尚未创造但已经有担保的虚拟价值的契约经济。

从资本化走向游戏经济学，即把经济的社会性排斥掉，变成心理的符号，追求心理的一种快感，交易引起的运筹的狂热，瞬间选择的极大值或极小值财富命运走向的感受，发疯似的快乐，呆若木鸡般的失望，许多金融复杂衍生品的设计都是心理玄学之物。英特尔公司的前领导者格鲁夫说，"只有偏执狂才能生存"。在资本市场，不偏执无法把事情做好，偏执狂适合做推进者、发动机，偏执狂如尼采设定的"超人"，必须敢于忍耐孤独与寂寞，忍耐别人异样眼光与局限性的判断。偏执狂的发生机理，按巴甫洛夫的解释，它是强而不可遏制型的人所发生的，这类人的神经系统具有抑制过程不足，兴奋过程占优势的特点。华尔街在意识的流动方面大大溢出了现实资本积累可承载的极限，大大溢出了对实体经济索取权积累的极限。从证券化走向意志经济学，表现在资产证券化的推出和不断造波，随着敛财意志的膨胀，资产泡沫不断放大。资产证券化是指将流动性较低的资产进行风险隔离，通过对现金流的转换和组合，经过一定的方式进行信用增级，最终转化成流动性较高的资产支持证券的过程。资产证券化是近 30 年来世界金融领域最重大的金融创新之一。不可否认，资产证券化既是企业资产负债管理的有效手段，也是除债务融资、股权融资之外的第三种融资渠道——资产融资。但是，如果在资产证券化的意识流动中，一味地追求意识的想象力，追求精神对物质的超越，追求资本市场运作的"游戏化"创意，

① 伊特韦尔，等. 新帕尔格雷夫经济学大辞典：第 2 卷 [M] . 陈岱孙，等译. 北京：经济科学出版社，1996：340-341.

那么，资产的证券化就会变成如此程序：受利益驱动，把问题资产打包，在明知涉嫌欺诈犯罪的背景下，通过意志的预设、虚假评级和做假账、杠杆率的不切实际地高倍放大，然后推向全球市场。整个意识流动过程，包含着两个虚拟实在性：（1）沉浸的感觉。在虚拟叙事的共谋下，一个空套空的心理实验开始：评级公司运用历史数据或未加修订的模型处理当下问题资产的评级。（2）意识的流动，表现为美元—华尔街金融体系对未来支付的兴趣，把未来作为虚拟资本扩张的心理预期，信贷与纯投机的扩张，使得市场价格信号调控更青睐虚拟市场的价格信号。他们不再对企业利润而是对贸易风险和资本风险进行投机，如凯恩斯所说，"模仿性或盲从性的行为以及自我实现预测是金融市场的运作所固有的"①。整个金融资本的运作，在意识的框架中似乎是某种演出精神生活事件的舞台。意识的本质应是客观存在的反映。这里的意识充分展示了联想的节律，客观存在变成了虚拟存在的联想，甚至是幻觉的联想。复杂衍生品的开发酷似跑马场上赌博，而且是没有空间边界、超越监管视线的赌博。

三、智能化时代的工具理性崇拜

工具理性的智能化，极易引发人们对金融体系中技术理性、程序理性、操作理性的心理崇拜，金融危机往往与金融系统的理性幻象相联系：技术理性过程的真实性、精确性往往遮蔽了技术前提预设——"理性狡计"的虚假性和有害性。它深层次地提出了如此问题：工具理性与金融体系的存在者之间最深刻的本质是什么？在揭示当代资本主义社会出现的经济危机的问题上，工具理性这一概念有着不可低估的理论意义。数字化、信息化、符号化时代，华尔街金融体系中最为突出之处是系统的目的理性行动，包括明确的目标定义和对达到目标的最有效途径的越来越精确的计算。金融体系的工具理性一方面使得财富流转在精确化的逻辑系统中被定义、被切割、被包装，数字化与符号化的输入，通过一系列的形式逻辑的识别与运算，毫无差错地将财富的流转形式输入目的地，人们从心理上对工具理性的智能化持有理性崇拜的态度。另一方面经济理性对工具理性的价值导向，使得华尔街金融从业人员对风险与危机的判断过于乐观，即便是问题资产的存在，也充满着乐观自信：经济理性本能地操控着每个系统的风险防范功能，因为趋利避害是庞大的工具系统最具选择和识别优势

①　复旦大学国外马克思主义与国外思潮研究国家创新基地，等. 国外马克思主义研究报告 2009 ［M］. 北京：人民出版社，2009：260.

的智能特征；经济理性本能地操控着每个从业人员的风险防范意识，因为趋利避害同时也是每个经济人心中固守的原则。新媒体的出现，使得意识创造虚拟财富有了大大的推进。符号经济取代了实体经济，成为世界经济的飞轮。人对工具理性的崇拜愈演愈烈：虚拟财富的包装及其高精度的运行，使财富的精神想象时空被大大开拓：从互联网的流速到互联网的故事。支付未来，交换未来，互联网和高速运转的计算机是将抵押贷款分成小份，重新打包，并分流给全国和全世界追求收益的投资者的完美配合。电子信息技术及互联网的飞速发展，使交易商的反应更加迅速和果断，交易成本更低，交易速度更快捷，这对当前的金融危机起到了推波助澜的作用。金融交易变成了一种赌注很大却简单易行的电子游戏。盖伦指出：技术的发达往往与人的更加非理性相一致，"无机自然的领域最容易把自己呈现给有条理的、理性的分析以及相关实验的实践。而生物学的领域和心灵的领域却无可比拟地更加非理性"①。这是因为技术惯性一方面统摄人的意志；另一方面，技术观念又能够构想出关于系统目的论的总体性心理状态的力学，并通过它传递给人的生命领域，使环境的刻板状态变成生命的冲动状态，物的必然性的观念涌现，极易贯通人的意志的必然性。工具理性通过对人的心灵的作用，可以赋予人对未来预期的想象和规定，它们在满足主体人的基本形式需要的过程中所能够提供的唯一值得信赖的东西，就是定量方面的精确性和技术产品的有效性。重要的是需要认知科技、现代金融体系和人格化资本三者之间在功能上的内在联系。极度膨胀的科技意识，必然导致对人性的奴役。在今天的华尔街，精密的自然科学的合理性与资本的经济理性逻辑相一致。前者是以精确性、概率论、可计算性进行运作的神奇技术，后者是以最大化效益、自利行为的偏好、追求剩余的本能进行运作的属人计划。神奇的技术在数字化、信息化和虚拟化的驱动下，使属人的计划在时空坐标上更加极致地展现出来：资本的流速加快，财富扩张的速率加大，人的贪婪的欲望更趋强烈，货币幻象、资本幻象、财富幻象吞噬了工具及其对象产品的客观性，高科技智能化工具在直觉上给人以信赖：科技是最可靠的风险鉴别者，它可以把问题资产鉴别出来，也可以把问题资产变成安全资产，一旦拥有科技赋予的符号，人的理性便被直观样式所消解，技术元素翻转为信用元素，技术所承载的必然性判断，即刻变成人的意志所企及的主观性的逻辑判断，工具理性与经济

---

① 盖伦．技术时代的人类心灵［M］．何兆武，何冰，译．上海：上海科技教育出版社，2003：7.

理性的叠加，使人在技术理性的陷阱中不能自拔。这种金融体系特征之功利和实证的秉性，大大超越了金融体系自身范围，深刻地波及人的其他生存领域，构成了现代金融领域的各种社会心理问题、精神现象学问题。尤其是，关涉工具理性引发的人的各种非理性冲动。应当充分地认识到，随着人类由本能时代向智能化时代的转变，人类的经济交往方式有了令人惊叹的改变：从物品经济向符号经济的转变，从现实资本向虚拟资本的转变等，日新月异的精神产品的推出，使经济性的内涵由传统的物质形态转向物质与精神的双重形态。如计算机直接连接消费者个人和厂家、商家的意识，并能在各个个体的心灵之间进行纯粹思想的处理和沟通。电子交易市场的开拓，新技术和新媒介的介入，在经济的虚拟实在、赛博空间的输入过程中，电子乌托邦加创意，资本全球化空间的完整性、互联网交易市场的时空压缩、技术浪漫主义、理想主义和经验主义的传统在虚拟叙事之中是如何相互协调的。在统一和分裂之间、超越和秩序、无法言说的及语言的假想之间，这些都充分展示了：当下人类能够利用智能化手段，超越包含客体世界矛盾直奔意志。用詹姆斯·戴德里安在《仿真：资本主义最高阶段》一文中指出的，"我们已经把将幻想变成现实当作生意来做了"①。对如此精神现象的深刻批判应当引导我们重新反思康德在形式与内容之间的对立的思想。这不是拾捡资本的感觉碎片，而是将物性化的世界还原为人的世界。因此，注重经济发展和人的全面发展的一致性，这是关注当代人生命的形而上问题。

结束语

度量财富的公平与正义，只有在"每个人的全面发展"的社会制度条件下才有可能。今天，财富的不同存在形式正设计着我们走向未来的生活方式，新的财富体系要求我们拥有更为崭新的、科学的、合乎人性的财富理念，在整个全球化经济进程中，运用工具化、智能化的手段，去体验并且创造获取财富的源泉，这显然已经是经济学领域外的问题了。今天，财富概念的外延有了拓展，

---

① 波德里亚：批判性的读本［M］.陈维振，陈明达，译.南京：江苏人民出版社，2005：257.

1995 年世界银行提出了新的财富概念，远远超越了传统范式所赋予的内涵。"扩展的财富"由生产资产、自然资产、人力资源和社会资本四组要素的总和构成。财富概念的如此变化，必然带来财富的时间空间量度发生变化。新财富指标的意义也应当朝着财富的可持续性发展而转变。对西方资本制度的过于迷信，误认为：资本+工具理性+因特网=完美的、理想的、永恒的经济制度和政治制度，市场的秩序被资本加以理性化、制度化，资本把世界座架了，一切都那么合理、合法、圆满。然而，这次国际金融危机爆发却带来了又一种维多利亚时代的感觉破灭。此次华尔街危机是否会喊出"上帝死了"的口号，这个上帝正是美国的资本制度在全球的称霸地位。从现代性的观点看，华尔街的德性显现，是一种即将得到修复的理性的瞬间堕落呢，还是深埋在现代性把神性化的人转向俗性化的人的人性缺陷、制度缺陷引发的结果。历史与现实已做出回答：资本主义社会生活完全服从于异化劳动和资本扩张过程的绝对命令。

原文：《财富幻象：金融危机的精神现象学解读》，原载《中国社会科学》2010 年第 5 期；《新华文摘》2011 年第 1 期全文转载。

第七章　金融化时代的到来

21 世纪金融化的生存世界是个高度经济理性、高度世俗化、高度价值通约的世界。逐利的金融意志主义蔓延，直接导致个体生命的"金融内化"和人类整体主义精神的日趋衰减。世界发展离不开金融体系的创新，但现实的金融体系已偏离了本质。不可否认，与马克思时代的资本相比，21 世纪的资本追求剩余价值的秉性没有变；资本的社会关系本质没有变；资本的财富杠杆效应没有变。但是，21 世纪资本逻辑的发展有了巨大变化：随着全球资本金融体系的强力推进，资本变得更加抽象、更加具有脱域性，资本的主体定位异质多元，运作方式虚拟迷幻。尤其是，伴随着工具理性的智能化，资本的精神向度更趋主观性。通过对金融化世界的精神现象学解读，可以深层揭示 21 世纪人类精神本质与人的对象化世界相异化的问题，从而为客观理解 21 世纪资本范畴提供精神向度的思考。

皮凯蒂的《21 世纪资本论》激发了一个时代直觉：在资本的驱动下，地球上的财富总量大大超过历史上任何时期，但财富分配导致的贫富分化问题却成为难以逾越的鸿沟，其解决之道一筹莫展。笔者以为，皮凯蒂在书中对全球经济正义的价值判断有着激动人心的思考，但总体而论，此书是一部未加反思的 21 世纪资本论。资本的技术澄明只能说明资本逻辑外部实存的部分内容，它通常从经验或给定的体验出发，通过计算的数据或图表来进行抽象与推理，从定量的精确性来感觉资本脱域性的存在并预期未来。这种单向度的技术结论，只能是资本形式化运动的外在显现，不能完全阐明人类生命的真正本质，不能深刻揭示世界历史进化运动的深层动因。而精神向度的追问，则注重把资本由感性的杂多性状，转向精神的自觉反思领域，其方法论优势在于：它把资本各种实际发生的变化从感性的世界转移到精神的反思领域，"哲学只具有一项任务，那就是：跟随一个时代，用思想性的表述和所谓概念、甚至用一个'体系'来传达这个时代的过去和当前"①。正如马克思所启示的，哲学应当成为改造非理性现实的武器，成为行动哲学，从市民社会财产关系异化的本体论中去寻找扬弃异化事实的历史哲学根据。

第一节 21 世纪：金融化世界的到来

20 世纪人类的历史，经历了从前 50 年的世界性战争向后 50 年的全球理性化社会的转型。② 殊不知，一些对资本金融高度敏感的国家，③ 正是在 20 世纪下半叶开始了智能化资本运作工具创新的全球战略：以投行金融为主导，以全球资本市场为基础，以流动性和金融合约为特征的全球化资本金融体系的打造与实施。毫无疑问，如此金融战略的拟定，起因于布雷顿森林体系的解体和浮动汇率时代的到来，以及生产与金融的全球化发展趋势。21 世纪，可谓是世界走向金融化的世纪，如美国学者詹姆斯·里卡兹所言："全世界金融联系的规模和复杂性而呈指数增长。""这更像一个充满金融威胁的新世界的开始。"④ 通常而言，经济金融化是指全部经济活动总量中使用金融工具的比重已占主导地位，它是经济发展水平走向高端的显现。而金融化世界是指金融的范式及价值原则对生活世界的侵蚀，它在政治生态圈、经济生态圈、文化生态圈以及社会生活生态圈里占据了十分重要的位置。社会在诸多方面受到金融活动的控制，并产生实质性影响。毋庸置疑，金融化世界是人类智力发展的标志，其积极的正能

---

① 海德格尔. 尼采（下）[M]. 孙周兴，译. 北京：商务印书馆，2002：778.

② 张雄. 历史转折论 [M]. 上海：上海社会科学院出版社，1994：184.

③ 有关"资本金融""资本金融时代"的学术认知可参阅刘纪鹏教授撰写的《资本金融学》一书。经济学家厉以宁在该书序言中指出：资本金融是当今世界现代金融发展的新领域，它是从传统货币金融单一的间接融资，向资本市场直接融资为主的现代金融发展的方向。笔者以为，资本金融最关键的变革理念，主要来自 19 世纪末和 20 世纪初由 J. P. 摩根提出的现代投资银行创新理念：把证券公司的业务从简单的证券经纪上升到包括行业、企业整合的策划与融资全套服务。以摩根家族为代表的华尔街投资银行导演了世界经济史上第一场企业大并购，成就了美国经济强国和世界新霸主地位。本文对资本金融进行现象学分析，不是全面否定它的存在，而是从精神与实在的关系中探讨现代性无法规避的二律背反问题。

④ 詹姆斯·里卡兹. 谁将主导世界货币——即将到来的新一轮全球危机 [M]. 常世光，译. 北京：中信出版社，2012：XIV.

量作用不可低估。但过高的社会成本，过度虚拟和无节制的衍生带来生存风险，利益冲突引起结构性社会矛盾，短期投资行为带来社会不稳定，尤其是，它对人类精神世界的影响更为创巨痛深。①

世界在何种意义上已被深度"金融化"？首先，资本金融已构成全球核心的社会和政治力量。经济学家詹姆斯·斯图尔特指出："许多人力图提高国家的利益却可能会加入毁灭这个国家的行列。"② 被金融合约化的世界，严重地存在着高度经济理性导致高度政治非理性的风险。国家主权往往受到具有创新光环的金融机构或衍生品的攻击，主权极易被资本金融所控制。如希腊债务危机。具有 130 年历史的美国投资银行高盛集团为帮助希腊政府解除债务困境，利用衍生金融工具掩盖政府赤字的真实情况，通过货币掉期交易的作弊手段使希腊进入欧元区。但是，欺诈最终被揭示，被投行玩于股掌之中的希腊政府陷入了严重的债务危机，至今不能自拔。世界的金融化深刻地体现在：世界被锁定在高风险投资中。资本金融的高流动性和无疆界性突破了民族国家的壁垒，实现了全球化和自由化的任性。世界资本市场作为市场经济的最高形态，对于培育新兴产业，促进产业结构调整有着神奇的功效，但我们也更应当看到：当今的资本能够在瞬间以金融合约及其衍生工具的运作方式把千亿、万亿财富或资产悄悄转移，以最小的代价、最短的时间完成用军事手段都难以实现的国家战略目的。金融战争在诸多领域替代了传统的军事战争，政治家们深刻地体悟到：注重 21 世纪资本金融大格局的战略，远比考量军事大格局战略更紧迫。毋庸置疑，以资本金融为主的现代金融体系，在新的国际经济秩序与分工中占据极为重要的核心地位。资本金融与传统的货币金融相比至少在三个方面显示出它特有的强势和控制力：一是通过从传统的债权关系向股权关系的跨越，使生存世界的关系交往变得更灵活便捷、更值得利益期待。二是资金来源从个体到全社会的配置，更强化了金融对社会的穿透力。三是融资模式从间接融资到直接融资的变化，大大提升了资本的渗透性和流动性，使生存世界的发展意志更加强硬。因此，拥有智能化的现代资本金融体系乃是一个国家掌握自身命运主动权的关键。上述的变化直接带来了资本主义剩余价值的占有方式有着如此时代特

---

① 复旦大学国外马克思主义与国外思潮研究国家创新基地，等. 国外马克思主义研究报告 2009 [M]. 北京：人民出版社，2009：257-263. 关于金融化概念的理解，还可以进一步参阅托尼·安德烈阿尼. 能否再次改革金融化的资本主义；

② 赫希曼. 欲望与利益——资本主义走向胜利前的政治争论 [M]. 李新华，朱进东，译. 上海：上海文艺出版社，2003：44.

点：全球资本金融体系的巨头并不以攫取创业利润为满足，而是处心积虑地利用金融工具或股份制度所提供的有利条件，最大化地侵吞广大中小额股票持有者和其他中小企业家及工人阶级的利益，通过资本集中的操控权力，积极形成庞大的控制体系，实现控制金融虚拟资本的所有者与控制产业资本的所有者共同构成全球资本垄断权力体系，通过权力与资本的互动，最大化地占有全球范围的剩余产品、剩余劳动和剩余价值，从而导致全球贫富差距进一步拉大，两极分化更为严重的生存态势。这也进一步明证了马克思《资本论》思想的科学性、深刻性和现时代的指导意义。

其次，金融秉性的两大特征对生存价值观的侵蚀是深刻的、全方位的。一是追求逐利（套利）的秉性，使愈来愈多的人对货币、资本和财富的"权利可转让性"过于痴迷。在国际市场上，金融"可转让性"所显示的热情和意志十分高涨，外汇市场每日交易量就已超过全年的世界贸易总值。① 二是追求"证券化""高杠杆率"的价值偏好，使得日益倍增的全球投行或金融机构倾力推进衍生品的创新，客观导致生存世界从物质资源到知识产权、从公民财产到国家主权、从生活方式到价值观念，都程度不同地被锁定在金融契约以及高杠杆率金融衍生品的巨大泡沫中。随着金融工具的不断创新，金融活动的主体结构也发生了深刻变化，原有的以少数金融寡头为主体的结构被打破，充满着疯狂投机意志的"散户"和投资机构成为撬动资本市场的力量。在操作方式上，计算机和移动互联网的发展，使金融交易可随时随地进行，从而使整个生存世界变成一个巨大的风险投资载体或赌场。人类随时可能因为很小的金融事件而爆发危机并产生"蝴蝶效应"。如美国次贷危机、欧债危机。

再次，20世纪70—80年代世界经济进入新的历史转折点。诺贝尔经济学奖得主罗伯特·希勒指出："20世纪70年代，金融体系在世界范围内兴起……这不能不称为人类历史上一个重要的转折点，也是我们正在迅速告别历史的象征。"② 20世纪80年代世界经济进入里根、撒切尔全面推行新自由主义经济政策时代，其中货币学派和供给学派对美国金融政策产生重大影响。金融市场的自由化和金融监管的放松，带来了金融衍生品的层出不穷，也为国际"金融大爆炸"的局面埋下了伏笔。世界经济逐渐"脱实向虚"，实体经济被弱化，追求

---

① L.海尔布罗纳，米尔博格.经济社会的起源［M］.李陈华，许敏兰，译.上海：格致出版社.2010：171.
② 希勒.金融与好的社会［M］.束宇，译.北京：中信出版社，2012：6.

资本金融的帕累托效率成为理解全球经济发展的动力论原理。20 世纪 90 年代互联网股票和互联网金融的问世，又进一步加速了金融功能脱域的进程，资本金融在更为广阔的实体和虚拟空间中征服着世界和"酸蚀"着人类。

值得提出的是，在刚进入 21 世纪的十几年中，全球资本的金融化导致直接性融资占比趋高，但 2008 年爆发的金融危机，深刻地显现了马克思《资本论》中所揭示的资本具有内在否定性的哲学真谛。"在经历这种危机之后许多人不禁要问，金融到底能在社会良性发展中扮演怎样的角色？不论作为一门学科、一门职业，还是一种创新的经济来源，金融如何帮助人们达成平等社会的终极目标？金融如何能为保障自由、促进繁荣、促成平等以及取得经济保障贡献一份力量？我们如何才能使得金融民主化，从而使得金融能更好地为所有人服务？"① 在现代性的视域下，金融化生存世界本质上是一个高度经济理性、高度世俗化、高度价值通约的社会，它使经济得到了快速增长、人性得到了解放、自由得到了发展，但它也是一个充满了二律背反的生存世界：人的精神本质与人的对象化世界的异化更趋深重，金融的"富人更富"的秉性与金融的民主化、人性化的矛盾对立不可调和。因此，21 世纪人类生存的主要问题在于，如何借助金融化，超越金融化，进一步实现人的自由与解放。

第二节 "金融创新"：人类追求自由意志的定在

不可否认，金融创新对世界历史进程具有举足轻重的影响。四千年的金融发展史，就是一部人类大胆探索、积极变革社会福利配置如何最优化的金融创新的历史。② 金融从来就是经济与社会制度变革创新的重要工具。历史上荷兰东印度公司创新的融资机制，资助了欧洲人在全世界范围内进行航海探险和商业扩张，这是金融史上最重要的事件。③ 该公司成立后的 300 年里，金融创新改

---

① 希勒. 金融与好的社会［M］. 束宇，译. 北京：中信出版社，2012：2.
② 威廉，戈兹曼，罗文霍斯特. 价值起源［M］. 王宇，王文玉，译. 沈阳：万卷出版公司，2010：1.
③ 威廉，戈兹曼，罗文霍斯特. 价值起源［M］. 王宇，王文玉，译. 沈阳：万卷出版公司，2010：13.

变了全球经济格局，并且催生了资本主义制度的重要特征。① 13～14 世纪在佛罗伦萨等意大利城邦推出现代债券、基金，开启了东西方之间的金融创新大分流，并引发、激励出各种社会制度的变革。② 事实上，货币起源伴随着价值量度的起源，而金融的创新却促进了量度价值的工具和手段得以提升，使价值跨越时空的配置方式愈来愈便利，从而使物的交换带动了人的社会交往走向更加深入、更加自觉。

金融创新之所以有着推动历史变革的重大作用，从哲学视域分析，"金融工具"乃是人类智慧的结晶，是人类追求自由意志的定在。人类自从有了经济活动，也就有了金融创新。黑格尔指出："人为了作为理念而存在，必须给它的自由以外部的领域。因为人在这种最初还是完全抽象的规定中是绝对无限的意志，所以这个有别于意志的东西，即可以构成它的自由的领域的那个东西，也同样被规定为与意志直接不同而可以与它分离的东西。"③ 实际上，这里有两个重要理念值得比对：（1）金融作为"自由的领域的那个东西"，有两个本质特征：一是金融乃是人的自由意志的直接性存在。人的意志不完全是纯粹的抽象，它往往体现在我的意志所规制的财产关系中，尤其是体现在不同人格意志所占有的"财产权"转让的关系中。"占有"通常有三种形式：直接占有、使用占有和转让占有。黑格尔认为，"转让"是真正的占有取得。④ 金融转让是对未来时间的产权索取的运作，它所追求的自由意志，乃是自由秩序对自然秩序的超越，放债人把现在的财富放到"时间机器"中，将它的价值转移到未来某个时间节点，其财富受益有着增量的预期。显然，转让占有比使用占有更需要"理性的狡计"，更显自由意志的本质。二是金融是自由意志的灵性工具。金融创新是通过人的自由意志的中介而变成事物的规定。它是一种意志对另一种意志在时效的约束下所进行的未来权的自由交换。意志的中介作用表现在：推出计算时间价值的手段、运用就随机结果签约的能力以及建立一个允许转让金融权利的法律框架。可以说，金融创新本质上是人类追求自然历史化的意志显现，是人类据自身实践需要而不断开拓生存时空资源的诉求。大自然赋予人类的生存资源

① 威廉，戈兹曼，罗文霍斯特.价值起源［M］.王宇，王文玉，译.沈阳：万卷出版公司，2010：13.
② 威廉，戈兹曼，罗文霍斯特等.价值起源［M］.王宇，王文玉，译.沈阳：万卷出版公司，2010：序言 2 第 2 页.
③ 黑格尔.法哲学原理［M］.范扬，张企泰，译.北京：商务印书馆，2009：57.
④ 黑格尔.法哲学原理［M］.范扬，张企泰，译.北京：商务印书馆，2009：83.

是有限的，但人类可以自觉运用历史时间来超越自然进化时间的极限，未来的时间价值被发现，其积极意义正在于对物的原在性生存世界的改造并超越：首先，超越物所定在的时间价值——物的自然属性一旦被框定在受意志支配的历史时间坐标中，一种交换所有权的抽象符号——货币观念，将当下实物财产的索取权锁定在彼此契约的未来效益的预期中，自由意志的外在物（产权）的交换，"未来"在人的自由意志的运作下，当下占有权的被动性被激活，它可以提前支付或索取，占有权的时效性被改变，它可以使价值发生跨时期转移。人的自由意志在历史时间坐标中获得"当下与未来""未来与当下"的双向延展。康德曾高度评价人类拥有支配未来能力的理性智慧。他指出："理性的第三步便是深思熟虑地期待着未来。不是单纯享受目前一瞬间的生活而是要使自己面向将来的、往往是异常之遥远的时代的这种能力，乃是人类的优越性之最有决定性的标志，它使人类根据自己的天职在准备着遥远的目的；——然而它同时也是无从确定的未来所引起的忧虑和愁苦的无穷无尽的根源，而那却是一切动物都可以免除的。"① 实际上，人类对未来的认知和运筹的能力，时下已大大超越了康德所理解的"优越性"：一是未来已不是主客体之间的适应与被适应的关系，而是创造与被创造的关系；二是深入到未来的实质性领域——人类对不确定性的变化律的把控，近代的机器思维能力远不及当今的智能化运筹工具能力；三是未来已成为人类生存资源的重要部分，而不是近代意义上的"可移动的箱体"。其次，超越物所定在的空间价值——它是就未来的偶然结果达成的契约。人类不是僵化无助地等待未来的裁定，而是积极运筹并能动创造未来命运。"或有权利"是金融创新的重要本质，它可以通过套期保值规避未来风险，不仅为人类应对直接的、可预见的风险提供了工具，而且还为人类应对未来的不确定性提供了工具。尤其是通过金融衍生品技术的运用，使未来的风险得到分解、对冲和交易。（2）金融又可以被规定为"与意志直接不同而可以与它分离的东西"，主要显现在两个方面：第一，金融是货币交易中所承认的"物同视"，②它的发展给人类生存意志带来挑战，在社会经济事务中金融产生的宏观效应并引发的社会文化主导精神观念的转变，直接对个体心理气质产生刺激和影响。如中国股市现代性发育对亿万股民和基民的心理气质的影响。第二，金融与意志是相互独立的范畴，金融的实在性与精神的实在性的对立，是物性与灵性的

① 康德. 历史理性批判文集［M］. 何兆武，译. 北京：商务印书馆，2009：67.
② 黑格尔. 法哲学原理［M］. 范扬，张企泰，译. 北京：商务印书馆，2009：58.

对立，逐利欲望与自由意志的对立。精神自由是无所阻碍而表达出的概念，而金融所充盈的自由是金钱式自由，就它的负面作用而言，如西美尔指出的，"'消极自由'不过是金钱式自由，在看似相当自由的外表下隐藏的是生命的空虚和无聊，和最终的混乱。"① 当然，金融所承载的价值作为主观意志的客观化，反过来又对（生活）主体产生制约作用。一方面构成客观价值的心理事实，诉求着主观价值与之相统一；另一方面多样的、碎片式的金融工具形式与更为深刻的精神的整体主义诉求必然构成矛盾关系，金融价值在逻辑本质上与意义世界价值的逻辑迥然不同。

第三节　"金融化世界"的精神现象学分析

金融与精神的关系早在中世纪就被神学家们理解为金融与宗教的关系问题。在他们看来，金融与宗教的冲突主要是因为贷款一词与生命一词的相似。英语中"金融"一词源于古法语，与"结束"一词有着相同的词根。在 14 世纪，金融是指最后的清算。随着现代性的发育和推动，当代人的价值观发生了变化：金融不再意味着生命的终极结算，而是生命的最具有价值的追求和显现。公允而论，金融的正常体验与人的精神世界有着积极的适应关系，但过度充盈的金融意志、行为与人的精神世界的关系，已构成现代人必须与自己进行自我交战的深刻根源。

一、人类个体生命的"金融内化"导致生命与形式的冲突难以通融

生命的本真意义被追求一种价值通约的"可转让性"所贯通。狄尔泰指出："精神脉络具有某种目的论特征。只要心灵通过痛苦和快乐学到某种具有价值的东西，它就会通过注意过程、通过选择过程和对各种印象的详细陈述、通过斗争、通过意志活动、通过对它那些目标进行选择，以及通过寻求实现它那些目的的手段，作出自己的反应。"② 显然，个体生命所具有的内在精神结构，既涉

---

① 西美尔.货币哲学［M］.陈戎女，耿开君，文聘元，等译.北京：华夏出版社，2002：13.

② 狄尔泰.历史中的意义［M］.艾彦，逸飞，译.北京：中国城市出版社，2002：209-210.

及外部事物所具有的各种价值，也涉及生命所具有的各种价值，更涉及生存世界的意义和理解。通常而论，外部世界构成的整体往往作为对于某种内在的东西的表达而显现出来，有的会形成某种内在的神圣成分，内化为个体生命的生存意志、生活态度以及世界观和价值观。资本金融的逻辑进入个体生命的精神结构主要来自两种"化合反应"。一是金融逐利与人性贪婪的契合，导致人的内在精神朝着货币化、资本化和世俗化方向发展。不可否认，现代人的日常生活程式已离不开现代金融工具及其衍生品的支撑，更灵活的财富管理、更有效的资源配置、更多样的需求选择等等，这是生存质量重大提升的显现。但另一方面，资本金融的偏好——唯利是图、金钱至上，会导致人性的裂变。金钱本身并非生来即坏，但对它追求过甚就会产生物欲化的金钱拜物教，产生单向度的人。马克思在《资本论》中对此有着深刻的分析与批判。金融的内在自然癖性——逐利（套利），与人性的内在本质——自私与贪婪，两极相通，生存主体和个性都会由此变成事物、变成物品、变成客体。二是过度的"衍生化"金融偏好与人性嗜赌的契合，导致个体生命的自我意识沉浸在"投资—交易—风险"的生存范式中：生命的定在，被日复一日、年复一年的股票流转、资金流转、数字流转而固化、激活、冲动和沮丧，这种充满着风险的游戏最能产生生命的节奏感和抗争力，但也会带来精神的堕落性、奴役性和分裂性。精神的无限性变成十分狭隘的有限性；精神的思辨知性被退化为单纯工具主义的感性；精神的丰富性被衰减为单维的物欲性。

　　个体生命"金融内化"，尽管能体验生命自身的内在矛盾，尤其是生命发展的肯定、否定、否定之否定的辩证转换过程，但如果每天都把生命搁置在关涉瞬间的丰裕回报或巨大财产损失的"读秒抉择"体验中，过度丰盈的欢乐或痛苦，定会招致精神的如此悲剧：精神超越世俗的秉性变得极端脆弱、极端无能、极端异化。被称为"华尔街巨熊"的国际股神利弗莫尔，从事股票操作长达48年，历经无数次兴衰起伏、破产与巨大成功。个体生命的"金融内化"最终导致他走向自杀。当一个人的精神信仰不足以支撑他的巨大欲望时，走火入魔就是他的不归之路。如哲学家柏格森所言："我们的思维，就其纯粹的逻辑形式而言，并不能阐明生命的真正本质，不能阐明进化运动的深刻意义。既然我们的思维是由生命在确定的环境下为了作用于确定的事物被创造出来的，那么它就只是生命的一种流溢或一种外貌，它怎能把握整个生命？"① 应当说，逐利的金

---

① 柏格森.创造进化论［M］.姜志辉，译.北京：商务印书馆，2004：1-2.

融意志主义蔓延，在全球金融体系的框架中，必然使个体生命的"金融内化"与人类精神持有的"整体性自由"发生严重冲突。金融化所承载的世俗性，被理解为当今生活世界新的"基督性"：金融即财富，它拥有着神灵般的想象，宙斯般的力量，拥有它便拥有了通约世界的至高权力，同样也就拥有了在瞬间将荒芜的土地变成价值连城的"金字塔"的机会。掌握资本金融工具，便掌握了一切话语权，掌握了用金融手段左右经济、价格和价值再分配的权力。显然，生命"金融内化"的严重后果在于：它直接导致人类对生命意义及价值认知的颠倒，金融转让价值似乎永远高于生命价值。黑格尔在《法哲学原理》中曾对"财产权至高无上"的政治哲学信条做出深刻批判。他指出："生命，作为各种目的的总和，具有与抽象法相对抗的权利。……生命既被剥夺，他的全部自由也就被否定了。"① 因此，生命的价值高于所有权的价值，生命构成了一个比所有权更高的绝对价值。生命作为人格的定在，它是自由的最实质性根据："那些构成我的人格的最隐秘的财富和我的自我意识的普遍本质的福利，或者更确切地说，实体性的规定，是不可转让的，同时，享受这种福利的权利也永远不会失效。"② 因为生命"所享有的权利不因时效而消灭，因为我借以占有我的人格和实体性的本质使我自己成为一个具有权利能力和责任能力的人、成为一个有道德原则和宗教信仰的人的那种行为，正好从这些规定中除去了外在性……"③ 黑格尔的观点很清晰：在货币化、资本化生存世界里，从神性走向俗性的现代性在发育，人类生命的整体性受到挑战，一方面要积极接纳追求经济性的世俗社会，另一方面更要高扬追求彻底自由的批判精神。可是，难以超越的是：现代性主张主体性与物欲的关联，而不是与"整体性自由"的关联。

　　康德提示人类：人是目的，人就是人，而不是达到任何目的的工具。这一深刻的哲学理念，已成为理解人类精神持有的"整体性自由"内涵的逻辑前提。它植根于文明历史进化的需要之中，是人类由人性的利己主义倾向向更为广阔的社会化倾向进化的历史禀赋，因而也是"道德的整体"和实践原则。"整体性自由"来自人性中高度私向化行为受阻而被迫产生的"利他主义"道德原则。人类正不断接受个人的虚荣心、权力欲或贪欲心的挑战，不断创造一种更高的"生存境界"，从而推动人类不断实现自由计划。从历史哲学的维度来理解金融

　① 黑格尔．法哲学原理［M］．范扬，张企泰，译．北京：商务印书馆，2009：149.
　② 黑格尔．法哲学原理［M］．范扬，张企泰，译．北京：商务印书馆，2009：83.
　③ 黑格尔．法哲学原理［M］．范扬，张企泰，译．北京：商务印书馆，2009：84.

现象的逻辑，人类相关活动实存着特殊性与普遍性相统一的公理。个体生命的"金融内化"本质上割裂了两者关系：只注重特殊性，否弃了普遍性。实际上，两者是辩证统一的关系：一方面，普遍性是特殊性存在的前提和基础。也应该充分肯定感性的个体及私欲的特殊性的合理性和重要性，对金融行为的个人动力学原理予以高度重视，个人乃是各种需要的整体以及自然必然性与任性之混合体存在的根基，充分理解恶的历史作用的具体性、可感性和自我性，没有因个人私欲、利己动机引发的金融活动中一切癖性、一切禀赋、一切冲动、一切激情，整体主义的普遍性就会成为毫无生命、毫无真实存在的空洞幻想。另一方面，特殊性应当接受普遍性的规制和导引，唯有"受到普遍性限制的特殊性是衡量一切特殊性是否促进它的福利的唯一尺度"①。这里有两个重要理念：第一，普遍性是特殊性的类本质。马克思指出："本质只能被理解为'类'，理解为一种内在的、无声的、把许多个人自然地联系起来的普遍性。"② 人的类本质包括欲望的需要，更包括精神的自我认知诉求，金融架构越是隐性地侵入人的灵魂、改变人的世界观和价值观，人的本质就会逐渐向经济的物的世界转移。人不能按照事物的种的尺度来生产并创造对象化世界，相反，金融尺度本身定义了人本质的规定性。第二，特殊性只有在普遍性中才能达到真理。特殊的东西只有把自己提高到普遍的形式，才能获得它的生存。此真理有三个重要原则：一是追求利他主义原则；二是追求社会化（社会责任意识）原则；三是追求共有的制度文明原则。在现实的社会中，每一个特殊的人都是通过他人的中介，同时也无条件地通过普遍性的形式的中介，而肯定自己并得到满足。这意味着创设金融机构或金融工具，应当以人类的利他品性为核心，本质地说，金融的原在性有着更为宏阔的美学境界：如诺贝尔经济学奖得主罗伯特·希勒指出，"金融服务的是人类的欲望和潜能，它为我们构成一生中日复一日的各种活动提供资助。这些目标明确的活动本身都具有美感……正是在为人类所有的活动提供帮助的过程中，也就是为一个拥有为所有成员所分享的富饶和多元化的合约的人类社会服务的过程中，金融才体现出其最真实的美丽。"③ 因此，狭隘的自利动机，极端的敛财心理，不道德的金融欺诈，失去社会责任的种种行为，包括刻板的金融职业习俗，都是与金融的真正本质相背离的。

---

① 黑格尔. 法哲学原理 ［M］. 范扬，张企泰，译. 北京：商务印书馆，2009：225.
② 马克思恩格斯文集：第 1 卷 ［M］. 北京：人民出版社，2009：501.
③ 希勒. 金融与好的社会 ［M］. 束宇，译. 北京：中信出版社，2012：194-195.

显然，生命的意义体验与金融规制的过程体验相互渗透，如果让精神世界完全服从市场命令，服从逐利的金融意志主义的行为节奏的召唤，它将招致人类的精神堕落或毁灭。自由是精神性的深度，欲望是经济性的根据，两者是灵魂与肉体、理性与欲望的关系，完全离开精神性的经济性，资本金融只会运动在"原始丛林"中，产权转让关系便成为"狼群撕咬"关系。尼古拉·别尔嘉耶夫指出："如何在世界上实现精神，即不让它处在未展开的状态，处在仿佛是潜在的状态，同时不对它进行客体化，不使之与自己异化，不把生存向堕落的世界里抛。这就是创造的精神问题。这意味着，精神性应该在世界上被实现，而不是被象征，应该在生存里实现，而不是在客体里。"① 这里有两层意思：一是一切客体化存在的绝对首要性属于精神，即自由。精神的堕落不是精神的对象化或客体化的结果，而是精神离开了生命的本质运动方向，放弃了对物欲的批判和超越，精神被纠缠在物欲的世界里，这才是精神的真正悲剧。二是精神的彻底胜利将意味着作为非真正世界的客观世界的毁灭和消失（表现为不同时代的金融工具、金融体系、金融理念等都莫过于人类精神追求自由的产物，在一定的分寸上诞生着，在一定分寸上消失着），资本金融永远是人类生存实践的产物，它是可变的、被选择的、被调制的，而不是生活世界的本体或唯一，在当代金融化世界里，诸多光怪陆离的投资理念已成为精神活动的主要偏好，全球人数众多的股民和基民，从清晨到夜晚，他们的生活已深深地被金融工具或产品所规制，有事实表明，21 世纪人类对资本金融愈来愈准确、愈来愈复杂、愈来愈依赖的心理适应并盲从，已构成民族或国家的集体无意识。这种人的本质向经济的物的世界转移，全球范围必然出现"富有者更富有、贫困者更贫困"的两极分化的生存世界。

二、生存世界的金融合约化导致意义世界的平面化

生存世界的金融合约化极易导致人类历史化意识淡薄，金融结构的语义系统与金融所赖以存在的历史文化的意义构成系统发生认识论断裂，意义世界被彻底地平面化了。

现代金融体系已经打乱了人类对时空坐标的基本认识，极大程度地深化了人类对主观时空价值理解的内涵，并强烈意识到当下与未来的对比。追求财富的时间幻觉集中体现在：人类的财富被摆放在"时间机器"中，一方面，"时间

---

① 别尔嘉耶夫．精神与实在［M］．张百春，译．北京：中国城市出版社，2002：59-60.

就是金钱",另一方面,生命过程与金融合约过程相重叠。人人成为谨慎的签约人和利润回报的算计者,并且永远处在讨价还价的世界里。品种繁多的金融合约,试图把人类的生存偏好改变为"即时性买卖"过程的唯一体验。不少充满着符号幻象、价格幻象、杠杆率幻象和财富倍增率幻象的金融衍生品,其产品的合理性和有效性证明,往往被"荒诞的叙事情结""否定主义美学的逻辑推理""虚实有加的比对心理"以及"后现代主义视觉效应"等所粉饰并被包装。更值得提及的是,财富的创造及其流转,离不开数字化逻辑程式的运作,虽然在一定程度上使人性的自由获得了进一步的放大,但同时也使得充满生命活力的人类逐渐囚禁在程式逻辑的"牢笼"中不能自拔。数字成为人类强迫性的记忆,一旦失去数字,人类便陷入苦恼甚至灾难。世界意义的生命节奏似乎就在财富之梦的构造与财富泡沫的破灭体验中轮回闪现。不可否认,现代资本金融体系加深了人类对未来时间坐标的生存意义的理解,却相对弱化了对历史时间坐标的生存价值的重视。高度理性化的交易程序,导致人类生存时间更多地被工具化、数字化、计量化和模式化所定义,人类已被金融合约所操纵:金融市场暗含着原生的对称理论,金融品价格总是因市场不同而发生变化,微小的价格波动实质上反映了强大力量的博弈,在时间的推移下,众多微小的波动将汇集成一个必然结果。该结果已成为当下人类生存体验的重要关注事件,它是如此重要,以至于人们每天关注的第一信息就是国际汇率、大宗商品期货市场报价、股市开盘指数点位等等。每日交易所开市时间成为大都市"第一关注时间"。每天被市场涌现的杂多信息所影响,技术的灵性吞噬了历史承载的人文精神,金融的历史化被金融的工程化所替代,实体性的历史传统被虚拟性的当下创意所替代,金融的社会历史担当被追求既得利益的形式化套利功能所替代。毫无疑问,理解现代金融体系,必须认真思考社会和思想的历史,人是历史性地存在,缺乏历史感的人类是十分危险的人类。狄尔泰指出:"历史本身所产生的某些原则之所以有效,是因为它们使生命所包含的那些关系明显地表现出来了。这些原则都是义务,都是以某种契约、以对任何一个个体仅仅作为人而具有的价值和高贵性为基础建立起来的。这些真理之所以具有普遍有效性,是因为它们使历史世界的所有各种方面都具有了秩序。"① 关注历史中的意义,有必要将金融理性提升到历史理性来把握。金融体系本身是合理的,它实存着现实理性,金融理性的核心要义是追求金融效益的最大化,主要表现为:充分的零

---

① 狄尔泰. 历史中的意义 [M]. 艾彦,逸飞,译. 北京:中国城市出版社,2002:13.

和博弈、最大化的风险套利、尽可能地趋利避害、本能的嫌贫爱富等原则。与之不同的是，历史理性不属于私见和任性的主观偶然性，它源出于人类，是经过反思的、以追求自由意志为内核的历史普遍性观念，康德把它诠释为：由恶引起的对抗，由对抗诉求着和谐，从而形成人类觉解自身的历史进步观念，"把那种病态地被迫组成了社会的一致性终于转化为一个道德的整体。"① （即人类的文明社会）这里的关键思想是：尽管完美状态的历史进步，离不开人类过渡状态的恶欲、冲突、犯错以及道德方面的堕落，如康德所言："自由的历史则是由恶而开始的，因为它是人的创作。"② 但历史的进步离不开人类追求彻底自由意志的能动驾驭，离不开善的正义精神对恶的异化事实的扬弃，离不开从否定主义走向积极的建构主义。从金融理性走向历史理性，至少有如此深刻的思想要义——从对抗性走向和谐性。21 世纪全球资本金融体系的发展，已导致社会财富的增长率远远不及资本的收益率，而劳动报酬的增长率却远远低于资本的收益率。资本收益率为什么能如此偏离全球经济正义的轨道而狂奔？为什么能如此脱离劳动价值论的科学规制而任性？鲁道夫·希法亭在《金融资本》中得出重要结论："金融资本，在它的完成形态上，意味着经济的或政治的权力在资本寡头手上达到完成的最高阶段。它完成了资本巨头的独裁统治。同时，它使一国民族资本支配者的独裁统治同其他国家的资本主义利益越来越不相容，使国内的资本统治同受金融资本剥削的并起来斗争的人民群众的利益越来越不相容。"③ 这说明，金融资本发展的脱域性极易导致社会财富的两极分化，权利与资本的交易必然带来国家与市民社会的对立，资本收益率高倍增长与社会贫富差距日益拉大的矛盾乃是金融化世界最深刻、最普遍的社会存在本体论问题。在全球资本高倍收益率的背后深藏着马克思所忧患的社会劳资关系对立的性状，金融资本实质上是特定的社会关系、生产关系和财产关系的反映，资本与劳动关系的对立，证明了相关制度的不公正性和人权发展的不平等性。金融资本的私向化程度愈严重，其自身的内在否定性愈充分，与人民的对抗性矛盾也就愈尖锐。毫无疑问，现代金融体系应当从狭隘的逐利群体或阶层自觉走向深刻的"人民金融"内涵。坚持人道主义宗旨，从制度上改变让"富人更富、穷人更

---

① 康德. 历史理性批判文集 ［M］. 何兆武，译. 北京：商务印书馆，2009：7.
② 康德. 历史理性批判文集 ［M］. 何兆武，译. 北京：商务印书馆，2009：71.
③ 希法亭. 金融资本 ［M］. 福民，译. 北京：商务印书馆，1994：429-430；曼德尔. 权力与货币：马克思主义的官僚理论 ［M］. 孟捷，李民骐，译. 北京：中央编译出版社，2002：199.

穷"的金融秉性，改变与之相应的一切不合理的社会制度安排，尤其是改变"以资本为轴心"的社会核心制度形式。确保实现金融的民主化、人性化和社会公正性。人权问题首先是财产权问题，如果没有一个合理的社会公正制度，多数人的人权是无法保证的。金融制度乃是国家经济制度、政治制度的体现，如若没有一个人民性的制度安排，全球经济正义也就无从谈起。

三、资本的精神向度更趋主观性和任性

资本是人类追求自由自觉创造活动的产物，在每个创造行为里都有主观精神的原初自由的因素。早在20世纪初，希法亭就将高利贷资本、银行资本和金融资本解释为"否定之否定"的发展过程。[①] 从自由竞争的资本主义过渡到垄断阶段即帝国主义阶段，"资本便采取自己最高和最抽象的表现形式，即金融资本形式"[②]。资本的精神向度趋向主观性和任性：由虚拟资本所形成的"价格不再是一个客观决定的量，而变成那些以意志和意识决定价格的人们的计算数例，变成了前提而不是结果，成了主观的东西而不是客观的东西，成了任意的和偶然的东西而不是不依赖于当事人的意志和意识的独立的和必然的东西"[③]。在他看来，导致这种主观性和任性的原因在于：（1）金融资本所形成的"垄断价格虽然可以根据经验确定，但是对它的水平却不能从理论上客观地去认识，而只能从心理上主观地把握"[④]。客观的价格规律只能通过竞争为自己开辟道路。如果垄断消除了竞争，它们也就因此而消除了客观的价格规律能够借以实现的唯一手段。价格不再是一个客观的决定力量，而是主观意志的结果。（2）随着股份公司和资本集中的发展，控制银行的虚拟资本的所有者与控制产业的资本所有者，愈来愈合二为一，愈来愈以金融资本的形式操控市场，操控价格，直至操控整个社会。因此，"资本的动员同生产过程无关，它仅仅涉及所有权，仅仅创造执行职能的资本主义所有权的转移形式，即作为资本、作为产生利润的货币额的资本形式转移"[⑤]。这样，关于价格的竞争便成为关于价格的权力叙事，关于企业生产力的报告便成为关于上市公司的股票交易性状的报告，虚拟逐渐摆脱实体，甚至真实变为"虚假"，虚假反成为"真实"，财富的劳动价值

① 希法亭. 金融资本 [M]. 福民，译. 北京：商务印书馆，1994：254.
② 希法亭. 金融资本 [M]. 福民，译. 北京：商务印书馆，1994：1.
③ 希法亭. 金融资本 [M]. 福民，译. 北京：商务印书馆，1994：256.
④ 希法亭. 金融资本 [M]. 福民，译. 北京：商务印书馆，1994：256.
⑤ 希法亭. 金融资本 [M]. 福民，译. 北京：商务印书馆，1994：207.

论被财富的权力意志论所替代。

21 世纪资本金融时代的到来，既有着希法亭强调的"金融资本"的特性，更有着值得当代人思考的新内容：它已不再是银行的货币资本与产业资本的简单聚合，而是资本的金融化和金融化资本的相互契合。资本的金融化，意味着资本集聚和运作重心由产业部门转向金融部门；金融化资本，意味着资本构成和资本运作方式与股权化、衍生工具化相勾连。在资本的全球化和信息技术的智能化（如大数据、互联网、云计算等）背景下，资本与金融的契合，就金融化资本主义制度而言，它是全球资本的垄断与权力控制的结合，是追求垄断资本效率的最大化与追求垄断金融效率最大化的结合。资本的主观性和任性表现为资本的高度私向化：（1）全球资本金融体系加速了全球公共资本总量的衰减和私人资本总量的飙升，皮凯蒂在《21 世纪资本论》中指出："当前在发达国家，国民资本几乎全部为私人资本：全都占 90% 以上，有些国家甚至超过100%。"① （2）在逐利的金融意志主义强力推进下，西方众多的国家核心功能被严重地私有化。哈贝马斯在反思金融危机时深刻指出：国家政纲"以其私有化的幻想掏空国家的核心功能，从而容忍了把政治公共领域残存的一点协商性成分贱价变卖给利润率节节高升的金融投资商，使得文化和教育依附对经济气候敏感的出资人的兴趣和心情"②。从资本运作的精神向度分析，过度资本化与过度金融化的契合，内生着技术与心理、逻辑与直觉、实体与符号、始基与想象等工作原理的运用。虚拟资本的工作原理离不开意识论，衍生品的创意离不开意志哲学。资本的虚拟创意，从界面到网络空间，处处充满着追求虚拟实在的形而上学。通过形象和意义流通，而非通过简单的产品物质机理的描述，按照预先定义了的现实，通过模式和符码以自我指涉的方式生产出来，从而达到比真实还要真实的"超现实"效果。

21 世纪的资本似乎表达了对自由本质的新规定，资本为人类的自由伸张作出了重大贡献，其所开辟的新的自由，开启了将来人本身能够而且有意识地设定起来的必然性和义务的多样性。实际上，21 世纪的资本在现代金融的框架内，已经把主体自由界定为某种无穷无尽的财富创造和想象力。由无障碍的意识流动，变成无障碍的财富创造形式。意识有多远，资本就能走多远。资本是一个

---

① 皮凯蒂.21 世纪资本论［M］.巴曙松，陈剑，余江，等译.北京：中信出版社，2014：中文版自序 XVII.

② 复旦大学国外马克思主义与国外思潮研究国家创新基地，等.国外马克思主义研究报告2009［M］.北京：人民出版社，2009：210.

作为主体的自我表象着的客体，意识越被虚无化，资本就越被虚拟空间化。资本一旦拥有虚拟空间形式，其意志形态空间远远大于物理形态空间。资本的上述特征，说明了现代人精神的不安分。斯宾格勒曾把现代人称为浮士德式的人，也就是追求自强不息，不断进取，不安于任何有限的、完成的、完全古典的东西。另一方面，在资本永无止境地创造自我面前，精神只有拒绝接受僵硬的资本逻辑所带来的命运安排，才能真正获得内在自由。柏格森指出："意识赋予'存在'一词的确切含义是什么，我们认为，对于一个有意识的生命来说，存在在于变化，变化在于成熟，成熟在于不断地自我创造。"① 生命的冲动在于一种创造的需要，这种创造的本质就是力图把尽可能多的不确定性和自由引入物质。如投资银行家们，每时每刻都有可能受灵感火花的启迪而创意出具有极强脱域性的新金融工具或金融衍生品，这些挑战"确定性"、伸张"自由意志"的新工具，在一系列恰当的分析、评价及交易过程后，最终进入金融工程师和投资者们心理信赖的永久工具箱中，物质的财富通过抽象和创意，在主观叙事和理性狡计的驱动下，当有限的承载变成无限想象的索取权，在特定态势中，的确可以以倍增式的财富效应变现，但也回避不了连概念到实体都被归零的命运。

资本运作离不开分析师、评估师的意识判断。如，以股票、汇率和利率期货等产品为代表的资本市场交易主体（以投资银行业务为主的金融公司），由于资本市场虚拟经济的特点，信息成为人们进行买卖交易的主要依据，而电子数字化则是投资人的主要交易手段。"没见到黄金的人可以买成百上千盎司的黄金，没见到原油的人也可以买成千上万桶原油，没到过某企业产品的人也可以买该企业的巨额股票，那么，决定市场未来走势的重要分析和预测普遍是由投行首席经济学家和分析师提供的"②，其中他们在特定环境下的精神状态、心理因素、情感反映等对评估及分析的结论影响是不言而喻的。再一方面，资本运作监管制度的不健全，导致不少衍生品的交易处在"任意叙事"的非理性状态中。如，对期权进行交易并非出于管理民众生计这个高尚的目的，而仅仅是一种非理性行为。这种交易的需求是巧言令色堆叠出来的，是销售期权的人利用顾客心理的弱点编造出来的。他们提出，对期权交易兴趣最大的人是那些不懂市场、可能完全误解期权的功能并夸大期权价值的人。③ 可见，不完美的衍生

① 柏格森.创造进化论［M］.姜志辉，译.北京：商务印书馆，2004：12-13.
② 刘纪鹏.资本金融学［M］.北京：中信出版社，2012：22.
③ 希勒.金融与好的社会［M］.束宇，译.北京：中信出版社，2012：113-114.

品市场，资本运作存在着严重的主观性、意志性和任性。

资本精神向度的主观性还集中反映在三个领域：一是衍生品的创意领域。主观性往往表现为资本脱离金本位制，脱离实体经济，通过衍生工具座架世界的意志主义企图。二是资产证券化的精神生产领域。资本市场是一个生态系统，有它自身的发展规律，资产的证券化是全球经济发展的大趋势，但这又是一个长期发展的过程，倘若资产证券化的意志过强，而实际资本市场的可承载性却很弱，必然导致资本的主观性和任性。三是上市公司股票定价有着过高估值的意志偏好领域。企业的资本打造，主要不靠工业生产，而是靠股票投资，企业的价值只由资本市场来决定。估价过高意味着对资产的估计价值高于资产的实际价值，客观地说，它对于推进资本市场大量新股的发行和交易具有一定的作用。但是，正如米切尔所指出的，"过高估价可能只是一个幻景"①，一方面，公司发行比其自有资产更多的股票将会导致公司未支付更多的股票分工而抬高股票价格。仅靠公司的资产显然不能使公司以公平的股票价格发行股票；另一方面，它通过股票"掺水"将多余的垄断利润分散到更多的普通资本中，以遮蔽公司的垄断利率；再一方面，它的极端投机性易导致市场的波动性。② 2015年上半年中国发生的股灾事件其原因之一正在于此。这说明，想象的时间与想象的财富，最终不能与真实空间和真实发展条件相分离。在想象的时间里，前进与后退没有很大的区别，但在真实的时间里前进与后退有着重大差别。

对金融化世界的哲学反思，并不是呼吁人类废弃金融价值观，消除现代金融生活范式，而是将人类引入更为深刻的形而上的问题思考。如金融学家、诺贝尔经济学奖得主希勒的发问："我们都生活在金融主导的时代，也就是金融制度对社会经济体制的影响力逐步增长的年代，而2007年开始的金融危机使大多数人都认为这种制度已经腐化，我们都需要认真思考这个社会的发展方向是否正确？我们这一代人以及下一代人是否仍要坚持同样的发展方向？"③ 笔者以为，希勒所指的"发展方向"，寓意是人类应当期待着更高的生存状态的完美综合。如何理解这种生存状态，如何实现"完美综合"？有三个要义值得重视。

首先，它需要我们从未加反思状态进入反思状态。只有通过反思才能把握

① 米切尔. 美国的反省：金融如何压倒实业 ［M］. 钱峰，译. 北京：东方出版社，2011：52.

② 米切尔. 美国的反省：金融如何压倒实业 ［M］. 钱峰，译. 北京：东方出版社，2011：52-53.

③ 希勒. 金融与好的社会 ［M］. 束宇，译. 北京：中信出版社，2012：前言 XXVI.

比金融更抽象的社会存在论的思辨道理。毋庸置疑，现代资本金融体系仍然归属现代性发展的高级形态，现代性二律背反的本质深藏其中：欲望与理性的对立、形式与内容的对立、私向化与社会化的对立、自我意识与道德律令的对立、康德式的主体与斯宾诺莎式的实体的对立。唯有深刻反思，才能触及现代性与现代金融本体论存在的关联性，才能对习俗的东西、本能的东西、感性的东西进行辩证超越，才能把属人的自由程式更多地理解为主体性与自由的勾连，而不是单纯客观性、实体性与自由的联结，才能认识到金融的创造力与人类的思想创造力同出一辙。金融在场性的缺陷，本质上是人类历史进化过程中的实践局限、理论局限和制度局陷的反映，它证明了主观精神（追求彻底的自由精神）与精神的客体化沉沦（"它意味着世界的堕落性，世界的分裂性和奴役性，而且生存主体、个性都被变成事物，变成物品，变成客体"）① 之间的冲突十分严重，人性的弱点只有在更高人类实践活动的历史过程中才能被加以克服，尽管这一历史充满着矛盾、对立和分歧，充满着强化的需求与力量的较量。人类的智慧正在于：永不停顿的忧患，永不停顿的改造，永不停顿的前进。

其次，21 世纪全球资本金融体系的发展已深陷四大"二律背反"中：（1）公平与效率的矛盾冲突；（2）技术向度与人本向度的矛盾冲突；（3）私向化与社会化的矛盾冲突；（4）金融理性与政治理性的矛盾冲突。事实上，从资本的任性到权力的任性，21 世纪人类历史已出现超出人们意料之外的偏斜运动。世界如何实现全球经济正义？人的异化何时被扬弃？纯粹的经济理性已导致人与人之间关系的疏离，最终使人也成为被深度开发的金融衍生品。国际金融投资大师乔治·索罗斯曾语重心长地告诫人类：世界经济史是一部基于假象和谎言的连续剧。要获得财富，做法就是认清其假象，投入其中，然后在假象被公众认识之前退出游戏。索罗斯的判断尽管比较偏激，但他深刻地提出了千百年来人们一直追问的一个深刻的经济哲学问题：金融的存在有无合理性与合法性？笔者以为，"金融与好的社会"的结合，它深层次关联着一种新的政治经济学批判精神的在场性。传统的自由放任的市场哲学来自西方个人理性的政治哲学谱系的价值同构，这种历史精神的沉积已被人类实践反复证明：它不再具有"现实性"和历史的合理性。该政治哲学的核心价值观只能导致"让富人更富"的社会制度，如国际货币基金组织和世界银行在 1990 年作出的"华盛顿共识"这

---

① 尼古拉·别尔嘉耶夫. 精神与实在［M］. 张百春，译. 北京：中国城市出版社，2002：55.

一经济构想：世界改革应当遵循如此方针——"Trickle down（渗漏效应），让富人更富，然后福利就已然渗漏到穷人了。"① 这种社会公正来自自然发生论的教条已被历史证明是十分错误的。社会主义国家虽然有着"好的社会"的政治制度基础，但由于存在着局部不完善，社会主义现代市场制度构建的不成熟，尤其是构建现代金融体系的不发达，"金融与好的社会"结合的优越性还不够充分。这也期待着新的政治经济学批判精神的理论先行。

最后，根本上解决皮凯蒂所忧患的世界两极分化问题以及资本发展的主观性、任性和脱域性问题，只有从制度的合理性与合法性、人民性和政党的先进性相一致的政治理性框架中，才有可能辩证地引导资本发展的积极效用，使自由放任的资本历史进化到促进人类全面进步的自由历史。应当清醒地看到，当代全球资本金融垄断集团对世界经济的控制和掠夺日益加重，其投机性、掠夺性和寄生性有加无减，它已从根本上证伪了金融帝国主义政治制度和经济制度的合理性与合法性问题。若不承认这一客观事实，人类还要历经更多的、也是更为惨重的历史磨难。2008 年国际金融危机后，中国道路、中国模式愈来愈成为世界学术领域关注的新视点，这说明历史的偏斜运动尽管有着人类追求自由意志的价值偏好，但它仍然离不开历史的必然性与历史偶然性的辩证运动规律的支配。这也是马克思的思想价值和科学价值在当代再度被唤醒的原因之所在。在中国，21 世纪资本已成为追求普遍理性进步意义上的人性自由发展的重要象征，这是 21 世纪资本论最值得关注、最值得期待、最值得提升与总结的具有世界意义的重大事件。在中国，一个健全的资本市场，一个健全的融资机制，一个健全的市场经济体制至关重要。21 世纪的资本论最值得研究的是：中国精神与中国资本的互动。它不是单纯资本运动的个别规律，而是极具创新意义的从特殊规律上升到一般规律的实践探索。海德格尔指出："对人类一切能力的至高的和无条件的自身发展的确保，也即对人类一切能力向着对整个地球的无条件统治地位的发展的确保，乃是一种隐蔽的刺激，推动着现代人不断走向新的觉醒。"② 21 世纪，是什么样的"隐蔽的刺激"使得资本的运动给了当下人类新的觉醒呢？笔者以为，中国的资本创新模式是 21 世纪政治经济学批判再唤醒的学术事件。至少有两个视域的问题值得研究：（1）大力促进社会主义资本发展

---

① 复旦大学国外马克思主义与国外思潮研究国家创新基地，等．国外马克思主义研究报告 2009［M］．北京：人民出版社，2009：211.

② 海德格尔．尼采（下）［M］．孙周兴，译．北京：商务印书馆，2002：776.

在何种意义上是积极的、有效的、正能量的？让资本在社会主义阳光下最大化运行，重要的要解决哪些深层次的制度问题和改革实践问题？社会主义与市场经济内生关系如何理解？社会主义与资本的内生关系如何认知？资本发展独特的制度优势、精神资源优势是什么？（2）资本如何从经济理性上升到政治理性，即把追求经济最大化效应扩延为追求社会发展的最优化效应，把经济人的财富论提升到人民的财富论。这是十分重要的制度创新，也是中国为世界作出最重要贡献的历史期待。

原文：《金融化世界与精神世界的二律背反》，原载《中国社会科学》2016年第1期；《新华文摘》2016年第9期全文转载。

第八章 现代性逻辑预设的生成

第一节 现代性与阐释的限度

在西方哲学中，有两种阐释世界的方式。一是没有遮蔽的"道说"，一是有确定性的阐释。

一、从"道说"到有限度的阐释

怎么把"存在"翻转为"是"，然后通过某种方式，把"存在"与"是"链接起来，去寻求一个"道说"的情景，是一种古老的哲学阐释形式。西方古典哲学中的巴门尼德、柏拉图乃至亚里士多德，其实都是围绕"存在"与"是"，寻求从"存在"到"是"的真理表达。这个真理阐释，在海德格尔的书中，就是"道说"，一种语言逻各斯。"道说"把"存在"翻转为"是"，通过语言逻各斯的表达，把无遮蔽的"存在"本质说清楚。这一过程叫作"显现"。这个概念，可以说最能表达古代阐释的本质特征。

第二种阐释则是在以"自然被反思为质料因存在"的主客二分的认识论底板上绘就的。在前希腊文明时期，阐释是自然流淌的感觉，是一种没有遮蔽的"道说"，存在即本质，本质即显现，因而决定了阐释的无限性和直接性，这种直接性表达是随性的，随感觉与直觉而发生，是生命之流的冲动，既包含着猜测，又有灵性感悟的表达。人的事理被归咎于自然法演绎的结果，是自然规则为人类立法，它不需要人为的阐释限度，因而阐释成为没有确定性的自然显现。

到了近代，知识论问题、理性化问题渐次展开，人类阐释的形式与内容越来越有相应的确定性，然而想把世界说清楚也越来越难了。因为知识论与理性论的东西给我们盖上一床又一床的"被子","道说"不存在了，自由的阐释变成了有限度的阐释。

哲学家康德提出了"人是自然的立法者"，对自然的认知唯有人的理性阐释才具有合理性、合法性和权威性，于是无限的阐释变成了有限度的阐释。

二、阐释的确定性愈加清晰

正是现代性赋予了阐释的确定性。自现代性发育以来，阐释的确定性包含着三种内涵：一是知识给存在下定义，也就是说，近代自然科学需要不断阐释事物存在的机理和规则；二是存在的价值判断的构成，它需要事实判断的支撑；三是斯宾诺莎式的"规定就是否定"的哲学命题，它赋予了阐释以确定性与不确定性的统一。由此，阐释才有共同认知的"公分母"，让有限度的阐释和无规定的自由思考达到统一，呈现了人类从追求感觉形态的整体主义综合自由，到近代具有反思特征的追求彻底自由的显现。这是历史进步的事实。因而，在不确定性存在中寻求确定性规则、标准、逻辑和程序，是现代性的主要内在逻辑范式。

随着现代性的公共性扩大，阐释的"公分母"的存在显得尤为必要，现代性与阐释的确定性关联主要来自三条路径。

首先，人类从听古代自然神话的故事到听中世纪圣经的故事，再到听近代人类自身世俗社会的故事，依次需要混沌的想象、有关终极存在的文本定义，及与人相关的市民社会的一切定义。这是阐释确定性的生成与发展。用清晰的概念来精准表达事物的存在及其对事物的理解，恰如存在差异性的人类的公分母——阐释限定性终是为了消除彼此交流的障碍、追求形成人类的理想共同体。

其次，现代性的生成使阐释的限定性变得更加明确、更被需要，更加具有强力。历史时间与历史空间的架构，尤其是货币、资本、财富的驱动，使得自然人向文明人过渡，这也是阐释确定性愈加清晰化的形式。这种确定性反映在工业文明宏大叙事的节奏中，资本逻辑张力显现的脱域过程中，现代制度文明生长而伴随论辩与批判的文本中，这也是卢梭式的"戴镣铐的自由"的现代人真实写照。

再次，现代性更多强调"规定即否定"的辩证否定原则，对一切事物的阐释"是就是，不是就不是，除此以外都是鬼话"。这一形而上学的古老格言成为一种默会知识，不断获得规定、复制与传承。而现代性的一切存在需要精确而不是模糊，现代性需要合理合法的证明，市场契约需要法理确定性的表达，国家需要科学与理性的规制，现代公民需要明确的德行昭示。总之，随着近代西方现代性的发育和发展，阐释变得越来越谨慎、理性和精确。但是，从另一界面深究，货币、资本、财富、市场经济使得现代性框架下的阐释变得功利、狡计，变成追求利益最大化的工具，乃至敛财致富的砝码。这是阐释确定性的缺憾。应当看到，在现代性知识论的遮蔽下，话语纷争扭曲了阐释的确定性，使之沦为争夺利益的工具和相互博弈的语言游戏。

三、确定性公分母如何消失

值得一提的是，今天在西方，随着后工业社会与晚期资本主义的到来，尤其是弗洛伊德无意识理论的提出，阐释学变成了心理能量运作释放的工作原理。于是，阐释的确定性消失了，确定性公分母也消失了，出现了后现代主义倡导的"去中心、去本质、去科学、去真理"，回到了海德格尔说的前希腊存在即本质的境遇中。这一现象的出现，最早可追溯到康德哲学对理性的质疑与批判，他第一个宣布，人类的阐释能力是有限的。一个致命的问题是：理性是通过工具来思维的，它借用主观性范畴的工具，擅长把客观存在物自体拿到人的理性认识通道里，用一堆范畴把它加以整理，这样，主观性范畴不得不把物自体、质料加以统摄，所有的认识对象在大脑中都是混沌、离散、没有因果关系的。

但是，范畴具有强烈的主观性。这使得人的"理性认识"往往把握不了客观事物的真相。那么，正如后现代主义哲学家所讨论的，"思中之物"都不存在，哪来阐释的确定性公分母？今天，人类运用心理规则意识，代替了阐释原有的确定性，而获得了个体追求心理自由和快乐原则的自我叙事，传统意义上的文本阐释变成了每个人主观意向下的意识流读本，解释成为个人意志下的自我独白，文本的意义在于这种意志多元的解读和汇集。可见，正是后现代主义消解了传统阐释学的确定性。

用现代性的眼光去看待阐释的确定性，可以得出以下结论：阐释是人类追求历史进步的产物；阐释的确定性来自近代知识论的反思，从追求精确性的定义到阐释的公分母的确立，再到作为资本对阐释存在的限定（话语权限定，意识形态的限定，权力与利益的限定等），也就是阐释的强制性；理性固然永远是我们前进道路上的伴侣，而非理性也是我们不可放弃的创造力动因，因而阐释的限定与阐释的自由追求永远是人类的有利武器。

当今，西方阐释学认为，文本可以脱离作者具有阐释意义，它可以带来无限阐释和自由联想的功能。海德格尔的学生伽达默尔系统建立了作为存在本体论的哲学解释学，在当代哲学界甚至哲学之外的领域产生了深远影响。伽达默尔从理论上阐述了任何一个文本都可能有多个不同意义的多元论的观点。他认为："文本的意义超越它的作者，这并不是暂时的，而是永远如此的。因此，理解就不只是一种复制的行为，而始终是一种创造性的行为。"① 也就是说，任何的文本都具有多元意义和开放性，这就彻底破除了文本只有一个真正意义的神话。

不过，问题也随之而来。"一切皆流，无物常驻。"既然意义是变动不居的，理解就会失去标准。阐释的确定性行将消失，这对于阐释学理解和理论研究等产生了巨大冲击。究其原因是阐释超越了其限度所致。

那么，阐释的限度在哪里，我们如何确定阐释的限度，这将是一个亟需解决的问题。在阐释学领域做出"中国表达"，或许是一种值得追求的尝试。

四、阐释学领域的"中国表达"

在"发思想之先声"的语境下，以中国理论阐释中国经验、创建具有时代特质的中国阐释学派，这是国内哲学界学者讨论的一个热点问题。

追踪辨析西方哲学的阐释学资源，古今通观、中西借鉴，最终的落脚点在于构建世界话语体系中的"中国阐释学"。在阐释学领域做出"中国表达"，使得中国学术话语体系构建有所突破、有所创新，应着重探讨阐释的本质、界限及其确定性问题，关键在于将特殊性阐释扎根于国情、国脉、国土大地之中，通过"中国阐释学"的阐释，扩展阐释学的理论视阈与学术维度，丰富"阐释学"的内涵，与西方阐释学展开交流与对话，从制度自信、文化自信、理论自信中探索中国阐释学的规律。

原文：《现代性与阐释的限度》，原载《文汇报》2020年8月21日，第8版；《新华文摘》2020年第22期全文转载。

---

① 加达默尔. 真理与方法：哲学诠释学的基本特征 [M]. 洪汉鼎，译. 上海：上海译文出版社 . 2004：383.

第二节　现代性逻辑预设何以生成

现代性逻辑预设是现代性的基础性叙述，它是现代性核心价值观念最具有典型特征的思想规定，也是哲学及各门综合知识所涉及的现代性特征之间的联结点。它的生成与发展是一个漫长的历史过程。当人们去认知现代性时，有着不同的意识层次，如直观、感觉或情感等，而唯有以思想、范畴反思现代性时，才表达了一种日益强烈的历史相对主义意识。因此，现代性逻辑预设又是意义同质化的哲学反思命题，它通过对历史时间与空间的还原，将杂多的人类实践行为特殊样式以抽象思辨的哲学范畴排序及逻辑编目，深刻地反映着现代性历史生成与发展的辩证同一体的本质，同时又深层次地揭示了人类生存进化的现状和缺憾（异化、祛魅、破碎及病态等）。本文通过探讨中世纪基督教神学观与现代性逻辑预设的勾连，近代欧洲工业革命对现代性逻辑预设的影响，近代西方理论经济学传统的价值内核对现代性逻辑预设的侵蚀，旨在提出一种有助于理解现代性问题方面所存在的历史间距的参考文本。

一、历史时间意识、历史整体性观念、历史进步观念：中世纪基督教神学观与现代性逻辑预设的勾连

现代性逻辑预设发端于中世纪基督教神学。从现代性发展的历史脉络来看，有三个方面值得关注：

其一，基督教神学为现代性早期逻辑预设的产生提供了三条重要原理。（1）人性最初的共同原理。基督教神学在扬弃希腊-罗马对人性的乐观主义观念的基础上，表明了一种深刻的历史哲学观念，即人的行动并不是根据智慧所预想的目标而设计出来的，它完全是被直接而又盲目的欲望（在背后）所推动。这一重要原理启示了近代的康德，使他把"人道之中的全部优越的自然禀赋"的发展的原因之一，理解为人性之中的"贪得无厌的占有欲和统治欲"①。可以说，现代文明正是理性战胜欲望这一具有原因论性质的迷思澄明及其展示的必然结果，而现代性正是"恶的历史驱动"的精神现象学的解读。（2）心灵产生事物

---

① 康德. 历史理性批判文集［M］. 何兆武，译. 北京：商务印书馆，2009：8.

的模式及其意象的原理。基督教神学是对希腊-罗马的"自然发生论宇宙观"的思辨形式的转换与提升——提出了"心灵发生论宇宙观",而这一点对于西方近现代思维方式和知识论反思路向的影响不可低估。中世纪的神学不能完全地理解为人与神的对立:从某种意义上说,它是一种特殊的人学,是与人类的进化难以分离的一种精神的历史遗存物的显现。对于西方人来说,在前现代性向现代性的过渡期、现代性向后现代性的过渡期,模仿上帝(有不同的诠释)至少可以使人在精神素质上保持一种强大的凝聚力,这样能够减弱由于历史转折的震荡而带来的不同阶层之间精神的疏远程度。(3)真理与自由相悖的原理。中世纪基督教神学借用一套新的话语系统颠倒了前现代社会格局的价值等级,如将"好人是高贵的人,坏人则与奴隶相联系"的观念改变为"最卑微的生物最为上帝所爱"的理念,为摧毁古罗马的秩序作出了贡献。应当说,这是现代性较早的一次通过内在否定的精神品格而彰显其生命活力的证明。最为重要的是,基督教神学产生了现代性的悖论——真理与自由的悖论。真理(超越世俗的崇高目的论)的普遍性和自由(世俗原欲的驱动)的差异性,对本质性思考来说不能不是一个悖论。尽管上帝能创造有自由意志的受造物,但他不能促成或决定他们只做正确的事情。对至高无上的普遍价值的规定与信仰,本身就是对世俗生活差异性的消解,然而,失去差异性与普遍性的相互对立和否定,普遍性也就成为虚无。无论是康德还是尼采,他们的哲学困惑的实质都在于此。

其二,历史时间意识的萌发,为现代性提供了认知自身逻辑发生与发展的可能。现代性本质上是一种历史大尺度的精神反思及量度的产物,现代性体现了一个完整时代特征所内含的历史与文化、时间与空间相互叠加、交错运动的实质性内容。反思中的现代性,乃是精神把历史的特定内容输入到特定的历史时间与空间的坐标中,并且通过历史逻辑的内在环节加以整理和联结,在殊多的共相中寻求历史的普遍性原则和特殊性原则,从而构成现代性逻辑预设的范畴群体以及特殊历史形式的综合判断。早期历史学家在理解时间观念中的历史事件时,往往更相信循环时间的历史过程的自然法则:既然自然按四季昼夜循环往复变化,那么人世间一切事件、人物或诸神也都是循环时间的表现形式,再次降生或再次死亡理所当然。而中世纪基督教神学家们所理解的历史事件,不再是纯客体变迁的自然法则演绎的结果,而是与人的价值、信念直接同构的主体道德实践的显现。人与神的故事实际上不过是基督教否定循环时间而赞成一种线性不可逆时间的结果:上帝作为历史的轴心,这种线性不可逆时间导向永恒性。上帝是永恒的,希腊诸神只是不朽的;上帝处在时间之外,但上帝通过历史时间来工作。在现代性的框架里，要承认文明是历史上规定了方向的东西，必须在时间上看出它的活动原理和定向标。任何属人的时间概念都应当包括历史上和逻辑上与之相应的社会空间概念。黑格尔认为，历史时间是同质的连续体。历史是时间的等同物，因为整体的一切成分彼此同时，处于同一个"现在"。从历史哲学的角度看，在希腊-罗马的历史观念中，历史主体的抽象还不擅长将"自然时间"转换为"历史时间"，历史质料在形式化过程中缺乏整齐划一的目的因整合，因此，历史的读本只能是杂乱无章的偶然事件的堆积符号；而在中世纪的历史观念中，基督精神的营造和整合使历史事件由基督的诞生而向前和向后被记录并被评价，神的计划被赋予历史时间的量度而加以诠释和证明，它使人类有了开启"历史时代"的可能。自然主义的历史观逐渐为神本主义的历史观所取代，"世界乃是自然"的观念不断为"世界乃是历史"的观念所覆盖。

其三，历史整体性观念和历史进步观念的萌发，为以主观性的统治为特征的现代性注入了一种特有的思维方式和一种理解历史过程的价值观。其思维方式的特征为：历史必须设定一个主体，即把整个现实创造出来的"创造主体"。创造与被创造的关系不仅使作为客体的世界可以被把握为一个统一的整体，而且使客体与主体可以被理解为统一的主体-客体，即统一的历史过程。现代性首先是它的"历史整体性"：从"世界历史意识"到"现代化进程的观念"、从"文明中心论"到"全球化意识"等，后现代主义者则试图用"边缘化""多元化"和"非中心论"来解构历史整体性观念。实际上，在理论形态中我们可以批判历史整体性观念，但在生活世界里至少目前还不能消解它，因为它是传统，地球上还有相当多的人其实践行为和利益关系与之不能割舍。英国学者阿尔布劳转借科林伍德的观点指出："历史分期观念的提出归功于早期基督徒们。他们不得不把历史看作这样的历史：它具有普世性，按照上帝的意志运动，以一件神学事件（即耶稣基督的降临）作划分，然后再以一些划时代的事件作进一步划分。以此为背景，我们就可以明白现在的时代做的是什么。"① 如果说希腊-罗马的地域性似乎是历史旋转的中心，那么中世纪根据基督教神学原理所构造的历史则是一部普遍的历史、一部世界通史。在这里，基督精神已不是地域性的历史旋转中心，而是具有无限精神张力和宇宙始基论意义上的"逻各斯"存在。它的存在使得人们对历史偶发性的重大事件给予总体性的精神整合成为可

---

① 阿尔布劳. 全球时代——超越现代性之外的国家和社会 [M]. 高湘泽，译. 北京：商务印书馆，2001：20.

能，所有历史事件的记录都要以基督诞生为中心的模式而结晶。

确认历史发展是进步的观念，是现代性一个最为典型的特征。进步，作为历史时间之产物的真理，它是一种理解历史过程的价值观。著名的历史学家克罗齐指出，进步观念永远是一种新型历史的主题，即人类精神进步史的主题。中世纪基督教文化的出现，标志着人类对进步观念的认识达到了一种道德哲学状态。进步不再是可感的、现实历史画面的显现，而是精神运作的结果。奥古斯丁在《上帝之城》中指出，罗马帝国的灭亡不应被视为异族战争的结果，而应被视为新时代精神（基督教）对已逝精神（罗马神话）的唾弃，是历史的进步。其意义在于：人类通过由肉体生活（恶）向精神生活（善）的转换，实现了道德的提升和历史的进步。从世俗之城走向上帝之城，是道德的上升运动。近代社会意识形态的基本原理就是寻求进步。显然，神学的进步观是荒谬的，但从道德目标来关注历史进步的内涵，对后人不无启迪。

二、物性化、单向度、宏大叙事：近代欧洲工业革命对现代性逻辑预设的影响

吉登斯在考察现代性的制度性维度时提出了一个颇有争议的话题：现代性诸制度究竟是资本主义的，还是工业化的？在他看来，应该把资本主义和工业主义看成是现代性制度的两个彼此不同的"组织类型"或维度。① 而在笔者看来，从工业革命的角度来分析现代性逻辑预设问题，必然涉及资本主义话题。近代欧洲工业革命最具有进步意义和最具有历史缺憾的历史辩证性正在于：历史的每一步推进似乎都在铸造着一个崭新的物态世界，同时也昭示了康德的如下思想：一个被创造物的全部自然禀赋都注定了终究是要充分地并且合目的地发展出来的；但是，随着社会分工、交换的发展所形成的社会关系的物化和异化，尤其是随着货币向资本的转换、金融资本向工业资本的集聚，物性化的工业革命带来了人类心智的物性化，单向度的工作机原理带来了单向度的价值偏好的人，宏大叙事般的工业主义形象与实体带来了人类宏大叙事的思维方式和习俗。正是从这个意义上说，在马克思的眼里，现代性既是合理的、现实的，是属人的计划而不是大自然的计划，也是有缺憾的，是值得批判和超越的。

（一）工业革命范式的内在性之一：物性化

工业革命的哲学话语正是圣西门所言说的"把人力作用于物"。芒图在《18

---

① 吉登斯. 现代性后果［M］. 田禾，译. 南京：译林出版社，2000：49.

世纪产业革命》中从四个方面对这种"物"作了诠释：一是机器的使用："大工业的显著的特征就是使用机器。""这些工具能产生相当数目的工人所能产生的物质力量。"① 二是一种工厂制度，即："以经常的劳动来看管一套由总动力不断发动着生产机器的、不分长幼的各种工人的协作。"② 三是商品的生产，即："那些不是自然界直接提供的消费品的生产，是各种工业的目的。"③ 四是资本的运动："越来越复杂的设备以及越来越多而又有组织的人员便构成了大企业，即真正的工业王国；作为这个巨大活动的动力、作为原因而又作为结果的资本，在人力和机械力的炫耀后面活动；被其自身所固有的规律即利润规律鼓舞着，这个规律推动它不断地生产以便不断地扩大自己。"④ 由于工业革命在广度和深度上对物的开发和激活的成功，人对物的占有欲愈来愈膨胀，一方面乞浆得酒，另一方面又不经意地落入到名缰利锁的境地，人心朝着物性化维度改变。

首先是机器-技术幻象的出现。工业革命之前，人类主要依靠古旧的手工劳作方式，基本借助自然的仁慈解决生活资料问题。工业革命之后，人类在大大增强对自然的支配性和盘剥性的同时，对工具手段的沉迷已不可名状。机器-技术创造众生，人类软弱无能。机器-技术越是智能化，人的主体地位越是失缺；机器-技术空间的扩大，使得它的存在越来越成为自身合法性的证明：机器-技术产生的问题越多，需要的机器-技术就越多，机器-技术带来的恶行和罪过不过是自身发展不充分的结果；机器-技术发展愈深入，它就愈成为一种路标：整合碎片化的世界只能靠永不停转的机器。人类历史可以没有目标，但不能容忍机器的任何中断。正因为如此，机器-技术"神灵"使得17—18世纪的企业家心醉神迷，也使得17—18世纪某些哲学家认为自然界的一切物质事物都服从于机械运动规律，动物包括人的肉体是一种非常复杂的自动机，它们以机械的方式对外部刺激作出反应，人比最完善的动物只不过多几个齿轮和弹簧。现代性正是从这样的观念中抽引出一条影响至今的技术世界观和信仰系统：整个世界被机器-技术装置所定义、所架构，主体的中心地位被消解了，而且所有东西都

---

① 芒图. 十八世纪产业革命［M］. 杨人楩，陈希秦，吴绪，译. 北京：商务印书馆，1983：21-22.
② 芒图. 十八世纪产业革命［M］. 杨人楩，陈希秦，吴绪，译. 北京：商务印书馆，1983：22-23.
③ 芒图. 十八世纪产业革命［M］. 杨人楩，陈希秦，吴绪，译. 北京：商务印书馆，1983：9.
④ 芒图. 十八世纪产业革命［M］. 杨人楩，陈希秦，吴绪，译. 北京：商务印书馆，1983：10.

被化为可获得性了。

其次是人对刚性的物性化管理制度的迷信和对商品交换虚假本质的误解。大工业带来的是时间观念与生产的节奏感。在封闭的机器生产的大系统中，监督成为强化企业、工厂和车间管理权的必要手段。尤其是 19 世纪 90 年代 "泰勒主义" 推行，一种刚性化的工厂管理制度旨在研究生产的工作时间和劳动的动作之间如何达到机械的连续流转与生理极限相平衡的关系。这种制度通过一部指定的机器并借助一块马表，为计件工资规定完成工作的标准时间。然而，虽然工人的工资提高了，但不人道的机械劳动更沉重了，工人不经意地被这种机器生产的制度贬低成被设定的生产程序与机械流水线双重约束的奴隶。在人性追求最大化快乐曲线和资本追求最大化效益曲线的交叉点上，资产者更偏重资本曲线的最佳方案。

在工业资本主义自由竞争阶段，随着人的自身价值的贬低，商品制造者也被贬低为商品。尽管作为对象化的物化劳动是人的智力进化的表现，在这个意义上它不是对人的否定而是对人的肯定，但是作为异化的物化劳动却有着特定的社会性质，它在某种意义上又是对人的否定，这就是使劳动者本人也成为被物化了的对象化存在。其原因在马克思看来有二：一是来自过于强制性的机器-技术的专业化与分工。分工使劳动者日益片面化和从属化；分工不仅引起人们的竞争，而且引起机器的竞争。由于劳动者沦为机器，所以机器作为竞争者与他相对立。是分工、交换在特定的社会制度下强势发展而形成社会关系的物化和异化：变人与人的关系为物与物的关系，并以此作为支配人的思维与存在的社会力量。在马克思看来，物性化是人与 "对象化存在" 之间所具有的某种关系。"物性化" 是生产方式和社会关系发展的产物，对于自然经济条件下落后的生产方式所衍生的人的依附关系来说，它是一个进步；而在工业化资本主义时代里，它反映了一种特殊性质的社会关系或生产关系，一种商品生产者私人劳动的社会性质，一种劳资关系相互对立的社会制度，一种人对资本的依恋和资本对人性的侵蚀的社会现实。二是来自资本的拥有者对剩余价值的疯狂追逐。马克思关注的不是机器的转动会给社会带来多少财富，而是机器的后面是谁在使用它，是谁从机器中获利，又是谁为机器付出代价。人对机器-技术的崇拜深藏着由资本的剥削而带来的人与人关系的紧张、不平等和恐惧。马克思指出："单纯节约劳动并不是使用机器的特征，……节约必要劳动和创造剩余劳动才是特征。"① 追求剩余劳动、剩余时间和剩余价值使得人与机器的耦合创造了"第二自然",即一种不是由人的活动所控制、反而支配和主宰着人的意识和行为的第二自然。从形式上看,它有着商品生产和交换过程的物的外表,实质上却是一种社会制度下的人对人的生存权力的占有、支配和剥夺。

(二) 工业革命范式的内在性之二:单向度

作为工业革命范式的一种内在性,单向度是社会行为集体无意识的结果。它的发生来自三个方面的原因:(1) 社会化大分工和先进的生产流水线的结合把人的生存世界变化为"大工厂",一切都被纳入分工的体系中。机器、设备和厂房的物质分工,把整体的产品制造分解为诸多单一的生产循环加工工序,它以一种恒长的视觉效果和观念暗示"单向度"乃是世界存在的基本生产单位,使人的思维方式和价值观念朝着此方向记忆和定格。人在生产过程的社会分工,一方面带来了人类的私人劳动与社会劳动的联结更加紧密、人类实践的方式趋于专业化和职业化等积极效果,但另一方面也不经意地导致了最终把人拆解为机器的零件、把人的总需求简单地归属为单一追求物质产品的消费欲望等负面后果。(2) 单向度从技术层面上说,即作为技术的特定的可能性领域而言,它来自如下社会心理暗示:产品生产的技术装置是支撑文明存在与发展的唯一根据。可是,单向度的本质并不在于技术装置之中,而在于人和事物被带入共现(presence together) 的方式之中。海德格尔对此有过深刻的说明。现代性有两种形式:以主观性的统治为特征的现代性和以普遍化强制为特征的现代性。前者是一个中心主体的世界,人的主观性使事物得到排序,进而获得精确性和清晰性的"攻击"。在后者那里,技术有着另一种转喻:它包含了对人和事物的存在的一种特定理解,某些特定种类的活动在世界中的开放可能性。正是人对事物的单向度的召唤,最终使人落入被召唤的物的序列中,于是,虽然它仍旧是一个由主体可获得的客体所构成的世界,但是人的中心意志和主体地位在此被消解,所有东西都被化为可获得性。人已被框定在这种事物被召唤到在场状态的总体性方式之中:尽管主观性分析在一定程度上还存在着,但整个世界的存在被转化为交互性总体可获得性,人已变为其中的一种"备用物";传统的主客二分的人与物的世界的认知图式消失了,人被带入到一种单向度的存在方式:仅仅以在场为根据来理解事物的存在。过去,人可以处在召唤与被召唤的选择中,现在除了作为"备用物"被召唤外别无选择。(3) 单向度从价值层面上说,它

① 马克思恩格斯全集:第30卷 [M] . 北京:人民出版社,1995:363.

直接来自工艺合理性的"目的",而从心理层面上说,它直接来自某种"虚假需要",即那些对压抑个人有特殊需要的社会利益所加给个人的需要。马尔库塞曾对这种单向度的特点有过如下解释:"把消费者同生产者联合起来,并通过后者又同整体联结起来。这些产品对人们进行说教和操纵;……并且由于这些有益的产品,在更多的社会阶级中为更多的个人所获得,随产品而来的说教不再是宣传性的东西,它成为一种生活方式,……这样,就出现一种单面的思想和行为的模式,在这种模式里,按其内容超越言行的既定领域的各种思想、愿望和奋斗目标,不是遭受排斥,就是被归结为这个领域的一些术语。"① 这段叙述有三个要点:"单向度"是从一种产品说教变为一种生活方式;其思想和行为模式的攻击性在于对精神价值的排斥;把一切存在都还原为单面的操作主义或行为主义的解释符号。

(三) 工业革命范式的内在性之三:宏大叙事

宏大叙事是用以解构前现代的社会格局并给予现代世界以合法性的工具。利奥塔所要审察的宏大叙事的时间序列,主要指以西方工业革命为历史依托的现代性社会全过程。在他看来,"宏大叙事"的表征是:以一种固定不变的逻辑(公理)、普遍有效的原则(普世)来阐释世界,以此作为衡量一切价值观念和思想体系的标准。笔者以为,宏大叙事在近代的发端,需要有四个方面的学术及实践资源:一是西方历史编纂学中长久盛行的一种叙述历史的方法论传统;二是由文艺复兴时期形成的一种追求完整、有中心、有头尾的艺术情节的叙事模式;三是近代西方形而上学主体性哲学注重反思性、总体性和普遍性的思辨形式;四是以先进生产力为牵引的近代工业革命的历史实践过程所引发的社会变迁逻辑的叙事要求。应当说,最后一点是关键性的。

意识在任何时候都只能是被意识到了的存在。一切精神生产的缘由都可以在物质生产的过程中找到根据。人们之所以要把已经或正在经历的工业革命的实践加以叙述,加以抽象和反思,加以整理和归纳,并且从因果律、进步观和始基意义上加以追问,原因似乎很简单:"寻求命运打击不到的领域"乃是人类永远关心的自由命题。工业革命的起步时,机器的发明所导致的社会震荡只是局部的、零散的,人类的惊讶只是表达了对新生事物的好奇和恐惧。但在整个18世纪工业革命高潮迭起的时候,大量的农民变成织工,大量的人口积聚在城

---

① 上海社科院哲学研究所外国哲学研究室. 法兰克福学派论著选辑(上)[M]. 北京:商务印书馆,1998:499—500.

市，大量的手工工场变成工厂，大量的市民成为工业无产者，大量的商人涌现在金融贸易市场，大量的机器搬进错落有致的车间厂房，大量生产过剩的企业的商业危机开始出现，人们从这一系列惊人的社会变革的事实中感到了"革命"二字的分量，体悟到变迁的内在性、秩序性、进步性和趋势性的存在，觉察到机器对传统的习俗和制度有着现代意义的"酸蚀"作用。人们开始意识到：当下的机器工业的革命是人类的又一次重大的历史变革和提升，是代表着历史发展趋势的实践主体自觉推进社会转型的历史创造性活动，工业革命的发展逻辑将对人类传统的生产方式、生活方式、思维方式以及价值观念发生彻底的、结构性的颠覆。然而，这种发展逻辑从它的辩证性来看，其辉煌的一面掩盖不了令人忧虑的另一面：资本对人性的侵蚀、财富的两极分化、私有制的痼疾、生态自然的破坏、惨绝人寰的战争、社会制度的不平等这一系列工业文明所导致的社会弊端。于是，思想者们开始着手宏大叙事的工作，旨在质疑工业文明的合法化和合理性问题，质疑由工业文明带来的科学技术存在的合法化和合理性问题，质疑人类生存方式的制度形式、文化观念、意识形态等的合法化和合理性问题。于是，宏大叙事作为一种神话的结构、一种政治结构、一种历史的希望或恐惧的投影，在哲学社会科学、人文科学各个领域全面展开。其中有"具有工业权力象征的政治功能化"的宏大叙事，也有与社会生活和商业文化相对应的城市变迁的宏大叙事，还有与细节描写相对，与个人叙事、私人叙事、日常生活叙事、"草根"叙事等等相对的民间、民俗文化的宏大叙事。这些宏大叙事往往以体系化的、反思性的、百科全书式的著作特点显示出来。恩格斯在评价18世纪工业革命的历史状况时对此有过评论："18世纪综合了过去历史上一直是零散地、偶然地出现的成果，并且揭示了它们的必然性和它们的内在联系。无数杂乱的认识资料经过整理、筛选，彼此有了因果联系；知识变成科学，各门科学都接近于完成，即一方面和哲学，另一方面和实践结合了起来。""百科全书思想是18世纪的特征；这种思想的根据是意识到以上所有这些科学都是互相联系着的，可是它还不能够使各门科学彼此沟通，所以只能够把它们简单地并列起来。在历史学方面情况也完全一样；这时我们第一次看到卷帙浩繁的世界史编纂著作，它们固然还缺乏评介并且完全没有哲学上的分析，但毕竟不是从前那种受时间地点限制的历史片断，而是通史了。"① 由以上分析，我们可以知晓：宏大叙事的生成之所以与工业革命有关，主要有三个方面的根据：（1）

① 马克思恩格斯选集：第1卷［M］．北京：人民出版社，1995：18.

工业革命是世界历史的运动，它对传统社会的颠覆是多方面的。宏大叙事之所以出现，是因为工业革命受历史进步观念的感召，它内含着诸多历史哲学的观念，如：由工业革命导致的社会变迁是人力所为，过去的存在与当下存在的实质性转换表明近代历史并非平静；从产品到工厂、从企业到政府、从生活方式到社会结构，都有着衰亡与新生的特有节奏；近代历史的进步鲜明地表现在如下事实中：从希腊-罗马的神话故事到中世纪的圣经故事，再到近代工业革命时期的机器-技术的故事，反映了西方人自我意识的生成与觉醒。工业革命本质上是一部精神现象学读本，它显现了人类的一种精神现象：对工业的想象、记述、追问和反思。然而它留给我们今天人类的却是一笔不可多得的精神财富。（2）宏大叙事的共有理念来自近代工业革命。工业革命首先将自然和社会打破成碎片，然后由技术与资本将其重新集合。在集合过程中，现代性完全以一种认识的逻辑将这个对象化的世界内化。工业革命乃是由若干已经知道和认识了的法则组成的一个体系。从本质上说，该体系的哲学理念正是人类精神现象的一种抽象形式。（3）反映工业革命自身的宏大叙事有三大主题：一是由工业主义原则所带来的集权化、平等化与民主化的问题，二是由工业主义原则所带来的世俗化、理性化与官僚化的问题，三是反映工业革命内在结构及其工业有机体的生存、发展与终结的总原则的问题。

三、世俗主义、经济个人主义、价值通约主义：近代西方理论经济学传统的价值内核对现代性逻辑预设的侵蚀

吉登斯指出，"现代性之躁动和多变的特征被解释为投资—利润—投资循环的后果，这种循环与总体利率的降低趋势相结合，产生了一种为其体系扩张所需的恒常性配置。"① 弗里斯比在《现代性的碎片》一书中也指出，"商品形态不仅象征了现代性的各种社会关系，而且还是后者的重要起源。""这种商品形态拥有一种即使在古典政治经济学中也经常被忽视的历史特殊性"，可以断言，"现代性的辩证法仍旧被庸俗政治经济学所掩盖，对于生活在资本主义关系'魔魅世界'的当事人来说，仍然是隐而不显。永恒的、自然的以及和谐的一面掩盖了过渡的、历史的和对立的一面"②。这段耐人寻味的话语实际上为我们作了

---

① 吉登斯. 现代性后果［M］. 田禾，译. 南京：译林出版社，2000：10.
② 弗里斯比. 现代性的碎片［M］. 卢晖临，周怡，李林艳，等译. 北京：商务印书馆，2003：31，34，37-38.

如下提示：现代性首先是人类经济实践活动的产物，它与现实经济生活融为一体，并且密不可分。就其深刻和内在的特性而言，现代性本身与人类经济活动中的经济性有关，与传统的理论经济学分析态度相联。因此，对现代性的研究理应包括对近代西方理论经济学传统的研究，尤其是对这一传统的价值内核的批判与研究。

（一）世俗主义

康德曾深刻地揭示了现代性市场发生的客观必然性以及现代性经济学体系构建的思维原点："大自然的历史是由善而开始的，因为它是上帝的创作；自由的历史是由恶而开始的，因为它是人的创作。"① 恶是历史发展的动力。由于人类所拥有的虚荣心、权力欲或贪婪心的恶的驱使，历史才会由野蛮进入文化阶段，文化的启蒙必然导致传统的道德自然禀赋被追求现实经济发展的实践原则所替代。"没有这些东西，人道之中的全部优越的自然禀赋就会永远沉睡而得不到发展。"② 可见，从神性观念向世俗观念的转变，意味着历史的进步；从道德作为历史进步的唯一尺度向以人的欲望所牵引的世俗经济发展的历史进步的尺度转变，标志着历史真正进入了现代性社会。正是从这个意义上说，现代性即世俗性。先有"纯粹世俗的情欲和物欲"占据支配世界的神圣位置，而后才有现代性的生成与发展。

世俗主义包容着诸多具有现代意义的经济学价值观念。首先，尊重与开发人的欲望。惠特克在《经济思想流派》中指出："究竟什么才可称之为近代经济学呢？……近代经济学是对于欲望满足的客观研究。"③ 早期资产者和经济学家一致认为，天性注定人类会喜爱财富和权势，而这些永不知足的欲望正是推动历史的基本矢量。欲望刺激了地主和农民的农业文明，在工业社会的生成中发挥了十分重要的驱动作用，它造就了市场，是市场经济发育的重要内驱力。经济学家康芒斯曾转引边沁的一段名言："欲望，有各种痛苦甚至死亡本身作为它的武器，支配了劳动，鼓起了勇气，激发了远见，使人类的一切能力日益发达。每一种欲望获得满足时的享受或愉快，对于那些克服了障碍和完成了自然的计划的人，是一种无穷尽的报酬的源泉。"④ 其次，教化人的市场意识。这种意识

① 康德. 历史理性批判文集 ［M］. 何兆武，译. 北京：商务印书馆，2009：70-71。
② 康德. 历史理性批判文集 ［M］. 何兆武，译. 北京：商务印书馆，2009：8
③ 惠特克. 经济思想流派 ［M］. 徐宗士，译. 上海：上海人民出版社，1974：72.
④ 康芒斯. 制度经济学（上）［M］. 于树生，译. 北京：商务印书馆，1997：276.

即：在市场环境下人们通过市场去追求利益，也就是通过提供自己所拥有的生产要素（劳动和资本）的服务，为社会生产出财富，从而获取利益。人的社会行为和活动首先要仔细考量经济的价值取向和效益问题，要善于将它们纳入到市场的交换原则和资源配置的框架内来进行思考。经济行为人所追求的目标、劳作的方向都需要紧紧地围绕市场需求。再次，铸造现代商业精神。商业的扩张摧毁了自给自足的农业经济，并促使农业日益依赖于市场。圈地运动是使农业经营从属于巨大市场和控制市场的商业资本的需要。近代经济学进入"古典派境地"的初期，经济学古典文献多数与商业有关。如约翰·罗伯茨的《工商业的发展》（1615 年）、刘易斯·罗伯茨的《商人商业概要》（1638 年）、雅克·萨瓦里的《完美的商人》（1675 年）、G. D. 佩里的《商人》（1638—1665年）等。现代商业精神的价值理念包括自主、契约、信用、公平、合作、开放、创新、洞察、远见等。复次，倡导人的算计观念。早在 1494 年，法拉·卢卡·帕西奥利的《算术、几何、比例和成比例概论》不仅讨论了有关利息、票据和兑换的一般商业算计问题，而且还论述了具有成本意识、追求细节等价值观的复式簿记方法。在 17 世纪，英国牧师巴克斯特撰写了《基督教徒指南》一书，书中倡导并论述了教徒如何学会过世俗生活，树立必要的经济观念，如何从事谋求生计的经济活动，其中大量讲述了教徒应当学会勤于积累、精于计算、反对奢侈、提倡节约的基本道理。韦伯在《新教伦理与资本主义精神》一书中对此有过详尽的论述。

（二）经济个人主义

经济个人主义是解析古典经济学传统乃至新古典经济学的一个十分重要的轴心。事实上，自斯密以来的整个西方主流经济学发展史，似乎都可以被看作是经济个人主义理论的延伸和拓展。早在 18 世纪，斯密就对完全市场个人主义的原则作了诠释：听任个人在竞争市场中自由地进行自己感兴趣的交易，就会获得最可能好的社会效果；市场理应自由放任，个人则是社会财富增长的基本运作单位。笔者认为，经济个人主义通常有三种语义：其一，作为一种学说，它既包含着对经济自由的一种信念，又是对某种文化上的具体行为方式（如追求极大化的理性行为）所给予的制度证明；其二，作为一种制度，经济个人主义意指一种建立在私有制市场、生产契约和交换自由的基础上，以及建立在个人自由和自利基础之上的自发经济制度；其三，作为一种方法论，其要义是以个人经济行为为基本分析单位，并把全社会的经济和谐视为个人经济行为的社会加总的结果。

若从现代性逻辑预设的关联性角度分析，经济个人主义与现代性逻辑预设的关系不可忽视。"个人"是执行现代性社会的最基本的单位，而经济个人主义是对现代性个人概念构成的最重要的理论充盈和读写。库尔珀在《纯粹现代性批判》中曾转引彼得·贝格尔的话指出，"除其体制功能和角色功能外，作为最高实在的自我概念正是现代性的灵魂"①。美国学者鲍尔格曼在《跨越后现代的分界线》中也指出："个人最初看来似乎是执行现代规划的自然补充物。个人是企业的创始人和其成果的受益者。"② 历史是如此坦诚：先有经济行为的个人主义发生，才会出现形而上学个人概念的抽象形式。近代早期思想家们提出并热心讨论的"个人主义"概念，往往有着直接的市场经济背景。

个人概念的发育，只是在近代资本主义市场经济早期发育的历史过程中才能找到根据。在西方文明历史发展的进程中，我们看到了工业主义、培根的幻想的遗产，破坏了乡村生活的本质；启蒙运动、笛卡尔和洛克提倡的新工具和新理念，动摇了教会和贵族在文化上具有的权威；但更为重要的是，在霍布斯和洛克的社会契约论中，已较为深入地探讨了个人与公认的社会内容、价值观和意义之间的关系问题。他们从人性论的角度提出了重要的指导性原理："个人"对于人类丰富多彩的发展具有绝对的和根本的重要意义。应当说，现代意义的个人概念和个人主义的教条从这里开始孕育和生成。然而，正是经济生活的事实促进了这一事件的发生。马克思深刻地指出："在发展的早期阶段，单个人显得比较全面，那正是因为他还没有造成自己丰富的关系，并且还没有使这种关系作为独立于他自身之外的社会权利和社会关系同他自己相对立。留恋那种原始的丰富，是可笑的，相信必须停留在那种完全的空虚化之中，也是可笑的。"③ 然而，"在一切价值都用货币来计量的行情表中，一方面显示出，物的社会性离开人而独立，另一方面显示出，在整个生产关系和交往关系对于个人，对于所有个人表现出来的异己性的这种基础上，商业的活动又使这些物从属于个人。因为世界市场（其中包括每一单个人的活动）的独立化……随着货币关系（交换价值）的发展而增长，以及后者随着前者的发展而增长，所以生产和消费的普遍联系和全面依赖随着消费者和生产者的相互独立和漠不关心而一同

---

① 库尔珀．纯粹现代性批判 [M]．臧佩洪，译．北京：商务印书馆，2004：29.
② 鲍尔格曼．跨越后现代的分界线 [M]．孟庆时，译．北京：商务印书馆，2003：46.
③ 马克思恩格斯全集：第30卷 [M]．北京：人民出版社，1995：112.

增长。"① 自然经济向商品经济的转换，使得"个人"概念从"以血亲关系和宗法关系为纽结的人群共同体观念"中发育出来，个人开始以独立存在的实体和主体地位与生存世界发生联系，因此，没有早期的经济主体性个人的涌现，就不会有笛卡尔的主体性哲学的提出。资本的原始积累贯通着货币向资本转换的全过程，个人开始从偶发性货币交换的社会劳作状态，向以货币作为投资手段和目的的市场经营状态转变，此时拥有货币和资本的个人已成为市场竞争的基本单位。当下个人主义充盈着这样的内容：资本的私有财产有着遗赠和继承的权利的必要性，它可以无限地转让和积累。可见，作为一种历史形态的象征符号——个人主义，它是对资本主义这一种制度文明所涉及的内在要素（所谓平等的个人权利、立宪政府、自由经营、自然正义和公平机会和个人自由、个人尊严等）的观念提升和定位。此外，作为现代性灵魂的"个人"概念的确立，离不开经济生活中实存着的个人方面与客观方面的两者分离。应当看到，人类经济生活在它的最原初形态里，个人方面与客观方面两者不分彼此。这种不偏不倚最终被货币关系（交换价值）缓慢地分裂成相互对立的两个方面，个人要素越来越从生产、产品、交换中剥离出来，其间人的个体自由得到了释放。个体自由的发展程度往往表现为：自然对我们而言越是变得客观、实在、表现自身的规律，人的个体自由就越是随着经济世界的客观化和去人格化而提高。非社会性存在中的经济孤立不可能唤起个体的积极感觉，同理，一种持有盲目崇拜自然之规律和严酷的客观性的愚昧信念也不可能唤起这种感觉；伴随这种对立而来的是感到独立性的一种特殊的力量，一种特殊的价值。实际上，在自然经济的那种孤立状态中，通过对自然的迷信阐释只会更加强化自然对人的束缚。唯有当经济发展了其全部的范围、复杂性、内部的相互作用时，才会出现人与人彼此异质性交往的可能，通过取消个人对血缘因素和地缘因素的依赖关系而使单个人更强烈地返回自身，使其更积极地意识到自己的自由。

（三）价值通约主义

价值通约主义显示了人类的主体性在世俗社会的张力。它以一种经济性符号来兑换对象化世界的一切存在。价值通约主义与现代性的关联主要反映在三个方面：一是它通过经济价值作为主观价值的客观化，对于直接享有的主体和对象之间的距离化产生影响。长期的无障碍的价值通约，客观上带来了主体意

---

① 马克思恩格斯全集：第 30 卷［M］．北京：人民出版社，1995：110-111.

志的强化。二是永恒的资本观念和商品世界可自由兑换的原则，构成了近代形而上学对世界存在的绝对性理论的一种经验证明。三是生活世界的物性化存在与精神世界被完整地通兑为物性世界的交换单位有着不可分割的联系。事实上，我们有必要对价值通约主义产生的主要途径作出进一步分析。

马克思曾对以资本为中轴的社会的价值通约主义内涵有过深刻揭示："资产阶级把个人的尊严变成了交换价值，用一种没有良心的贸易自由代替了无数特许的和自力挣得的自由。"① 在马克思看来，市场在现代人的精神生活中所具有的巨大力量，把一切都被还原为价格表；它不仅试图寻求经济问题的答案，而且也试图寻求形而上学问题的答案。当马克思说其他的价值都"变成了"交换价值时，他的意思是说："资产阶级社会并没有抹掉而是吞并了旧的价值结构。旧的尊严方式并没有死亡；相反，它们并入了市场，贴上了价格标签，获得了一种作为商品的新的生命。于是，任何能够想像出来的人类行为方式，只要在经济上成为可能，就成为道德上可允许的，成为'有价值的'；只要付钱，任何事情都行得通。"② 这就是价值通约主义的全部含义。陀思妥耶夫斯基、尼采和他们的 20 世纪的继承者们将之归罪于科学、理性主义和上帝的死亡，马克思则会说，其基础要远为具体和平凡得多：价值通约主义被化入了日常的资产阶级经济秩序的机制之中——这种秩序将人的价值不多也不少地等同于市场价格，并且迫使我们尽可能地抬高自己的价格，从而兑换我们所需要的一切。

马克思仔细考察了近代工业资本主义发展过程中工业对资本需求的全过程。资本是西方现代性逻辑向现代性历史实践转换的"推进器"，也是人类被物性化侵蚀的重要原因之一。作为异化的物化本质，工业资本主义的制度形式反映了私有制、贪欲跟劳动、资本、地产这三者的分离之间的本质联系；也反映了交换和竞争之间、人的价值和人的贬值之间的本质联系。马克思不仅看到工业化进程中资本作为一种生产要素的积极作用，而且深刻地揭示了资本作为一种社会关系的本质，其对人性的杀伤以及对资本主义社会结构的内在颠覆性。它构成了现代性难以自身超越的痼疾。马克思指出："资本的原始形成只不过是这样发生的：作为货币财富而存在的价值，由于旧的生产方式解体的历史过程，一方面能买到劳动的客观条件，另一方面也能用货币从已经自由的工人那里换到

---

① 马克思恩格斯选集：第 1 卷 [M]. 北京：人民出版社，2012：403.

② 伯曼. 一切坚固的东西都烟消云散了 [M]. 徐大建，张辑，译. 北京：商务印书馆. 2003：143.

活劳动本身。"① 因此，货币转化为资本是以劳动的客观条件与劳动者相分离、相独立的那个历史过程为前提的；资本一旦产生出来并发展下去，其结果就是使全部生产服从自己，并到处发展和实现劳动与财产之间、劳动与劳动的客观条件之间的分离。这种分离导致人类劳动变成重复和机械的操作，最终以真正的机器替代目前像机器般使用的人类劳动。资本也正是通过社会权力将社会财富两极分化，并对社会大多数人加以支配和控制，从而使人类对商品、货币和资本的崇拜更加深了。

价值通约主义导致的现代性后果是显而易见的。当代急剧发展的成熟的货币经济所产生的巨大影响，已使我们清醒地感到，货币已经成为现代经济生活和活动的焦点、关键和要害。思想家们对现代性的批判，理应包含对货币的哲学批判。货币先于现代性而存在，并强力地催动着现代性的萌动和发生；现代性只是在货币经济对现代生活施以重大影响的经济事件中才是成熟的，它的存在才能被确认为是感性的、被量度的、被均匀化切割的、被指认为可交换的。货币符号以其特有的张力构成一种现代性社会不可或缺的"能动的关系结构"，其对象不仅是可交换的物品，而且有针对货币交换者周围集体和周围世界的意义。所以，货币是一种"系统活动形式"，一种"整体性反应"，而现代性的某一基础层面正是建立在这种整体性反应之上的。从某种意义上说，货币使得现代性具象化为货币化生存世界：货币的交换过程被看成是所谓"超现实"层面上的一种符号运作过程，它客观上促使货币不经意地把世界重新分类，给人以某种自由和自我实现的感觉，但同时也招致了人类拒斥现代性的心理。席美尔第一个从货币哲学的角度，分析和解构了由货币导致的文化价值符号的单向度依恋问题。他以为，现代性文化之流主要朝着两个截然相反的方向涌流：一方面，通过在同样条件下将最遥不可及的事物联系在一起，趋向于夷平、平均化，产生包容性越来越广泛的社会阶层；另一方面，趋向于强调最具个体性的东西，趋向于人的独立性和他们发展的自主性。货币经济同时支撑两个不同方向，它一方面使一种非常一般性的、到处都同等有效的利益媒介、联系媒介和理解手段成为可能，另一方面又为个性留有最大程度的余地，使个体化和自由成为可能。但是，这两种势不两立的社会-文化倾向导致了人们对现代性的焦灼不安：现代文化价值的平等化、量化和客观化的单向度依恋情结，造成的是人类终极追求和意义的失落，人类对生命的感觉越来越萎缩，社会加速了被世俗化倾向，

---

① 马克思恩格斯全集：第 30 卷 [M]．北京：人民出版社，1995：501.

货币成了现代社会的"宗教"。货币价值评判始终存在着"二律背反"的问题：哲学家试图通过批判来扬弃它的片面性和单向度，可是经济学家往往把哲学家的批判理念视为"货币幻觉"；而经济学家对货币经济的积极打造和单向度的肯定，往往又被哲学家视为认知上的短视。应当指出，哲学对货币的批判不应是拾捡货币的感觉碎片，而应是将物性化的世界还原为人的世界，将单维的世界转变为完整的世界。哲学家关心的不是货币本身的此在问题，而是货币背后所牵动的属人的本性和人的生活状况及其前景问题。雅斯贝斯曾用"匿名的责任"来描述现代性的精神状况：对现实的无幻觉的认识和生存决断的激情。伽达默尔把它解释为是"精神性的衰落"。海德格尔从货币化生存世界的人类"恋物情结"的角度，揭示了现代性所侵蚀的人类精神性之所以衰落的原因："如果我们让物化中的物从世界化的世界而来成其本质，那么，我们便思及物之为物了。如此这般思念之际，我们一任自身为物的世界化本质所关涉了。如此思来，我们就为物之为物所召唤了。"① 在都市化的生存空间里，人们通过交换、所有权、个人自由、贪婪、挥霍、生活风格、文化等，能够充分感受到货币给现代人的个性和自由开辟了无限大的活动空间；同时，由于人类"现代性"生存状态至今摆脱不了货币经济的刺激和支配，货币的存在与流动正在加速并改变着现代人生存交往的理念和方式，人们越来越感到货币在开拓私人财富和私人生存空间的同时，却程度不同地挤压了公共空间和公共权利。尤其是，货币对现代人性的改变和侵蚀的事实，使我们至今无法消解类似马克思、西美尔、卢卡奇曾对货币、资本所持有的忧患意识。"金钱"与"时间"在对现代人生活的约束中，造成人在快速生活中的迟钝，在日常忙碌中的傲慢，在优裕享受中的粗暴，在狂热追求中的冷漠。货币对社会各种质料的组合，货币经济对人与人关系中内在维度的改变，锻造出人对世界的理解趋向于物欲化和价值通约化的心理坐标。货币化生存世界直接影响和关联着人的世界观、人生观和价值观，它使得一种纯粹数量的价值不断压倒品质的价值，从而追求生活意义的平等化、量化和客观化，把人生的消费和积累作为唯一至上的终极追求目标。因此，对单向度的现代性逻辑预设的批判，理应包含对货币的哲学批判。

原文：《现代性逻辑预设何以生成》，原载《哲学研究》2006 年第 1 期；《新华文摘》2006 年第 10 期全文转载。

---

① 海德格尔选集（下）［M］. 孙周兴，译. 上海：上海三联书店，1996：1182.

第九章　论市场精神与习俗

第一节　市场与市场精神

改革开放 40 年来，社会主义市场经济有了自己的故事、自己的逻辑。应当清醒地认识到，未来的市场竞争伴随着数字化、智能化和虚拟化的深度推进，精神对物质的反作用史无前例，配置市场的精神资源更显紧迫和重要。德国社会学家马克斯·韦伯指出，任何一项事业背后，必须存在着一种无形的精神力量。市场精神，对 21 世纪中国人来说，已不仅是一种感觉和体验，而是一个需要积极思考的认识对象。

一、市场精神的历史演进

翻开"市场精神"的认识史，经济学家和哲学家都有过相关论述。18 世纪苏格兰启蒙运动最先发起有关现代市场精神问题的讨论。英国的工业革命催动了欧洲现代性发育和发展，苏格兰启蒙运动代表人物亚当·弗格森认为，新商业社会的文明市场，要摒弃野蛮愚昧人性状态，必须重视民族精神和商业艺术的进步。亚当·斯密把"交往、物品交换和交易"的倾向与"思考和言语"的天赋联系在一起，把市场交换看作是某种形式的思想的交流沟通。他在《道德情操论》中天才地预设并论述了市场交换与道德情操的关系，从利己与利他相契合的人性角度，论述经济人与道德人相统一的市场精神伦理原则。可以说，这是一部有关"市场精神"道德版的学术力作。

19 世纪黑格尔在《法哲学原理》中，深刻地揭示了市民社会与国家关系的矛盾原理，指出市场的利己主义行为，需要利他主义精神的提升，尤其是国家普遍主义精神的整合，市场应当体现历史特殊性（人的欲望、自利本能）与历史普遍性（民族精神、国家精神、历史理性）的相互统一。

马克思深刻改造了黑格尔上述思辨哲学命题，指出：不是国家决定市民社会，而是市民社会决定国家，要实现普遍经济正义的国家精神，必须建立公有制为基础的经济制度形式。马克斯·韦伯在《新教伦理与资本主义精神》一书中富有意义地提出了市场精神范畴联想，同时也阐发了现代市场的文化动力学思想。

二、市场精神的基本内涵与特点

何谓市场精神？市场是一个充满着商品关系、经济关系、社会关系交换的物质空间，它有着精神内在驱动的原理。市场主体是人，人是能思想的芦苇，精神必将充盈于市场的"原子与虚空"中。所谓市场精神，它是市场主体实践活动遵循并固守的价值观的总抽象，受市场价值规律的制约，更由生产力发展水平、文化特质、民族信仰及社会政治法律制度决定。市场精神深层次关涉市场性质、面貌、发展方向，以及人类的生存境遇。

通常而言，市场精神有三种形态：其一，作为知识形态的"市场精神"，主要讨论市场与文化、市场与道德、市场与法的观念、市场与信仰等问题；以及市场的历史化意识，如市场精神的文化基因、市场起源说和逻辑预设等；价值判断，如经济行为人的道德原则、意志表达、意义追求；市场教条，如马克斯·韦伯关于新教伦理与资本主义精神教条之说。其二，作为感觉形态的"市场精神"，主要指现实的人在经济活动中，所呈现的某种具有惯例性质的态度、作风、风格、原则及立场，尽管感觉形式多样，但根本价值观一致。如注重契约精神、经济理性精神。另外，体现在市场氛围所特有的价值观暗示、市场审美的主体意向、广告条文及符号隐喻中的价值观引领、企业治理的文化偏好等方面。其三，作为无价值取向的"市场精神"，体现在市场行为的习俗和默会知识中，如消费者共有的偏好、不证自明的市场规则暗示。总之，一方面，市场精神是市场人力作用体系中的最高、最抽象形式，是市场存在与发展的精神动力因和目的因；另一方面，市场精神决定了市场文明的基本状况和水准，全面反映着相关国家政治、经济、法律、文化等制度的根本属性；再一方面，市场精神通过内化到企业家的心理、情绪、意志中，构成企业家精神养成的重要基础和价值观前提。

市场精神从当代性和市场共有特征来说，主要有五个方面特点：

一是崇尚市场自由的精神。经济活动的自由就是对个人经济活动权利的确认。亚当·斯密说，市场自由不是人类主观设计的结果，它是人类集体的无意识行为。当然，市场自由既是客观的无意识行为，也包含着主观评价过程。理性化市场自由，应当如康德所说，只有使每个人自由的程度未超出可以与其他一切人的同等自由和谐共存的范围，才能够使所有人都享有自由。因此，市场自由必然是一种法治的自由，它限制每个人的自由，以便保障一切人享有同样的自由权利。市场行为者在价值规律以及法规和伦理道德的约束下，拥有对自己自由选择一切市场活动的权利。

二是追求平等的精神。在日常经济活动中，如果一种状态既是平等的，而又具有帕累托效率，它就被描述为"经济正义"的。平等是合理协调不同利益群体之间关系的行为准则。它意味着在确保每个市场行为者的人格、人权不受侵犯的前提下，努力戒除一切因性别、国籍、年龄、肤色、认知能力、社会等级以及身份等差异而导致的分配、交易、财产占有、市场准入等方面的不平等待遇。

三是守护契约精神。市场经济的基础是契约精神。哲学家休谟指出，市场遵循三个原则：财产的稳定占有；经同意的合法转移；遵守契约精神。契约精神是市场秩序的基石。产权让渡都要以契约为根本，重要的不是契约文本的外在形式，而是履行契约的意志和德性。自觉履行契约，意味着预设无所不在的市场"监督者"成为道德自我约束力的重要显现。提倡彼此遵守约定规则的诚信精神，其本质就是契约精神。

四是遵循经济理性的精神。在一个成熟的市场中，除了公共产品，其他的都要追求利润最大化，没有追求利润最大化的经济理性精神，就难以使企业做到极致、产品做到极致。

五是倡导企业家的"创造性破坏"精神。这是经济学家熊彼特提出的企业创新与自我革命的辩证哲学理念。这不是资本主义专利，它是现代市场精神特有的秉性。市场的本质就是否定，产权让渡就是斯宾诺莎式的"规定即否定"。否定的终极原因正是来自人类不断追求物品的完美和完善的本能诉求，市场正是通过不断的内在否定，才能促使产品不断更新换代，产业不断转型升级，企业不断凤凰涅槃式获得新生，市场才能充分体现当代性的能级水平。使古代集体无意识的交换市场，过渡到今天充满着高度自觉意识的交换市场。当代人求新求异的需求不断变化，必然铸就市场呈现"太阳下面天天有新物"的发展节律，必然带来"小的就是美的"企业哲学。因此，追求市场内在的否定精神，就是企业家善于自我交战的品格。企业家往往是自己摧毁"自己"，把过去的成功，视为未来前进的包袱和障碍，一种新产品成功问世，同时意味着在研发系统内该产品的市场生命的终结。不是跟着市场感觉走，而是要跟着靠企业自主创新不断引领市场新偏好的道路走。

三、社会主义市场精神影响并决定着企业家精神

当下市场精神按不同社会制度来辨识，主要有资本主义市场精神与社会主义市场精神，两者有着本质区别。资本主义的市场构成，是以个人为分析单位，如亚当·斯密所说，在自由放任的市场中，每个人追求利益最大化，在看不见的手牵引下商业社会自然达到丰裕。资本主义的市场精神有三个观察点：一是追求原子式个人主义自利精神，从某种意义上说，近代以来的整个西方主流经济学史，都可以被看作是经济个人主义理论的延伸和拓展。二是追求"零和"至上的精神。市场竞争具有达尔文进化论的天则，弱肉强食，强者必霸。零和排除分享、共享、他享的存在，主张竞争应是双方斗智斗勇的过程，占有成果是不可违背的公理，至于靠同情与怜悯的成果享用，那是非竞争规则的慈善事业。三是追求资本利益最大化实现的意志。社会制度和经济运行模式虽然作为范畴定义两者不可等同，但两者在现实社会中关系甚密。在资本主义社会，它本质地反映在权力与资本的关系互渗中。资本主义社会制度决定了资本是社会的轴心，也是权力的根本。资本的利益集团是社会的主体，多党派选举的背后是资本利益的角逐，追求资本利益最大化的实现是资本主义市场精神内在的、本质的规定。

社会主义市场精神则提倡每个人的自由全面发展，彰显公平公正原则，最优化满足广大人民群众物质生活和精神生活需要。因此，社会主义市场精神也有三个观察点：一个是追求全球经济正义的原则，私有制国家政治制度决定了相应市场规则的阶级属性，在"让富人更富"的市场规则里，广大人民群众没有经济正义可言。社会主义努力用一种新型的政治正义原则——人民性，来整合并调节经济正义的实现。在参与人类利益共同体和命运共同体的积极构建中，秉持全球经济正义的原则，在极度经济理性化和资本私有化的世界里，通过以社会主义先进的制度创新为示范，探索并践行一种超越以资本为轴心的国家制度的新制度形式，用政治理性的制度创新，矫正全球经济非正义倾向，变少数富人经济学为人民大众经济学。经济正义意味着实质正义、过程正义、程序正义、分配正义、结果正义。二是追求历史进步的尺度。把是否有利于科学精神

的弘扬、是否有利于促进广大人民群众根本利益的发展、是否有利于全社会利他主义精神的弘扬作为考量坐标。三是追求经济利益最优化实现的目标，即经济发展与社会发展、人的全面发展相平衡。

市场精神与企业家精神有着内生关系。特定的市场精神影响并决定着企业家心性、德性和知性的构成。追求真、善、美的市场精神，有助于企业家精神构成的政治站位、思维格局以及利他主义偏好的坐标定位。应当说，最能够起到对市场推动作用的是企业家，因而市场精神在相当程度上是一个国家、民族的企业家最直观的精神范式的表达。当代中国企业家精神，充分体现了一种以马克思主义为指导、融会中国先哲思想之精粹与人类优秀文明成果之优长的哲学境界，它不再是传统意义上的儒商精神，而是一种具有很强当代性的社会主义市场文化，是具有特殊性、个别性、民族性的文化符号，它既是民族的，更是世界的。既有中华优秀传统文化的基因，又有当下中国各种优秀文化（包括对国外优秀文化的吸纳）的主体建构。传统向现实转换是儒商精神实现当代生命力的关键。

原文：《从经济哲学视角看市场精神》，原载《光明日报》2019年5月13日；《新华文摘》2019年第18期论点摘编。

第二节　习俗与市场

本节认为，市场规范和制度的建构除理性的设计以外，还包含许多复杂的非理性的社会因素，其中习俗就是一个十分重要的视点。文章追溯了西方理论界特别是以康芒斯为代表的制度经济学派对市场习俗的研究，归纳出了市场习俗对市场行为和市场制度发生作用的方法论前提，以及市场习俗的类型、标准和强迫性原则，进而从经济行为的本质、市场习俗对市场行为的控制、习俗在市场经济中的作用等三个方面，深入探讨了习俗与市场的内生关系。

习俗对市场的作用，在我们的实践中往往是被忽视的，或者说我们往往是无意识地对待习俗与市场的关系，不能有意地、自觉地、积极地把握习俗对市场的制导性、支配性和潜移默化，对习俗影响市场的积极因素和消极因素有效地加以利用和疏导。一方面我们大力引进新的市场理论，倡导现代的市场运行规则；而另一方面则明显感到传统心理、习惯势力、集体的无意识对新规范的操作实施有着极大的影响，尤其是计划体制向市场体制转换过程中习俗的作用不容低估。因此，深刻地认识习俗与市场的关系，有意识地研究、把握习俗对市场体制的整合和建构作用是我们建设社会主义市场体制的重要的理论问题之一。对此，我们尝试着在理论上进行一些探讨，试图获取一些新的认识。

一、市场习俗的阐释

习俗在哲学家和心理学家看来，是最基本层次的非理性因素。习俗（通常亦被称为习惯）作为主体的一种反映形式，虽然离不开自我意识的作用①，但一般说来，它是一种不自觉的心理活动。其非理性特征主要表现为：（1）它不是一种理性的随机选择，而是一种习惯心理在特定环境的刺激下所作出的行为复制；（2）它没有续密的逻辑推理形式，仅仅靠一种稳定的心理定势和人类在长期实践活动中形成的习性及取向来判断主体与对象存在的关系；（3）它不是通过随机合理计算来达到某种最大化目标，而往往是"不加思索地遵循着某种传统的惯例"②。

在心理学文献里，习俗往往与习惯作为同等概念使用。它们似乎是一回事。心理学家认为，习惯（习俗）是人后天养成的一种在一定情况下自动地去进行某些动作的特殊倾向。其生理机制是一定的情景刺激和人们某些有关的动作在大脑半球内所形成的巩固的暂时神经联系系统。一般说来，习惯是经过重复或练习而巩固下来的；但有些习惯并未经过任何练习，只要经验一次就可以稳定下来。尽管如此，心理定势和心理倾向仍是理解这一概念的关键。

哲学家在讨论抽象的、人的心理层面上所具有的"固定化"及"刚性化"惯例时，往往用"习惯"一词；而在分析社会文化无意识、集体无意识行为和

---

① 应当看到，人们在创造、描述和接受习俗时进行了理性思考，但是，他们在何种程度上进行理性思考与它是否是习俗，毫无相干。

② 不过，把命题变成习俗不追求最大化目标这个判断值得推敲，有的习俗恰恰包含着以往人类对最大化目标追求的行为选择。这里主要指理性的最大化原则，通常是在随机合理计算的前提下来实现某种目标函数的最大化。过去的最大化值由于受时空条件变化的限制，不等于当下最大化的值。

传统等一系列社会问题时，则更喜欢用"习俗"概念。哲学史上，大卫·休谟对习惯的价值评判最具有典型性。他在《人类理智研究》一书中指出，人的理性不可以解决因果的推论问题，唯有非理性的习惯原则才是沟通因果两极的桥梁。习惯乃是我们据以形成能力观念或必然联系观念的那种感觉或印象的根本要素。为此，他提出："习惯是人生的伟大指南。"我们"必须满足于这个人性原则，把它当作我们所能认定的、一切由经验得来的结论的最后原则。"①

休谟实际上错误地理解了习俗的价值功能。事实上，人类在产生知识观念时，习俗作用是有限的，更不是唯一的，习俗仅仅是把认知的结果内化为某种心理存留物，并加以时间序列上的延伸和恒定化。我们可以把它理解为人类过去实践惯例的持久性。它具有积存、沿袭、规范性暗示以及行为惯性等特征。

经济学家从市场经济的角度对习俗所持有的观念有着迥然不同的态度。

康芒斯指出："在亚当·斯密发表他的《国民财富的性质和原因的研究》的那一年，边沁在他对布莱克斯顿的批判中把习俗的原则，从经济学里排除出去。从此以后，经济理论的研究以个人、商品和国家这三种单位为基础。"② 在边沁看来，经济学家采用个人追求快乐和避免痛苦的利己主义为立论的基础，而习俗只是法律判断争执的依据，它与市场经济本身没有关系。边沁的观点与他把人类单纯视为理性的动物，能够用快乐和痛苦的单位计算最大限度的幸福这一抽象教条为出发点有关。马尔萨斯在他的《人口原理》中批判了这一观点，认为人不是理性动物，而是感情冲动的非理性动物，其所作所为完全和理性的劝导相反，否则就不会有人口过剩、困苦、战争和罪恶。所以，人类必然由具有强制的相同点的习俗或政府加以管理。与边沁的观点相反的另一极端，是费尔默对习俗的解释。他把习俗神化为"上帝的声音"和"恶魔的声音"，实际上，这不过是人们通常所称谓的好的习俗和坏的习俗。尽管如此，"习俗"仍然是后来一些经济学家所关注的对象。

某些经济史学家曾把"习俗"视为一种早期经济形态的特征，与市场经济相对立。如英国经济学家约翰·希克斯在《经济史理论》中，把非市场经济的两种典型经济形态特征称为习俗和指令性。他说，"看来我们要循着这一路线来建立我们的叙述所由开始的最早的非市场经济模型。'习俗'经济或多或少与这

---

① 北京大学哲学系外国哲学史教研室. 西方哲学原著选读（上）[M]. 北京：商务印书馆，1981：528.

② 康芒斯. 制度经济学（下）[M]. 于树生，译. 北京：商务印书馆，1981：368.

一描述相符，它包括新石器时代的或中古初期村社的经济以及直到最近在世界许多地区仍残存的部落共同体的经济。这一经济的特征是，它不是由社会统治者组织的，而是建立在传统主体之上的。个人的作用是由传统规定的，而且一直如此。"①

笔者以为，希克斯对习俗的解释只限于人类整体经济行为的进化特征，这种特征与史学家们对早期社会的描述是一致的，如汤因比在《历史研究》中指出，原始社会和文明社会之间的根本区别在于，前者是"传统习惯占着统治地位"，后者"那种习惯的堡垒是被切开了的"②。但是，就市场行为者的行为规范与习俗的关系而言，希克斯的观点有着局限性。习俗不仅是人类早期行为的活动特征之一，而且它是任何一种社会经济形态下，人类不可回避和否认的"历史存留物"。康芒斯指出："现代经济社会没有从习俗变化到契约——它已经从原始的习俗变化到商业的习俗。"③ 只有从更深的市场行为活动意义上，人们才能发现：过去在构造现在的过程中的重要性，现在就是历史：我们创造它，同时又被它所创造。

的确有不少经济学家已看到市场经济与人的习俗之间有着不可分割的内在关系。约翰·斯图亚特·穆勒在《政治经济学原理》中强调：（1）市场的产品分配是两个决定性力量——竞争和习俗所造成的结果，从某种意义上说，习俗的支配力有时比竞争更为普遍。（2）习俗对地租和土地租佃的影响不可低估，尤其是在最近的社会以外的一切社会形态中，一切交易和债务基本上离不开习俗、惯例的影响。（3）迄今为止，只有一些大的商业区的零售贸易才主要或在很大程度上取决于竞争。在别的地方竞争只是非经常地作为一种干扰的力量发生作用；惯常起调节作用的是习俗④。

对习俗作出市场分析颇具影响的是美国经济学家康芒斯。他在《制度经济学》这一著作中提出了不少有价值的观点。第一，他认为，经济学家必须高度重视市场习俗问题的研究。他从市场角度为"习俗"下了如此定义："习惯、惯例、前例以及根据它们推论出来的习惯假设，我们解释为习俗"。⑤ 他把最不明

---

① 希克斯．经济史理论［M］．厉以平，译．北京：商务印书馆，1999：15.

② 汤因比．历史研究（上）［M］．曹卫风，译．上海：上海人民出版社，1986：60.

③ 康芒斯．制度经济学（下）［M］．于树生，译．北京：商务印书馆，1981：373.

④ 穆勒．政治经济学原理（上）［M］．胡企林，朱泱，译．北京：商务印书馆，1991：270-276.

⑤ 康芒斯．制度经济学（下）［M］．于树生，译．北京：商务印书馆，1981：376.

确和不是众所周知的因而强迫性最小的"习俗",称为"习惯";把较为明确和众所周知的"习俗",称为"惯例";把"最明确的和人人知道的因而最有强制力"的习俗,称为"前例"。他指出,一切经济研究都是对人们经济活动的研究。要了解为什么他们这样行动,必须找出他们认为的那些理所当然的假设,这种假设非常普通,以致不必用文字详细陈述。这种假设不是在自然里预先规定了的,而是在市场交易行为者的习俗和习惯里预先规定了的。

康芒斯认为,之所以要重视习俗问题,是因为它是市场行为者考虑问题的方法论前提。一方面,市场交易乃是社会关系的交换,而"习俗和习惯假设是构成一切人类关系的基础的原则"①。另一方面,任何一个行为者只要他投入实际工作或经济活动,都必须首先具备"制度化的头脑",即在经验积累中形成处理问题或动作操作的那种行之有效的行为惯例和方法。这种方法"可以在作出决定、选择对象以及在交易中应付别人时加以运用"②。他进一步认为,个人不是凭空从"新人"开始的——他们先是作为婴儿,继而作为儿童,然后参加工作,学习使自己适应于习俗,他就会成为施舍或惩罚的领受者,或者遗产法的受益人。如果能适应,他所适应的习俗就使他能有种种靠得住的预期。为此,他得出结论:"制度"乃是经济制度进化的动力,所谓制度不过是"集体行动控制个体行动",而集体行动的主要指向乃是"无组织的习俗"。他说,任何市场行为者总是从作为个人随意的习惯开始,然后,到了顾客和竞争者使个人不得不遵从这些习惯的时候,就成习俗;然后在判决争执时成为判例;然后在由行政或立法当局正式公布时成为法规;后来当法规在特殊案件中被解释时,又成为习俗;在全部过程中,是那些不断变化的但是习惯的假设,随时应用于特殊的交易和争执。

第二,市场习俗可分为技术的、所有权的和伦理的三种类型。有关技术的惯例是指使用价值的生产,它随文明方面的变化而变化,与种类和质量以及惯用的方法和工具都有关系。任何一个市场经营者一旦背离了技术惯例,他便成为市场局外人,经营目标不但不能成功,甚至不能生存。所有权惯例主要指以利润、利息、地租或工资为中心内容的行为惯例,它的强迫性在于:凡是生产者、经营者、消费者、投资者等,若其行为习惯不符合社会公共惯例的假设,便不能参加买卖;遇到市场交易的惯例改变的时候,他的假设也必须改变。伦

---

① 康芒斯. 制度经济学(下)[M]. 于树生,译. 北京:商务印书馆,1981:366.
② 康芒斯. 制度经济学(下)[M]. 于树生,译. 北京:商务印书馆,1981:361.

理的习俗假设通常被说成形容词"是"的意义，它的对立面是"非"。可是市场交易的意义，通常称为"本质的"意义，是义务的相关名词。交易上的意义也许是"是"也许是"非"，决定于伦理习俗的假设，然而它是一切商业据以进行以及一切争执据以判决的意义。康芒斯指出，习俗的这三种形态构成了市场行为者的利益意识、利润意识、工作意识、工资意识、地租意识和职业意识。所有这些，从根本上说，都是起源于利润的相同以及所从事的交易的相同。

第三，市场习俗有两种标准：计量标准和合理性标准。前者终于立法机关，并作为法定的标准；后者主要是由法院在判决中逐渐建立起来的。它们还可以区别为"交易的标准"和"生活的标准"。前者关系财富的生产、买卖和分配的管理；后者则是消费的标准。

第四，市场习俗的原则是"强迫的相同性"，它诱使个人遵从标准。所谓强迫的相同性表现在，一个不肯遵循过去发展形成的银行制度的商人，尽管劳作勤勉，但不可能在金融社会立住脚。习俗的强迫性有两层含义：其一，对个人的不同程度的强制；其二，是一种辨别原则本身和对它的辩护。作为从事实经验中推论出来的原则，习俗具有强制性，它是一种运行法则；作为辩护或谴责，它是希望由集体的强制力使其实现或者加以防止的事物。康芒斯正是从这里推导出市场习俗的本质特征："习俗是集体的强制，它就是把义务加在个人身上，从而发生作用"。① 经济义务实际上就是债务，只不过是可以用服务，或者商品或者购买力偿付的债务。在现代市场中，最有力的制裁——稀少性——使得每个行为者不得不遵守当时、当地的习俗，因为他们在自己需要的稀少的事物面前，都是债务者。

第五，市场习俗与市场法规有着内在的共生关系。市场的经济仲裁靠什么？康芒斯认为，靠的是习俗。一个仲裁人寻找一种习俗来指导他的决定时，他采取的行动是对习俗的实行再加上一重认可。法庭的判决也是这样，法庭就是对那种习俗加上暴力的认可，要求交易必须符合于习俗。实际上，习俗对法庭程序的渗透，主要表现为一定的"判例"作用。判例乃是以往判决的合理惯例。它触及到市场行为者的三种最根本的愿望：安定、自由和平等。安定可以使人预期未来的争执将和过去的争执得到同样的判决；自由可以使下级不会受上级的捉摸不定的意志的支配；平等可以使所有同样的个人在同样情形下受到同样的待遇。因此，作为习俗的"判例"，其所要求的是：现实的判决应当符合以前

---

① 康芒斯.制度经济学（下）[M].于树生，译.北京：商务印书馆，1981：365.

的判决。如果判例真的不合时宜，仲裁人或法官就会再寻找一种习俗，或者从习俗中推论出一些原则，通过排除和吸收的程序，使判决符合这种习俗。习俗实质上是"不成文法—是活的法律"。任何法规只有借助习俗、惯例才可能生效，即便是抽象的和一般的成文法，也要通过惯例式的解释回溯到习俗或判例上来。

第六，市场习俗与市场竞争并不是绝对对立的，一般说来，"习俗是竞争的安定剂"①。康芒斯指出市场竞争决不是自然的"生存竞争"，而是一种人为的安排，由集体行动的道德、经济利益的共同惯例支配。经济学家创立的自由竞争的学说不是一种趋于各项势力平衡的自然倾向，而是在一种公共行为准则和惯例的规范下追求的境界。竞争的首要前提是，树立有利于竞争的市场交易标准，把不确定的习俗、惯例变得比较明确，从而使竞争达到公平、公正和合理。

康芒斯的上述观点反映了制度学派对社会历史因素、历史意识在市场交换中的地位及其影响所给予的重视，它对经济学家尝试更贴进现实市场行为的原因透视有着重要的提示。

二、习俗与市场的内生关系

关于习俗与市场的内生关系至少有三个问题值得进一步探讨。

（一）经济行为本质是否是非习俗和非惯例化的

新古典主义理论认为，市场经济的行为本质上是非习俗性和非惯例化的。在他们看来，经济行为本质上只是包括理性计算在内的朝向一个最优值的边际调整。任何市场行为不仅建立在一个包括所有成本与收益的全面综合的计算的基础之上，而且任何时候收到任何市场信息时，都要进行一次复杂计算。他们并不排除习俗的存在，但只是把习俗纳入完全理性的思维框架中，以为习俗是一种理性的行为，可由某一标准偏好函数的一种形式来计算，因为人们感到改变它们的"成本"太大，所以不断地重复它；或者将习俗当成某些先前的理性选择的重复；或者将其视作达尔文主义"自由选择"过程的结果，它使得所有重复的行为都趋向于最优，因而也是理性计算的结果。

我们以为，经济行为的本质乃是理性与非理性因素的辩证统一。强调理性功能的价值，正是鉴于它对非理性因素所导致行为的合理整合，而不是理性撇开非理性孤独地达到"自恋狂"的程度。由于要求的信息及计算的容量大大超

---

① 康芒斯. 制度经济学（下）[M]. 于树生，译. 北京：商务印书馆，1981：371.

出了人们的能力，要对市场经济行为的所有方面进行完全有意识的理性计算是不可能的。通常情况下，经济行为的发生同时发源于深思熟虑与不那么仔细的考虑。后者往往表现为受市场习俗（风俗习惯）的支配。从积极一面来说，市场习俗使我们得以在行为的一些方面免去有意识的深思熟虑之苦，从而能应付各种复杂情况及超载的信息；从消极一面来说，市场习俗可能会在必要的市场思维训练和创造性的技能发挥中忽略某些重要的行为，在更为复杂更高层次的行为中，这个局限性会更为严重。

按照凡勃仑的看法，市场制度本身就是由"为大多数人普遍接受的固定的思维习惯"所组成的①。柏森斯对此有着更为明确的说明，他强调"经济行为是在一个制度框架中进行的，制度不仅是组织的结构，'而且是规范的模式，用来规定在一特定的社会中，什么是适当的、合法的或期望的行为或社会关系的方式'。"他写道："实际经济行为发生在制度范式的框架中，这一事实暗示了，这些与利益无关的动机因素在经济行为的决定过程中起着作用。"② 柏森斯实际上为经济学家们作出了如此忠告：解释经济行为本质，经济学家没有必要依然抱着他们那些简单化的、站不住脚的人类理性观点不放。那些主观设想的理性的手段与目的在现实市场行为中都不能视作是理所当然的。甚至在完全深思熟虑的决策水平上，人们也能看出市场习俗（作为制度的一种存在）对行为者的决策仍然有着约束作用。

另外，把市场习俗完全归属于理性范畴理解的空间，也是站不住脚的。经济学家弗兰克·奈特曾对习俗的非理性特征作了这样的表述：人类社会过程中的各种力量"属于处在本能与智能之间的中间类型。它们是习俗、传统或制度等事物。这些准则被导入社会之中，通过不太费力甚至无意识的模仿而被每个社会个体所掌握。而这些准则在任何时候被任何一个成年个体所认同就形成习惯"③。纯粹的习惯性行为方式的本质是，一个行为是它的先前行为的复制品；显示出理性的行为方式的本质是，一个行为靠它的先前行为得到修正。习俗是无意识的思维过程所导致的某种行为特征，尽管在习俗的制造和延续过程中，存在着有意识的理性选择的现象，但习俗作为行为者的心理"遗存物"并支配

---

① 凡勃仑. 有闲阶级论［M］. 蔡受百，译. 北京：商务印书馆，1964：iii.
② 霍奇逊. 现代制度主义经济学宣言［M］. 向以斌，译. 北京：北京大学出版社，1993：148.
③ 霍奇逊. 现代制度主义经济学宣言［M］. 向以斌，译. 北京：北京大学出版社，1993：149.

人脑的决策时，往往是非逻辑、非理性自然运作的。如，在有意识地选择购买了一部小汽车以后，就习惯性地使用它，在每次用车决策时，一般不太仔细考虑和比较各种交通工具的边际成本。再如，在消费市场上，消费者由于受不同国家和民族消费文化和亚文化的影响，构成不同的消费习俗，引起不同的购买动机：对商品颜色的偏好，各国各异。东京人倾向于清爽、柔软、温和的美丽颜色；纽约人喜欢紫色的优雅的色彩；巴黎人则喜爱具有浓厚典雅感和刚强感的颜色，如黑、红、白色；而米兰人喜欢鲜明浓烈的颜色。对这些颜色的市场选择，并不是购买者每次都经过理性边际成本运算的结果，通常情况下，消费者可以撇开某种理性计算，而追求一种审美习俗的满足。

人们极少有意地估计或计算放弃某种习俗的成本，同样，也不总是经过有意识的理性选择而养成某种习俗。那种把现存的所有习俗视为"最优的"看法，同人们对一些习俗持"坏习俗"的观念显然是矛盾的。当然，对非理性因素——习俗的强调，并不是降低理性在市场行为中的作用。完整地说，习俗适合于市场环境里的补充性因素或者一般性交易，而理性的决策行为多数被用来作为限制性因素或者关键性交易，正如生意场上的人常言："这项生意重大，须三思而后行。"如果各项市场因素不断地变动，那么理性就必须灵活地关注，并控制关键性因素；如果市场各项因素的动态正常，那么习俗判断就可以解决补充性因素的或一般性交易所构成的问题。

（二）市场行为摆脱不了市场习俗的掌心的原因

首先，任何市场行为者都是生活在来自过去的事物之中，他们的所做所为、所思所想，除去某些个体特性差异之外，都是对他们出生前人们就一直在做、一直在想的事情的近似重复。从生物学意义上说，人通过基因在体内携带着部分自我复制的过去，这部分过去既有象征性内容，又包含着信仰的内容，后者是体现语词和动作的象征性范型中的过去。人们以更为多样的方式接受和重复这一部分过去，这部分过去又以各种不同的泛化程度传授给各种可能的接受者。于是，便出现了习俗。习俗的产生，从根本意义上说，它来自人类生存的基本需要。这些习俗之所以能维持下去，是因为人类生活的自然环境产生了种种问题，需要人类通过心智作出回答。人类所做的一切摆脱不了他们神经生理特征和生态环境的限制，但是在这些限制范围内，仍然有变化的余地。变化是可以确定的；一个变体一旦确立，它就在一段时期内稳定下来。各时期中"行为的一致性"（习俗）是由于权威、百姓所适应的环境和他们的趣味及愿望恒定不变的结果。许多这类恒定性是习俗导致的直接后果，其他的恒定性则被满足利益的取向所引致。但是，这种利益所要实现的目标本身可能也是习俗性的。

其次，一个由人的行为组成的市场经济运行空间，在任何时候都具有交换行为的瞬息性，如交换意识、交换行为序列，它们一旦完成便不复存在；可是，在市场行为者期望、要求或需要它们时又不得不"重复"进行。一个市场要进行正常的运行，就必须不断地、反复地重复行动和交换观念，引导行动和观念重复的是市场个体成员记忆中关于他们自己过去的言行，以及潜在于他们知觉和记忆中的对他人的期望和要求；他们所记忆的对他人的期待和要求，以及他们有资格行使的权利，也同样指导着行动和观念的重复。

市场行为者为什么会在主观上自觉或不自觉地如此反复记忆习俗惯例并付之于行动呢？其中一个重要原因在于，市场习俗有着规范性的暗示，它大体有着四种心理价值取向：其一，过去就是这样做的，并没有引起大家的非议，而且极易被社会群体所接受；其二，过去就是这样做的，而且没有什么市场的风险性，是市场以往回报心理满足的延续；其三，大家是一贯这样做的，所以它不可能失误；其四，这样做可以减少"成本"，简化计算过程，是运作繁杂经济事务最方便、最轻松的方法。总之，市场习俗通过人们对强制行为的预期及其后果的记忆而达到其大部分效果。

市场上的合理计算，以及建立在这一计算基础上的行动，虽然不属于对市场习俗记忆的行为，但是，它有赖于记忆和习俗惯例来对价格信息进行解释。人们依赖这种记忆来要求获得他人手中的货物，要求他人提供服务，同时，他们也依赖资格记录，即有权作出这些要求的资格来提出这些要求。在这种情况下，对习俗的记忆和实践，就是对钱币和财产之意义的记忆和实践。人们对市场习俗的偏好，还由于市场交换行为已不是单纯的经济关系的交换，同时也包含着文化关系的交换。习俗本身也是人们长期沿袭积久而成的社会文化的持有，是社会文化的一个支流，不同社会文化和亚文化构造着不同的市场习俗和行为者的文化心理模式，它在一定程度上影响并制约着市场行为者的动机。

（三）作为非理性因素的"习俗"在市场经济中的作用

首先，市场习俗对于市场经济体制的运行有着重要的保障作用。众所周知，市场习俗只不过是以往市场行为或与经济活动有关的社会行为的一系列复合行动所留下的，它是当下行动的条件、记忆中的形象、行为的真实记载，以及某种条件下将来行为的规范性先例和规定。人们已充分地认识到，很多劳动市场，都是建立在一系列刚性的契约及行为之上的，保障市场契约正常签定和履行，主要靠大量的市场行为者所存有的"共同意识"——市场习俗的制约，这些习俗对产业联系和劳动市场来说，有着重要甚至必不可少的作用。这些市场主管人员的、金融家的、股票持有者的以及其他的商业团体的法则及惯例化的约定，对于体制的运行也是绝对重要的。所有经济行为都囿于一个传统的法律框架，这不是通过对各种法令条文的细节的熟悉而是对其行为操作的偶然观察所知晓的。借此，市场行为者可以判断契约的有效性以及大量行为的可能的法律后果。商业本身受一切参与者所接受的非正式习俗及法则的约束，而符合这些习俗与法则的行为，通常可充当进入一个商业团体的资格以及被当作信用的象征。这些习俗及法则又受不同民族、国家文化的影响，一个外国商人想要向不熟悉的地方出口商品，必须了解当地的习俗及法则。可以说，每个商业团体的成员在互相联系的网络中生存与行动，正是靠着共同遵守的市场习俗和惯例发生着各种业务关系。一旦发生相互间的经济纠纷，首先用来调解的工具便是"心照不宣"的市场习俗和惯例。正是这种心理工具，才使得市场活动得到不断绵延和发展。

市场行为者之所以确信并热心于习俗的保障作用，从心理意义上分析，乃是习俗对于心灵的两种原始效果：一种是使任何行为的完成或对任何对象的想象顺利无阻，一种是以后使它对于这种行为或对象有一种趋向或倾向。顺利是心灵中一个非常有力的原则，并且是快乐的一个必然的来源。只不过由习俗行为所带来的顺利的快乐，并不在于精神的激动，而在于精神的顺畅活动。

其次，习俗对市场的消费行为有着心理上的导向作用。任何一个民族都有自己的风俗习惯，而很多风俗习惯又有着从主导价值上规范人们行为的作用，它直接影响着人们的消费行为。倘若人们的某种消费行为严重违反了为人们所公认的风俗习惯，就要受到冷遇或严厉的斥责，或引起人们强烈的反应、耻笑、愤怒，以至宗教情绪。因此，风俗习惯对市场的消费行为起着潜移默化的作用，消费行为在一定程度上反映着市场行为者风俗习惯的要求。我们要想了解市场消费动向，掌握市场消费的热点和基本规律，谙知消费行为背后的"习俗"原因乃是重要的前提和条件。

第三，市场习俗可以通过制度化，为行为者提供其他当事者的经济活动信息。科尔奈曾指出："习惯、习俗固定下来，默契地或合法地支持社会共识或一致性。"① 它并非神圣不可侵犯的，但有价值的是，它能帮助市场当事者估计其他人可能的经济行为。弗兰克·奈特和桑顿·梅里安对此有深刻的说明："一个人仅当所有其他人的行为是可预测的并且他能够正确地预测的时候，才能在任何规模的群体中理智地选择或计划。这意味着，很显然地，其他人不是理性地选择而是机械地根据一种固定的已知方式来选择，或者第一方有某种强制性力量，这种力量是靠使用强力或者欺骗而获得……假如没有一些协调的过程，一个人的任何实际行为，如果稍稍背离其过去的惯例，都会使那些从他的过去行为臆测其行为并据此而行动的其他人的预期落空并打乱其计划。"② 这里最为重要的一点是，习俗和惯例（正式制度），通过建立或多或少是固定化的人类行为的范式，或者设定人类行为的界限，或者订立人类行为的规则，或者约束人类行为，实际上都提供给其他当事者以信息。这种不变性或约束将告诉每个人其他当事人可能的行为，因而他就可以相应采取行动。可见，习俗不仅可作为固定化行为方式及约束的范式，还可通过提供其他人可能行为的或多或少的信息来发挥能动的作用，即在一个复杂的、混沌的、不确定的以及信息量超载的市场里，人们仍然可以寻求具有相对意义上的有规则和可预测的市场行为的轨迹。

第四，市场习俗是企业"有组织的记忆"。在企业里，习惯与惯例起了知识与技能的储存仓库的作用。多数工作技能都与企业习俗相关联，多数企业行为都是直接或间接地反映着企业的习惯和惯例。说它是"有组织的记忆"，这是因为不论是"熟练工作"还是"非熟练工作"都包含一定的实际知识，或随时间推移而获得的和依惯例形成的实际技能。事实上，一个企业多数技能都是由一套有联系的习惯组成的，它在相当长的时期内形成，并广泛地扎根在企业有关成员的头脑中。在许多场合它是企业成文制度和不成文制度的补充或直接表现形式，其中心价值包含着一种"善"的判断（即"应当这样"）。习俗还影响着企业的刚性定价原则，当然，习惯价格的刚性，并不是指一个固定不变的价位点，而是指与市场最佳联系的灵活的价位波动区间。

最后，市场习俗在制度创新时期有着十分重要的作用。习俗的可变性在制度学派那里，被视为制度变量的函数。凡勃仑在其著作中指出，不仅个人行为

---

① 霍奇逊.现代制度主义经济学宣言［M］.向以斌，译.北京：北京大学出版社，1993：158.

② 霍奇逊.现代制度主义经济学宣言［M］.向以斌，译.北京：北京大学出版社，1993：158.

被他与群体中其他人的习惯性联系所包围和引导，而且这些联系，作为一项制度的特性，随制度场景的改变而改变。需要与愿望，结果与目标，方法与手段，个人行为的变化与趋势，都是制度变量的函数，而制度具有高度的复杂性及整体不稳定性。从进化论来看，市场经济不是一个"自我平衡的机制"，而是一个"累积的逐渐发展的过程"。市场经济制度是习惯和包含了各种惯例化行为的混合体，但市场环境的变化和管理与技术的创新又不断引起新旧惯例和新旧概念之间的矛盾和冲突。实际上，当现存的习俗或社会惯例发生混乱时，就会出现危机状态或结构崩溃，此时制度创新期便会到来。如何正确对待制度创新，关键在于如何认清习俗在体制创新中的地位与作用。固守旧的习俗，便会导致原有体制的更加僵化；而对现存习俗不屑一顾或全盘否定，那么，一个不顾后果的不断动荡的系统会因缺乏连续性或缺乏技能与远见而使其自身受损害，并且当它处于危险的境地时其成员会纷纷抛弃其价值或目标而离去，该系统也就会陷入绝境。在制度创新时期，市场习俗的变迁有着它内在的规律。其一，不是所有的习俗在创新时期都将遇到严峻的挑战，只有那些具有实质性的市场习俗才会受到新制度的查审。所谓实质性，意指这些习俗直接规定了一种市场的类型、范式存在的边界条件，制度创新实际上包含着这些边界条件在市场行为主体的作用下发生创造性的自觉转换。转换至少在两个层面上发生：一是市场体制结构方面，另一个是行为者的价值尺度和心理层面。转换也是一种对旧习俗的整合，它是用新的制度范型来整合旧制度实质性习俗的内容，从而给新制度带来秩序和新的规范。其二，一种失去现实性（黑格尔曾把现实性理解为一种符合历史必然性的存在，从而区别于现存性）的实质性习俗往往对新制度的创建有着极大的阻碍作用，变革者往往是积极的和自由的，而旧的习俗、惯例和约束是对其自由的消极限制。制度创新过程的复杂性和艰难性除了来自人们所关心的利益得失的冲突外，主要与人们的传统习俗所规定的行为范式的矛盾冲突有关，这是由意识的相对独立性所决定的。观念的变革与物质的变革有着不同步性。由制度变革的总量向行为者的思想和行为的传递，对社会主体来说，乃是由自我走向非我再回到自我的过程，是一个主体自身内部产生新旧认识结构和价值模式的转换的过程。固守自我是容易的，因为它所付成本代价较低；否认自我是困难的，因为它所付成本代价较高；回到自我（接受一种新的实质性市场习俗）所付成本代价会更高，因为它会发生学习、宣传、普及和培训等一系列制度创新的费用。其三，新旧市场习俗的转换有着铁的必然性，它不依人们意志为转移。因为人们的习俗、惯例实际上反映着人们的利益与需要的实践水平，当新的需要被推出后，由需要所派生出的利益关系、价值尺度、活动方式必将发生变革。一种市场习俗之所以拥有一大批接受者，是因为它具备了能够满足人们现实需要的内容；如果它不再具有这种价值功能，换言之，如果人们维护这种习俗却带来了种种不幸后果或灾难，该习俗也就行将消失了。

原文：《习俗与市场》，原载《中国社会科学》1996 年第 5 期。

第十章　经济哲学的三对范畴的比较研究：
中、西方文化的差异

　　张岱年先生早在 20 世纪 30 年代就指出，中国的哲学发展离不开中西文化的交融，中国需要能融会中国先哲思想之精粹与西洋哲学之优长以为一大系统，这一系统能激励鼓舞国人的精神，给国人一种力量。① 笔者以为，"中国方案"的出场，其文化价值观的坐标，应在充分发掘中华优秀传统思想文化精粹的基础上，融入现代性，扬弃现代性。中国要走现代化之路，必须不断推进工业化、市场化、货币化进程，要向西方学习科学与技术，包括经济学的科学理论和方法，在现代市场资本、金融等方面要遵循现代市场的规则和规律，因而"零和""怜悯和同情""理性利己"都是需要的②，但是，学习并不是单纯复制，辩证地扬弃意味着对西方现代性数以百年的经验与教训加以吸收与总结。近代以来，西方工业文明的发展，铸造了特有的市场社会发展模式：在亚当·斯密等经济学家教条文中，该模式被定义为社会即市场，人人皆商人，所有的价值都应当被还原到交换价值观上。这样的一种被称为自由放任的市场经济的发展模式，本质上就是提倡恶的历史驱动，追求资本效益的最大化，它必然带来这个地球上的弱肉强食、强者必霸的地球生态。扬弃现代性，意味着弘扬汤因比所说的中国特有的思维优长的发挥实为必要。如在市场竞争方面，把单纯的"零和"竞争提升到追求利益共同体乃至命运共同体的"和合"竞争；把"怜悯和同情"人性预设提升到"良知"这一完整的人格预设；把"理性利己"教条提升到"义以生利"的商道伦理，全面而又充分体现一种融会中国先哲思想之精粹与西洋哲学之优长为一大系统的哲学境界。

---

　　① 张季同. 论现在中国所需要的哲学 [N]. 国闻周报，1935-04-08（12）.
　　② 注："零和""怜悯和同情""理性利己"是西方主流经济学常用的核心范畴或命题。

第一节　"零和"—"和合"

"零和"来自博弈理论。现代博弈理论由匈牙利大数学家冯·诺依曼于20世纪20年代开始创立，"一直到1939年，冯·诺依曼遇到经济学家奥斯卡·摩根斯顿之后，才使博弈论进入经济学的广阔领域""1944年，冯·诺依曼与奥斯卡·摩根斯顿合著的巨作《博弈论与经济行为》出版，标志着博弈理论正式形成"①，作为博弈论的"零和"理论，体现了市场规则、心理规则、竞争规则在动态环境中的相对平衡点的最佳价值取向，在理论经济学中有着重要的方法论意义，它为竞争生态中经济变量关系的函数分析提供了重要的定性及定量分析根据，为精准把握市场竞争多元利益群体之间的竞争法则提供了确定性与不确定性的公理，问题在于"零和"已从西方理论经济学的一个公理上升为具有现代性特质的思维方式："零和"思维。该思维方式的哲学特征有三点：一是恒定性。"零和"意味着恒定，它假定资源是恒定的，不会增加或减少，争夺双方的最终结果应为总资源数量不变，这就意味着，赢得的一方所获得的资源总量和败者失去的资源总量，两者加总为零，以此形成的思维方式，即在资源竞争方面不可能均等，只是两极分化，极端的富有和极端的贫困，这是恒定的结果。二是唯一性。唯一是指结局的判定，两者竞争中胜王败寇，胜者是唯一的，他的主体地位与作用是唯一的，因而他所获得的资源的占有、使用和支配的权利是唯一的，不可被他人所剥夺，胜利者的光荣背后往往隐藏着失败者的辛酸和苦涩，这是一个冰冷的结局，弱肉强食强者必霸，被一些西方理论家、政治家视为天经地义的公正。三是不相容性。从"零和"设计的本身而言，"零和"排除分享、共享、他享的存在，在它看来，竞争应是双方在平等条件下所付出的斗智斗勇的过程，因而对成果占有的权利是明晰的，这一点是不可违背的公理，至于靠同情与怜悯的成果享用，那是非竞争规则的慈善事业。若从历史观上推理，竞争的开始，多方是主体间性的关系，竞争的结局只能是一主和群客的关系，胜者是主体，其他均是被支配的客体，战胜国对战败国的一切占有和

---

① 诺依曼，摩根斯顿.博弈论与经济行为（下）[M].王文玉，王宇，译.北京：生活·读书·新知三联书店，2004：1018.

掠夺似乎都是合理的。

从辩证思维来看，"零和"思维有着合理性的方面，事物之间的矛盾对立与排斥体现了辩证法矛盾斗争性原理，这是客观的、必然的，也是合理的。但矛盾彼此斗争的结果并非一方吃掉一方，还有矛盾双方共存变为新的同一体，它有着更为积极的发展作用，同样，在现代市场经济的竞争时代，更多的是提倡高级形态的彼此矛盾对立和排斥，追求矛盾的斗争性与矛盾的统一性，两者统一更显人类的智慧和文明水准。高技术、高竞争与高情感的心理相平衡，决定了人的情感、沟通、谈判、交往也是重要的生产力，是现代财富创造文明与智慧的重要途径，抛弃主客二分的思维方式，提倡主体间性的平等关系，这是诊断并扬弃现代性的必备条件。经济行为是属人的行为，而非动物式的丛林搏斗，所以一切市场活动除了"零和"思维外，还应当拥有更深意义上的人文关怀，更应符合当代人类"和合"精神。弱肉强食是现代性的极端形式，按此教条，市场不存在可调和性、可谈判性、可沟通性的余地，战争是捍卫此教条的暴力工具，民族分裂、地缘战争、赢家通吃、唯我独尊，规则的制定者最终是规则的破坏者，国际关系的交往中出尔反尔，用独立强权意志不断制造世界的不确定性因素，企图让资本由多国方向流向霸主国家，这一切现象都证明了片面地固守"零和"思维必将导致世界战争和人类的灾难。

被汤因比称为具有独特思维方式的中华民族文化特质，有着避免现代性导致人类集体自杀的思维效能，扬弃现代性的儒学价值观的核心范畴"和合"值得推出。"和""合"思维在《国语·郑语》首次出现，称："商契能和合五教，以保于百姓者也。"① 意思是说，商契能把五教（父义、母慈、兄友、弟恭、子孝）加以和合，使百姓安身立命。因而，"和合"最早的原意有三：一是，把异质多元的爱皈依到人类整体的大爱；二是，强调和合的社会秩序；三是，和合的目的是能够达到不同群体间尊尊亲亲、安居乐业。可见，"和合"是一种基于家庭血亲伦理的社会秩序论。

推广至社会而言，首先，"和合"是一种和谐的社会秩序论，主张邦交正义，反对不义战。《国语·周语中》载：周襄王十三年，将以狄伐郑、富辰向襄王谏言"和宁百姓"，伐郑，是不"义"、不"祥"、不"仁"之举，"不义则利不阜，不祥则福不降，不仁则民不至。"② 兴不义之战，必定天人失和。其次，

---

① 徐元诰．国语集解 ［M］．北京：中华书局，2002：466.
② 徐元诰．国语集解 ［M］．北京：中华书局，2002：46.

"和合"追求共生、和生的礼乐文明制度。在中国传统政治哲学体系中，礼乐制度文明是政治文明不可或缺的一个重要内容。礼制规范着并反映着国家的政治秩序。而礼仪制度一个最为直接的表现形式就是音乐，礼制往往是通过乐制来表达的。《国语·周语中》提出了"和协典礼"的思想："女，今我王室之一二兄弟，以时相见，将和协典礼，以示民训则。"①《国语·周语下》则以乐象政，阐述了深刻的礼乐正则政事和的思想。《国语·周语下》载：二十三年，景王要铸大钟，单穆公劝谏景王，认为钟乃国家度量衡之重器，圣人慎之、先王慎之，不可越度，"锺声不可以知和，制度不可以出节"②，礼乐正是民心归顺的表现，"夫耳目，心之枢机也，故必听和而视正。听和则聪，视正则明。聪则言听，明则德昭，听言昭德，则能思虑纯固。以言德于民，民歆而德之，则归心焉。"③最后，"和合"的目的是构建和谐的、丰衣足食的经济秩序。"和合"应建立在民本的德性政治之上，以百姓生计为先。周宣王即位后，不行天子籍田千亩之礼。虢文公劝谏说："不可。夫民之大事在农，上帝之粢盛于是乎出，民之蕃庶于是乎生，事之供给于是乎在，和协辑睦于是乎兴，财用蕃殖于是乎始。"④ 农耕是民之大事，上天的祭品也需农耕供给，人口的繁衍需要农耕提供粮食，国事的供应需要农耕作为保障，"和协"（韦昭注：协，合也）的秩序由此形成，财务、国力由此维持。

"和合"不是无原则地附合、聚合、任意结合，"和合"的辩证性在于异中求同、同中存异。只有首先认同差异、承认差异，才能过渡到有生命力的同一，才能实现利益共同体和命运共同体的目标。这是一与多的辩证法。为什么强调和而不同？差异代表了个别性、特殊性，只有众多的差异，才是现实共同存在及合作的根据，具体事务是差异性的存在，差异即矛盾的具体性和特殊性，矛盾是世界的本质，唯有具体矛盾、特殊矛盾的运动，才是推动世界发展的动力，从而构成世界多样性统一的和谐之美。同一离不开差异，但差异如何过渡到同一，这里有着极为复杂的原因和条件，其中共生、和生的德性更为关键，而儒家提倡的礼乐制度充满着异中求同的亲和力。有学者认为，中华古老的和合思想有五大原理：和生、和处、和立、和达、和爱。其中"和爱"是最为核心的原理。"无和爱意识，人与自然、社会、人际、心灵、文明之间的和生、和处、

---

① 徐元诰. 国语集解［M］. 北京：中华书局，2002：58-59.
② 徐元诰. 国语集解［M］. 北京：中华书局，2002：108-109.
③ 徐元诰. 国语集解［M］. 北京：中华书局，2002：109.
④ 徐元诰. 国语集解［M］. 北京：中华书局，2002：15-16.

和立、和达就不可能实现。"① 因为离开了爱，那么一切仁、义、礼、智的实践，便无从谈起，人之所以能践行仁、义、礼、智，是因为人内心具有"爱"这颗"仁"（种子），由血亲之爱向外推及出去，立、达、忠、恕于外，进而有了"泛爱众"的道德情感，从而建构和谐的社会秩序。

提倡"和合"思想并不否定"零和"法则，而是注重现代市场经济伦理的一种新的世界观、价值观，乃至战略思维方法。从"零和"走向"和合"，这一范畴的辩证运动，充分体现了人类追求历史进步的法则，是人类一部从事现代竞争和交往的"市场道德经"。不可否认，"零和"法则是社会主义市场经济所遵循的法则之一，但"中国方案"深刻地体现了儒学所特有的人性哲学的关怀和高度，市场以人为主体，竞争既需要"零和"更需要"和合"。同时，21世纪的世界交往与竞争，对传统的现代性交往与竞争方法的超越正在于不求独霸，但求共荣、共生；不求丛林生态，但求和谐共处的生态圈；不求财富两极分化的悲喜体验，但求人类命运共同体的境界实现。今天的竞争不是近代资本原始积累意义上的血与火的生命搏斗，而是充分珍爱人的生命和人权保障以及注重异质文化的差异性，因此，今天的竞争已不是一对一、一对多的野蛮对抗，而是共商、共赢、共享的文明交往。况且，财富的相对论替代了传统意义上的绝对财富论，有限的物质资源的竞争、物质资源的稀缺性在某些领域已经被共享思维所克服与合理对接，精神资源的丰富性和广延性因为科技的发展正逐渐被深度开拓。

第二节 "同情"—"良知"

市场经济关涉人性哲学的预设。堪称西方经济学鼻祖的斯密为经济学提供了两部重要著作，即《国富论》和《道德情操论》。他试图从理论上证明经济人与道德人应当相一致的模型，是自由放任的市场经济的重要准则，从抽象人性过渡到市场人性，如果单把人性的哲学认知归结为个人欲望、自私、任性，那么市场人性将会成为原始丛林中的狼性，疯狂的利己主义行为的搏斗如何又

---

① 张立文. 和合学——21世纪文化战略的构想（上）[M]. 北京：中国人民大学出版社，2006：397.

将人性与兽性区别开来呢？斯密对人性哲学的预设是同情心，市场的无情竞争必将导致两极分化，为了使富人有着足够的生存安全，不得不设置人性的怜悯或同情，以施舍和慈善的名义来救济市场由竞争而带来的贫困或弱势群体，显然，这是一种财富的调节形式，一方面，按规则竞争而取胜的为赢家，而输家的利益只能靠赢家的怜悯和同情心而发出的施舍和救济。斯密在《道德情操论》中指出："无论人如何被视为自私自利，但是，在其本性中显然还存有某些自然的倾向，使他能去关心别人的命运，并以他人之幸福为自己生活所必须，虽然除了看到他人的幸福时所感到的快乐外，他别的一无所获。这就是怜悯和同情。"① 在他看来，支配人类行为的动机，有自爱、同情心、追求自由的欲望、正义感、劳动习惯和交换倾向等。同情心原理实际上揭示了人的本性中有着关注他人的倾向的事实，但问题的重要性在于，如何从心理活动转变为利他行为，这一点西方经济学经济伦理的原典思想中并没有特别强调，相反个人的自利行为便是经济学理性经济人逻辑预设的前提。斯密为什么如此强调市场同情心的思想，这是因为在自由放任的市场经济的活动中，经济人的高尚感情似乎是一种复合的情操，由两种截然有别的情感组成：一是对某一个体伤感情绪的直接同情；二是对那些从他的行为中得到利益的人们的感激之情的间接同情。② 可是这种同情心直接遇到一个根本性的问题，就是别人言行的实际旁观者不可能熟悉那人的动机，只能靠想象力来判定自己的行为，想象不等于事实的完整信息的把握。更为实质的问题是不断生产出市场两极分化的人群，证明了这种自由放任的市场制度本身存在着致命的缺陷。

然而正如马克斯·韦伯所指出的，得救和恩宠是富人们施舍行为的动力，在他们眼里，神为他们安排了成为富人的天职，"迫于需要只好去卖苦力"的大众们，不过是"给有钱人提供了通过施舍而行善举的机会"③，对穷人的怜悯和同情成为他们眼中的美德和神所赐予的义务。但这丝毫不能阻止和减少资本的剥削和贪婪本性，劳动者大众丝毫没有改变他们被剥削的命运和地位。尽管亚当·斯密呼吁用"怜悯和同情"来对抗自由竞争的市场经济里资本的贪婪，但这一切仍然是徒劳的，因为利己主义的土壤里产生不了利他主义精神，拥有如

---

① 斯密. 道德情操论［M］. 余涌，译. 北京：中国社会科学出版社，2003：3.
② 伊特韦尔，等. 新帕尔格雷夫经济学大辞典：第4卷［M］. 陈岱孙，等译. 北京：经济科学出版社，1996：387.
③ 韦伯. 新教伦理与资本主义精神［M］. 阎克文，译. 上海：上海人民出版社，2018：322-323.

此美德的佼佼者虽应获得赞美，但所表现出的也只能是高高在上的良心发现和自我灵魂救赎，本质上还是利己。

虽然亚当·斯密希望在社会普遍富裕后，通过对弱势群体的怜悯和同情，来达到社会的公平正义，但自由竞争条件下，每个人的机会并不相等，再者，马克斯·韦伯告诉我们，每个劳动者的天职早已为神所安排，神的不同恩宠，给每个人带来的不会是公平的机会。现代性发育，虽然让人们从思想上摆脱了神的桎梏，但又落进了物欲的陷阱，启蒙运动的自由观念，被改写为"戴镣铐的自由"，卢梭的《社会契约论》，对西方现代性进行政治哲学批判，发现现代性的本质是自然人向文明人过渡中的历史化的异化事实，遗憾的是，卢梭的思想看上去给人们提供了一种公平正义的解决方案，但是现代资本主义扩张的动力，并不是源源不断投入的新资金，而是资本主义的资本逻辑。精于严谨计算的利己主义，并不会给人们带来公平正义的契约，最多只能满足不同利益集体的算度。黑格尔希望通过市民社会发育导致的国家精神，为亚当·斯密政府的公平分配财富提供可能，但是在利己主义的历史特殊性的基础上，整体主义的国家精神是不可能建立起来的。

市场需要人性哲学的预设，但更需要一种健康、高尚人性哲学的提升。因此有必要从"怜悯和同情"转向儒学范畴"良知"的分析，从人性过渡到市场人性，它不应当仅仅取舍人性自私和欲望的向度，而应当从人性的内在的圆融性出发：一种完整的人格；一种既保持私人向度又保持社会化的健康人格；一种具有内在修养、自我纠错、宽容他人、责任担当、追求共享和境界的健康人格。考察中国人的行为方式，我们会发现一个有趣的现象。年轻人踏上社会后获得的第一个月的工资，往往有拿来孝敬父母的习俗；在外工作的游子回家过年，无论在外收入几何，一般都会给父母亲人带上一份礼物；这些举动丝毫看不出怜悯和同情，体现的是发自内心的感恩和亲情良知。这与中国人的特有思维方式——"良知"人性哲学有着深切的联系。孟子把这种良知定义为："人之所不学而能者，其良能也；所不虑而知者，其良知也。孩提之童，无不知爱其亲者，及其长也，无不知敬其兄也。亲亲，仁也，敬长，义也。无他，达之天下也。"[1]（《孟子·尽心上》）显然，孟子的良知说有两层意思：作为一种与生俱来、先天所赋的良知；作为人之成为人的本体论伦理规定的良知。"良知"说的集大成者是王阳明。王阳明认为其平生讲学，只是致良知之学，可见，良知

---

[1]　朱熹. 四书章句集注［M］. 北京：中华书局，2012：30.

是阳明学的核心要义。阳明良知学说有以下几方面的特质。

其一，良知是本体，未有超乎其外者。"体即良知之体，用即良知之用，宁复有超然于体用之外者乎？"①（《答陆原静》）在王阳明看来，良知既是哲学本体论范畴，又有着道德判断的价值指向。他认为心是无善无恶的，只是因为外物牵引而产生意念，心之本体无善恶之分；心之良能，在于能辨是非、去善恶，从而回归良知本体的美好状态。可见，阳明的良知说有着清晰的道德是非感和从善去恶的道德路标。其二，如何"致良知"？须知行合一。善的社会秩序的实现，是良知的自觉与践行。知行合一，知即是良知，行即是致良知，良善的社会秩序就是践行道德之治，道德实践就是致良知。致良知须知行合一。其三，良知即天理。"吾心之良知，即所谓天理也。致吾心良知之天理于事事物物，则事事物物皆得其理矣。致吾心之良知者，致知也。事事物物皆得其理者，格物也。"②（《答顾东桥书》）如何达"致良知"这一天理？需要格物致知的功夫。然而，阳明的格致之说与朱熹的不同。朱熹提倡于"事"上体贴，于一件件日常行事上，切问近思，获得真知。阳明则主张"以心正物"。其四，良知具有"万物一体"的整全义，阳明认为其"天地万物一体之仁"说是自三代之后，人心私欲、社会功利流毒的拔本塞源之论。复旦大学吴震教授认为，阳明学的万物一体论与先秦诸子、程颢理论形态都有所不同，它是建立在良知心学基础上的新形态的"仁学一体论"，确切地说，是一种仁学本体论，其中"万物一体"是对仁"之本体整全义、整体义的表达"③。或者进一步说，阳明万物一体说的根本所指在于，建立在良知基础上的一体之仁说能解决社会诸多流弊，使得万物一体归于仁，人与自然、人与社会、人与人达到和谐一致，这也是良知作为本体的终极意义所在。

"良知"与"怜悯和同情"相比的优越性在于：（1）"怜悯和同情"是富人对穷人施舍的表达；"良知"是每个市场行为者所应当具有的德性。（2）"怜悯和同情"是主体对客体的财富再调节，它是以承认既有财富与资源不公平、不公正属性为前提的；"良知"包括一切人，不预设任何不合理、不平等野蛮强制的前提，良知的超验性是心之体和世界本源的相贯通，被视为与天地之心同一，

---

① 王守仁. 王阳明全集：第1册［M］. 吴光，等编校. 上海：上海古籍出版社，2014：71.

② 王守仁. 王阳明全集：第1册［M］. 吴光，等编校. 上海：上海古籍出版社，2014：51.

③ 吴震. 论王阳明"一体之仁"的仁学思想［J］. 哲学研究，2017（1）：61.

良知的先验性正在于人对人自身善的本能的召唤，是一种与生俱来、先天所赋的能力与知识，良知的经验性来自后天的学习及善的道德律令的复制。（3）"怜悯和同情"是以不触及个人私利最大化的原则，而"良知"是以大写人的善的禀性对自我行为的约束和检讨。良知是构建道德秩序的关键，在人类命运共同体的建构进程中，我们需要充分并且高度重视道德秩序的建构问题。提倡建设良好的道德风尚，提倡建设世界范围内个体公民"有耻且格"的道德良知，通过国际公约规范国家政治行事的道德品格，是人类命运共同体的道德秩序构建的应有之义。在多元多样异质文明交往的过程中，唯有追求人类共有的善，才能达到一与多的统一。这种建构是人性中普遍的、共有的善的政治生态文明追求，是能够发生聚合力的"一"，共有的良知能够使异质多样的邦国得到认同和接纳，而个别任性的政治强加根本不具有内在的说服力和亲和力。

第三节 "理性利己"—"义以生利"

理性利己是西方主流经济学所遵循的经济人理性行为的人性假设，它以经济个人主义教条为轴心，以人性自利原则为抽象前提，以最大化实现私利目标为宗旨，试图利用此模型来解决稀缺的资源与众多人的利己需要之间的矛盾与冲突。客观地说，此模型区分了经济学与其他学科在认知人的本性——欲望、利益和需要等方面，提供了可加以识别的理论根据，对于经济学从抽象到具体的实证分析有着重要的方法论意义和理论价值。但是，这种近代"定义式思维方式"① 在当代智能化、信息化的背景下受到了严重的挑战。诺贝尔经济学奖得主，著名经济学家贝克尔指出，"在过去200年的时间里，探索利己主义经济效应的复杂模型已经大大发展了，这200年内，经济科学已经按照亚当·斯密的思想反复被推敲过了"②。这种推敲被科尔内解释为"只不过是用数理方法对斯密的'看不见的手'作出精确的表述。这只手用最优化的方式协调自私自利

---

① 古代通常被理解为直观猜测的思维方式，近代随着分门别类的自然科学发展，对事物的描述由直观猜测进入实体性分析，由量化感觉上升为定性分析，便产生定义式思维，这种思维特征撇去了分析对象的干扰因素，把环境分析假定为理想状态，撇去与事件相关的人本因素，将复杂多变的系统抽象为单子系统、主客系统。

② 贝克尔. 家庭经济分析［M］. 彭松建，译. 北京：华夏出版社，1987：228.

的个人利益。……用完美无缺的精确形式表述斯密的学说花了一百多年时间"①。显然把复杂的经济系统化整为零，模拟物理学在受控条件下做试验的方法，从抽象的假定出发，利用逻辑推理导出干净利落的结论，这是理性自利的经济学逻辑预设的抽象图示。熊彼特将这种理性利己教条理解为一种主观唯理性的价值观："经济学家不仅习惯于把自己看作评判手段是否合理的法官，而且还习惯于把自己看作评判目的（动机）是否合理的法官，也就是说，凡是在他们看来是'合理的'目的（动机），他们就一口咬定是合理的，而把所有其他目的斥之为不合理的。"② 从经济哲学看来，理性利己教条在解释当代人经济行为问题上出现了难以解脱的困境，20 世纪市场经济的非均衡、信息非对称、不确定性因素频发，理性利己教条受到了质疑：例如关于社会经济现象的陈述能否都可以直接还原为个人利己行为的陈述；所有经济行为本质上能否还原为单纯的个人理性计算；在信息非对称的经济世界里，追求私利最大化目标能否如愿以偿。当代人的经济思维离不开哲学，我们越发感到，经济学需要历史的分析方法、人文精神的思考，尤其是经济域外的变量因素、制约条件、不同学科的关注，更需要应用哲学的辩证方法来解释经济学的质料因、形式因、目的因和动力因，儒学经济伦理思想的核心价值观——"义利之辨"有着两种思维的优势：一是把"义利"放在辩证思维中来加以思辨，用"义利之辨"作为矛盾的哲学关系来认知市场行为发生学原理，进而从根本上确保理论分析始终在原生态社会矛盾环境的思维框架中，从形式逻辑的分析判断上升到辩证逻辑的思维追问，也是对现实市场经济人行为发生原理的揭示：市场决策是矛盾的心理抗争过程，而不是单向度利己驱动的简单推演。二是将单纯的经济行为还原为真实的社会系统，让经济学的分析始终放在现实的政治关系、宗教关系、伦理关系和社会关系的考量中，让经济学的分析走向深刻：既确保利益的始基意义和重点论，又同时关注制约利益的种种"义"的因素，以至于使经济学的思考不发生变形，物质与精神、欲望与道德、私向化与社会化、利己与利他、动机与目标等实现辩证统一。

　　传统的"义利之辨"哲学思想有多种表达，其中最具有现实意义的哲理思想是"义以生利"。"义以生利"可见于《国语·晋语一》中"义以生利，利以

---

① 亚诺什·科尔内. 反均衡 [M]. 刘吉瑞，邱树芳，译. 北京：中国社会科学出版社，1988：371.

② 经济分析史：第 1 卷 [M]. 朱泱，等译. 北京：商务印书馆，1991：177.

丰民。"① "义以生利"，有着三层寓意：一是义利两者不可偏废，不可以只强调一方而否定另一方，二者相辅相成。二是义利发生冲突时，应当以义导利，义在利先，在公平公正的基础上，做到多予少取、先予后取、只予不取。孟子更是推及极致，认为当义与最基本的生之权利冲突时，应该舍生取义。三是义与利并不是两个绝对相互背离的极点，而是首尾相通的义利通变过程：利可以向义转换，舍利能换取义的信用，同样，不讲义的人，不仅利受到有限度发展，甚至是无利而归。反之，义也可以通向利的转换，拥有更多的信用、信誉会使得合作方、竞争方给予更多利的发展空间和资源。中国古代著名儒商子贡，他的经营哲学正是体现了义以生利的商道智慧，宽厚待人，诚信以见，必将成就利益共享的更为广阔的财富空间，当今中国在国际合作中正是体现了"义以生利"的哲学，共商、共赢、共享决定了未来合作的美好愿景。

当代儒学"义利之辨"又有了新的理论考量，"中国方案"的价值观内含着新时代的"义利之辨"哲学思想。习近平总书记对社会主义市场经济背景下新型义利观的内涵作出过精辟论述，进一步突出了"义以生利"的价值取向，并作出深刻的新时代转换与创新："义，反映的是我们的一个理念，共产党人、社会主义国家的理念。这个世界上一部分人过得很好，一部分人过得很不好，不是个好现象。真正的快乐幸福是大家共同快乐、共同幸福。我们希望全世界共同发展，特别是希望广大发展中国家加快发展。利，就是要恪守互利共赢原则，不搞我赢你输，要实现双赢。"② 2014 年 7 月 4 日，习近平总书记在韩国首尔大学的演讲中，谈及弘扬中华优秀传统文化中的义利观时指出：倡导合作发展理念，在国际关系中践行正确义利观。"国不以利为利，以义为利也。"③（《大学》）在国际合作中，我们要注重利，更要注重义。中华民族历来主张"君子义以为质"④ （《论语·卫灵公》），强调"不义而富且贵，于我如浮云"⑤ （《论语·述而》）。

由此看出，"中国方案"的义利观概括起来有五个方面的内容，一是"利"意指生产力，它是经济发展的动力，因而国家必须始终不渝地坚持以经济建设

① 徐元诰. 国语集解 ［M］. 北京：中华书局，2002：256.
② 王毅. 坚持正确义利观积极发挥负责任大国作用——深刻领会习近平同志关于外交工作的重要讲话精神 ［N］. 人民日报，2013-09-10 (7).
③ 朱熹. 四书章句集注 ［M］. 北京：中华书局，2012：13.
④ 朱熹. 四书章句集注 ［M］. 北京：中华书局，2012：166.
⑤ 朱熹. 四书章句集注 ［M］. 北京：中华书局，2012：97.

为中心的基本路线。二是"利"必须以人民为本，首先还原为广大人民群众的利益需要和需求，这是我们一切路线、方针、政策制定的前提，也是出发点和落脚点。三是"义"是精神文明的总内容，它关涉着社会主义市场经济精神的总要求，它是社会主义核心价值观的总表达，是指导"利"发展的精神动力。四是"义"代表了民族发展的精神高度和思想深度，文脉和国脉必须相一致。"利"的满足不损伤"义"，不以"义"的代价来替换"利"的发展，人是人的目的，一切"利"的发展都要还原到人的目的上。五是"义"是追求人类命运共同体的共同规则及意志。融入现代性，扬弃现代性，归根结底，需要先进制度的引领和驾驭。黑格尔晚年所写的《法哲学原理》，从英国人所发明的市民社会的文化问题出发，肯定了市民社会、资本主义经济结构的积极、进步，因为它充分调动了人类欲望和自由，但是他认为，这种具有高度利己主义倾向，受到个人私利、欲望、利益驱动的人类精神，是不能真正进步的，要把市民社会引向国家精神、民族精神，必须呼唤利他主义，先进的市民社会、市场制度、经济制度要加以克服和补充。马克思在《黑格尔法哲学批判》里，指出了黑格尔看到单靠市民社会的利己主义，解决不了人类社会的进步问题的深刻意义，但是问题在于，并不是国家决定市民社会，而是市民社会决定国家，什么样的经济结构、经济形式，决定了什么样的国家精神，既然是利己主义的市民社会和市场经济，必然产生利己主义的精神文化，利他主义不会在利己主义的土壤中自生，亚当·斯密所期望的"怜悯和同情"的道德情操不会成为必然，所以马克思要把不合理的市民社会的私有制制度彻底加以批判与超越，呼吁一种真正属于人类共有的精神的东西。当下中国正是走在市民社会决定国家精神的正确道路上，中国的社会主义市场经济跟资本主义市场经济在制度上存在着很大的不同，它不是靠利己主义驱动的，公有制比私有制有着更符合人性长远发展的制度优越性，从几千年中国优秀传统文化尤其是儒家文化基因的传承来看，儒家倡导"己欲立而立人，己欲达而达人"①（《论语·雍也》），"天下为公"，其本身就有利他主义、集体主义、国家主义的文化基因。

---

① 朱熹. 四书章句集注［M］. 北京：中华书局，2012：92.

结语

古希腊哲学经过中世纪的否定，其后历经文艺复兴、德国古典哲学等否定之否定过程，直至现在经过现代性遭遇后，似乎又有着回到前希腊哲学状态的召唤。儒学思想同样经过多次否定之否定的辩证圆圈运动，在现代性发育基础上，体现出一种超越精神。事实证明，只有经过了现代性以后，经过辩证的否定和先进政党、制度引领下的现代性转换，儒学才能凸显出它的历史积极性质。当代儒学的转换，并不是对西方现代性的否定，而是儒学文化精神自身发育转换，找到一种既兼收现代市场经济理论，又吸收中国特色社会主义市场经济实践经验的新的伦理诠释体系。当代儒学不是站在西方现代性的对立面，如果没有经历现代性的遭遇、发展和体验，就不可能发现具有国际意义的当代儒学。"和合"境界正是当下人类文明发展所稀缺的，也是共同期盼的价值追求。应结合社会主义市场经济重大现实问题，兼收并蓄中外优秀经济伦理思想，重视诠释和建构儒学经济哲学思想体系。

先秦的儒学思想作为文化基因，几千年来始终影响着中国人的思想和行为方式，逐渐转换成新的儒学思想，其对先秦儒家思想具有继承性、内生性、一致性，但更多的是超越性、发展性，特别是在经历中国民主革命、社会主义建设、社会主义改革开放等一系列历史的挑战和应战之后，客观历史发展过程中的"肯定—否定—否定之否定"的历史辩证法，已给中国人的思维、精神、文化注入了辩证否定性的认知公理。习俗社会，儒学的人格化，一方面通过自觉意识的传递，少数知识精英对儒学所做的范式文本的当代转换的研究，应当说是很有价值的，而对于大多数普通百姓而言，儒学价值观通过文化基因的传递，以民族集体无意识的形式传承下来，表现为日用常行的儒学式的生活方式，价值理念以及默会知识的持有。进入 21 世纪的现代社会，儒学被赋予现代性底色的认知模板，知识精英开始打开世界化、世俗化空间，尤其是从中西比对的视阈来解读儒学原在性价值的意义阈，在国外学术界，儒学被逐渐上升为代表传统中国文化的符号，因而传统的自然经济生产方式基础上的儒学文化已被智能化、全球化和个性化自由运动的生存方式所替代，那种狭隘的、保守的、非世俗的哲学程式被删除，新型的儒学价值观的呈现，更多地体现在中西古今视野交融之下，儒学开放、内醒、自我批判和理性反思过程中的思辨成长。"中国方案"的出场是当代儒学接受新文明挑战的开始，也是自身顽强生命力的证明。可以预测，在未来充满着挑战和机遇并存的时代，作为中国传统文化符号之一的儒学有着更为光辉灿烂的前景。

马克思给我们留下了具有积极意义的精神产品，就是告诉我们，对西方的那种现代性的批判，是对它那种不合理社会制度所导致的后果的批判，所以，针对前现代而言，西方自由放任的市场经济体制，是历史的进步，但又是历史发展的遗憾，它在资本主义经济文化价值观的驱动下，已显示出发展的狭窄性和片面性，当下人类在一个新的文明高度上，所呼唤的就不是这样一个极限式的、单一通道的发展模式，更需要符合人本身全面发展的，一种文化精神和价值观的引领，这在西方自身很难做到，它需要有一个先进的领导集体，拿出一个更为妥善的方案来达到一种引领和自我超越，马克思的这种希望和期待，恰被中国解释和证明了。"中国方案"的文化基因，包括儒学在内的多种文化形态的和合表达，其历史积极性质的现实展现，历史灵性的发挥，离不开先进政党的积极引领。这种引领须把内在的市场经济的否定精神，上升到一种文化的批判精神、文化的自我认知、文化的自我新生精神，使国家、政党、民族、文化充满活力和先进性。这种先进政党的先进文化的自觉引领，吸纳了西方文化中包括市场经济等先进文明成果，并借鉴和超越了它，顺应了历史发展进程，使古老的中国文明焕发出新的活力。这正是"中国方案"得以出场的深刻原因所在。

原文：《历史的积极性质："中国方案"出场的文化基因探析》（节选），原载《中国社会科学》2019 年第 1 期，《新华文摘》2019 年第 11 期全文转载。
注：此文作者为张雄、朱璐、徐德忠。

参考文献

一、马克思主义经典著作类

1. 马克思恩格斯文集：1~10 卷 ［M］. 北京：人民出版社，2009.

2. 马克思恩格斯选集：1~4 卷 ［M］. 北京：人民出版社，1995.

3. 马克思恩格斯全集：第 2 卷 ［M］. 北京：人民出版社，2009.

4. 马克思恩格斯全集：第 3 卷 ［M］. 北京：人民出版社，2002.

5. 马克思恩格斯全集：第 4 卷 ［M］. 北京：人民出版社，1958.

6. 马克思恩格斯全集：第 25 卷 ［M］. 北京：人民出版社，1974.

7. 马克思恩格斯全集：第 26 卷 ［M］. 北京：人民出版社，1974.

8. 马克思恩格斯全集：第 30 卷 ［M］. 北京：人民出版社，1995.

9. 马克思恩格斯全集：第 31 卷 ［M］. 北京：人民出版社，1998.

10. 马克思恩格斯全集：第 44 卷 ［M］. 北京：人民出版社，2001.

11. 马克思恩格斯全集：第 46 卷 ［M］. 北京：人民出版社，2003.

12. 马克思恩格斯全集：第 49 卷 ［M］. 北京：人民出版社，1982.

13. 列宁选集：第 3 卷 ［M］. 北京：人民出版社，1995.

14. 习近平. 习近平谈治国理政 ［M］. 北京：外文出版社，2014.

二、经典译著类

1. 阿尔布劳. 全球时代——超越现代性之外的国家和社会 ［M］. 高湘泽，译. 北京：商务印书馆，2001.

2. 赫尔曼. 苏格兰：现代世界文明的起点 ［M］. 启蒙编译所，译. 上海：上海社会科学院出版社，2016.

3. 惠特克. 经济思想流派 ［M］. 徐宗士，译. 上海：上海人民出版社，1974.

4. 柏格森. 创造进化论［M］. 姜志辉，译. 北京：商务印书馆，2004.

5. 波德里亚. 批判性的读本［M］. 陈维振，陈明达，译. 南京：江苏人民出版社，2005.

6. 鲍尔格曼. 跨越后现代的分界线［M］. 孟庆时，译. 北京：商务印书馆，2003.

7. 贝尔. 后工业社会的来临［M］. 高铦，王宏周，等译. 北京：商务印书馆，1984.

8. 狄尔泰. 历史中的意义［M］. 艾彦，逸飞，译. 北京：中国城市出版社，2002.

9. 诺依曼，摩根斯顿. 博弈论与经济行为［M］. 王文玉，王宇，译. 北京：生活·读书·新知三联书店，2004.

10. 费彻尔. 马克思与马克思主义：从经济学批判到世界观［M］. 赵玉兰，译. 北京：北京师范大学出版社，2009.

11. 李斯特. 政治经济学的国民体系［M］. 陈万煦，译. 北京：商务印书馆，2009.

12. 凡勃仑. 有闲阶级论［M］. 蔡受百，译. 北京：商务印书馆，1964.

13. 弗里斯比. 现代性的碎片［M］. 卢晖临，周怡，李林艳，等译. 北京：商务印书馆，2003.

14. 盖伦. 技术时代的人类心灵［M］. 何兆武，何冰，译. 上海：上海科技教育出版社，2003.

15. 哈耶克. 经济、科学与政治［M］. 冯克利，译. 南京：江苏人民出版社，2000.

16. 海德格尔. 尼采［M］. 孙周兴，译. 北京：商务印书馆，2002.

17. 海德格尔选集［M］. 孙周兴，译. 上海：上海三联书店，1996.

18. 赫希曼. 欲望与利益［M］. 李新华，朱东进，译. 上海：上海文艺出版社，2003.

19. 黑格尔. 法哲学原理［M］. 范扬，张企泰，译. 北京：商务印书馆，2009.

20. 黑格尔. 精神哲学［M］. 杨祖陶，译. 北京：人民出版社，2006.

21. 胡塞尔. 欧洲科学的危机与超越论的现象学［M］. 王炳文，译. 北京：商务印书馆，2001.

22. 霍洛克斯. 麦克卢汉与虚拟实在［M］. 刘千立，译. 北京：北京大学出版社，2005.

23. 霍奇逊. 现代制度主义经济学宣言 [M]. 向以斌，译. 北京：北京大学出版社，1993.

24. 吉登斯. 现代性后果 [M]. 田禾，译. 南京：译林出版社，2000.

25. 贝克尔. 家庭经济分析 [M]. 彭松建，译. 北京：华夏出版社，1987.

26. 卡弗. 政治性写作：后现代视野中的马克思形象 [M]. 张秀琴，译. 北京：北京师范大学出版社，2009.

27. 康德. 历史理性批判文集 [M]. 何兆武，译. 北京：商务印书馆，2009.

28. 康芒斯. 制度经济学 [M]. 于树生，译. 北京：商务印书馆，1981.

29. 库尔珀. 纯粹现代性批判 [M]. 臧佩洪，译. 北京：商务印书馆，2004.

30. 海尔布罗纳，米尔博格. 经济社会的起源 [M]. 李陈华，许敏兰，译. 上海：格致出版社，上海三联书店，上海人民出版社，2010.

31. 希勒，金融与好的社会 [M]. 束宇，译. 北京：中信出版社，2012.

32. 罗伯逊. 贪婪：本能、成长与历史 [M]. 胡静，译. 上海：上海人民出版社，2004.

33. 罗森塔尔. 马克思"资本论"中的辩证法问题 [M]. 冯维静，译. 北京：生活·读书·新知三联书店，1957.

34. 洛维特. 从黑格尔到尼采 [M]. 李秋零，译. 北京：生活·读书·新知三联书店，2006.

35. 马基雅维里. 君主论 [M]. 潘汉典，译. 北京：商务印书馆，1996.

36. 韦伯. 新教伦理与资本主义精神 [M]. 阎克文，译. 上海：上海人民出版社，2018.

37. 芒图. 十八世纪产业革命 [M]. 杨人楩，陈希秦，吴绪，译. 北京：商务印书馆，1983.

38. 梅扎罗斯. 超越资本 [M]. 郑一明，译. 北京：中国人民大学出版社，2003.

39. 米切尔. 美国的反省：金融如何压倒实业 [M]. 钱峰，译. 北京：东方出版社，2011.

40. 穆勒. 政治经济学原理 [M]. 胡企林，朱泱，译. 北京：商务印书馆，1991.

41. 别尔嘉耶夫. 精神与实在 [M]. 张百春, 译. 北京: 中国城市出版社, 2002.

42. 罗桑瓦隆. 乌托邦资本主义: 市场观念史 [M]. 杨祖功, 译. 北京: 社会科学文献出版社, 2004.

43. 皮凯蒂. 21世纪资本论 [M]. 巴曙松, 陈剑, 余江, 等译. 北京: 中信出版社, 2014.

44. 罗宾逊, 伊特韦尔. 现代经济学导论 [M]. 陈彪如, 译. 北京: 商务印书馆: 商务印书馆, 2009.

45. 萨伊. 政治经济学概论——财富的生产、分配和消费 [M]. 陈福生, 陈振骅, 译. 北京: 商务印书馆, 2009.

46. 斯密. 国民财富的性质和原因的研究 [M]. 郭大力, 王亚南, 译. 北京: 商务印书馆, 1974.

47. 斯密. 道德情操论 [M]. 蒋自强, 钦北愚, 朱钟棣, 等译. 北京: 商务印书馆, 1997.

48. 斯皮格尔. 经济思想的成长 [M]. 晏智杰、刘宇飞, 等译. 北京: 中国社会科学出版社, 1999.

49. 汤因比. 历史研究 [M]. 曹卫风, 译. 上海: 上海人民出版社, 1986.

50. 威廉, 戈兹曼, 罗文霍斯特. 价值起源 [M]. 王宇, 王文玉, 译. 沈阳: 万卷出版公司, 2010.

51. 希法亭. 金融资本 [M]. 福民, 译. 北京: 商务印书馆, 1994.

52. 希克斯. 经济史理论 [M]. 厉以平, 译. 北京: 商务印书馆, 1987.

53. 西美尔. 货币哲学 [M]. 陈戎女, 耿开君, 文聘元, 等译. 北京: 华夏出版社, 2002.

54. 西斯蒙第. 政治经济学研究 [M]. 胡尧步, 李直, 李玉民, 译. 北京: 商务印书馆, 2009.

55. 西斯蒙第. 政治经济学新原理 [M]. 何钦, 译. 北京: 商务印书馆, 2009.

56. 熊彼特. 经济分析史 [M]. 朱泱, 等译. 北京: 商务印书馆, 1994.

57. 科尔内. 反均衡 [M]. 刘吉瑞, 邱树芳, 译. 北京: 中国社会科学出版社, 1988.

58. 伊特韦尔, 等. 新帕尔格雷夫经济学大辞典 (1~4卷) [M]. 陈岱孙, 等译. 北京: 经济科学出版社, 1996.

59. 斯蒂格利茨. 美国真相 [M]. 刘斌, 刘一鸣, 刘嘉牧, 译. 北京: 机械工业出版社, 2020.

60. 里卡兹. 谁将主导世界货币——即将到来的新一轮全球危机 [M]. 常世光, 译. 北京: 中信出版社, 2012.

三、其他著作类

1. 北京大学哲学系外国哲学史教研室. 西方哲学原著选读 [M]. 北京: 商务印书馆, 1981.

2. 复旦大学国外马克思主义与国外思潮研究国家创新基地, 等. 国外马克思主义研究报告 2009 [M]. 北京: 人民出版社, 2009.

3. 刘纪鹏. 资本金融学 [M]. 北京: 中信出版社, 2012.

4. 上海社科院哲学研究所外国哲学研究室. 法兰克福学派论著选辑 [M]. 北京: 商务印书馆, 1998.

5. 王阳明全集 [M]. 吴光, 等编校. 上海: 上海古籍出版社, 2014.

6. 汪丁丁. 新政治经济学讲义 [M]. 上海: 上海人民出版社, 2013.

7. 韦森. 社会制序的经济分析导论 (第二版) [M]. 上海: 上海三联书店, 2020.

8. 韦森. 中国经济增长的真实逻辑 [M]. 北京: 中信出版集团, 2017.

9. 韦森. 国家治理体制现代化: 税收法定、预算法修改与预算法定 [M]. 北京: 商务印书馆, 2017.

10. 韦森. 经济学与伦理学: 探寻市场经济的伦理维度与道德基础 (第二版) [M]. 北京: 商务印书馆, 2015.

11. 韦森. 经济学与哲学: 制度分析的哲学基础 [M]. 北京: 世纪文景/上海人民出版社, 2005.

12. 徐元诰. 国语集解 [M]. 北京: 中华书局, 2002.

13. 张立文. 和合学——21 世纪文化战略的构想 [M]. 北京: 中国人民大学出版社, 2006.

14. 张雄. 历史转折论 [M]. 上海: 上海社会科学院出版社, 1994.

15. 张雄. 创新: 在历史与未来之间 [M]. 北京: 商务印书馆, 2010.

16. 朱熹. 四书章句集注 [M]. 北京: 中华书局, 2012.

四、报刊类

1. 习近平．不断开拓当代中国马克思主义政治经济学新境界［J］．求是，2020（16）．

2. 习近平．正确认识和把握中长期经济社会发展重大问题［J］．求是，2021（2）．

3. 提高防控能力着力防范化解重大风险保持经济持续健康发展社会大局稳定［N］．人民日报，2019-01-22（1）．

4. 王毅．坚持正确义利观积极发挥负责任大国作用——深刻领会习近平同志关于外交工作的重要讲话精神［N］．人民日报，2013-09-10（7）．

5. 金融规制改革新基石：重构金融监管与规制［J］．韩龙，彭秀坤，等译．河北法学，2009（10）．

6. 吴震．论王阳明"一体之仁"的仁学思想［J］．哲学研究，2017（1）．

7. 张雄．政治经济学批判：追求经济的"政治和哲学实现"［J］．中国社会科学，2015（1）．

8. 张季同．论现在中国所需要的哲学［N］．国闻周报，1935-04-08（12）．

后 记

作为一位经历过工厂、部队、高校生活的学者，我能够跟随着中华人民共和国改革开放的步伐，带着对马克思主义哲学中国化的思考，和学界诸多朋友一起，共同见证当代中国马克思主义经济哲学理论创新的重要发展时期，深感荣幸。

随着中国的崛起，中国符号、中国精神和中国文化颇受世界关注，构建中国特色社会主义哲学社会科学话语体系迫在眉睫，这是当代马克思主义理论工作者义不容辞的责任。积极投入伟大的改革实践中，对中国式的现代性发育和发展产生极大的好奇心，自觉运用马克思主义基本原理和方法，深度思考当代中国经济发展所涌现出的哲学问题，重点讨论社会主义市场经济实存的货币哲学、资本哲学、财富哲学、金融化世界、经济正义、马克思政治经济学批判等思辨经济学问题，为当代中国马克思主义政治经济学的建构和21世纪马克思主义哲学的创新发展，提供一定的思想素材，所有这一切，都是中国经济哲学研究的应有之义和我们的学术担当。呈现在读者面前的这部《当代中国马克思主义经济哲学探索》，是我为此努力而迈出的一小步。此书是我承担的国家社会科学基金重点项目《政治经济学批判思想史研究》（15AZX003）的阶段性研究成果之一。我以为，由于跨学科研究的难度、交叉学科问题的多样性，此作品的问世，需要学界同仁们的批评和匡正。

每每回忆起自己在这一领域与同仁们共同拼搏的火热日子，一段段有趣的人生故事和一篇篇思辨叙事留下的哲学追问，我总感到乐此不疲，感慨万千。美是艰难的，优秀需要苦难。我们赶上一个好时代，一个中国历史上会永远铭记的改革开放历史变革时期：传统文明走向现代文明、社会主义计划经济模式转向社会主义市场经济模式、比较贫困的年代走向中华民族国强民富、伟大复兴的新时代。显然，这是一个先进政党领导下的广大人民群众自觉创造历史的成功典范。伟大的历史实践，必然带来辉煌的文化创新，激活一批批理论工作者的创作激情。应当说，这是此书撰写的心路历程。感谢光明日报出版社在此书完稿的第一时间将此书收入《光明社科文库》，这足见出版社领导和编辑老师的眼光和魄力，他们对从事当代中国马克思主义哲学研究学者的支持和关爱，应当说，是十分令人敬佩的！

感谢中国马克思主义哲学史学会会长郝立新教授为本书作序，他是一位对国家的哲学学科、马克思主义学科建设有一定的理论思索和实践探索的知名学者；感谢我的博士生王程、付冬梅、王骏卿、段友韬、雷芳、姚晶晶、谭惠灵对书稿的出版所做的文献核对和初校工作。感谢复旦大学哲学学院辛敬良教授、余源培教授，给了我从事经济哲学跨学科研究的初次理念。感谢复旦大学经济系伍伯麟教授，给了我从事经济学专业博士后研究工作的机会，他是令人难忘的富有责任心的指导老师。他的指导，使我开始了真正意义上的跨学科研究。

感谢上海财经大学谈敏校长对我的认可和支持。这位德高望重的经济学家和教育家，让我成为经济学专业门类下的经济哲学博士生导师。有了这个平台，我们才有了人文学院学科发展的爬坡和进步，以至于获得国内财经类院校首个马克思主义哲学博士点的机运，以及后来哲学一级学科博士授权点的获批。感谢上海财经大学马钦荣书记、丛树海书记、樊丽明校长、孙铮副校长、蒋传海校长等历届校领导，对经济哲学学科发展的扶持和重视，以及对我个人的关心和支持。感谢上海财经大学鲁品越教授、徐大建教授、张彦教授的同事合作和支持，我们四人精诚合作，带领一支中青年团队，使上海财经大学成为全国经济哲学研究的总部基地。我的同事马拥军、范宝舟、卜祥记、郝云；张东辉、夏国军、夏明月、韩炯、董必荣、魏南海以及一批青年教师和经济哲学的博士生们，为上海财经大学经济哲学研究的兴盛，做出了重要贡献。

感谢著名经济学家刘元春校长对我的学术研究和全国经济哲学研究会工作的鼎力支持和帮助。感谢复旦大学经济学院韦森教授，从他归国来上海复旦大学工作，我们就成了彼此的学术挚友，他是国内经济学界从事哲学研究的顶尖学者。我和韦森在学术研究上，互相启发，叩问经济学与哲学之间的诸多基础理论问题，这种学术相长相生的共契和情感，是人生的一大福缘。感谢我的妻

225

子朱璐女士，在我经历炼狱般的病痛时，选择和我携手余生、共创未来，让我对接下来的学术生命充满了无限的美好期待。她33岁担任欧洲某大学孔子学院院长，并获得这所大学授予的"百年校庆荣誉奖章"，能用英文讲解和交流中华优秀传统文化。和她在一起的每一天，我都是幸福快乐的。

张雄

2022年7月18日于上海财经大学同新楼